青年法学学术著作
资助出版项目

青年法学学术著作
资助出版项目

民事证据契约研究

Research on
Civil Evidence Contract

赵小军 著

法律出版社
LAW PRESS·CHINA

青年法学学术著作出版基金
资助出版说明

法律出版社作为全国规模最大的法律专业出版机构，一直秉承“为人民传播法律”的理念，与学术界共同推动法学研究的繁荣与发展。2018年5月，法律出版社设立青年法学学术著作出版基金，用于资助法学学术著作出版和奖励优秀法学图书，旨在支持优秀法学学术著作出版，扶持具有较大潜力的青年学者。

经过法律出版社学术委员会委员推荐、专家匿名评审和法律出版社编辑委员会评审，共有7部作品获得法律出版社首届（2018年）青年法学学术出版基金资助。

期待更多年轻法律人的优秀学术作品！

法律出版社

2019年5月

序

市场经济是法治经济,崇尚自由竞争。随着我国市场经济的快速发展,必然要求承认体现当事人自由意志的诉讼契约,以便使诉讼程序获得一定的弹性与张力。唯有此,民事诉讼才能与市场经济相适应。证据契约是民事诉讼契约的重要组成部分,在我国民事司法实践中已经被广泛适用,但相关立法规范明显滞后,也鲜有理论成果对此作出系统的阐释。在此背景下,赵小军选取民事证据契约作为博士论文及本书选题,从基础理论及实践应用两个层面对民事证据契约展开了深入研究,具有重要的理论和实践意义。综观本书,主要有以下三个亮点:

亮点一是丰富了民事证据契约基础理论的研究。境外对民事证据契约基础理论的研究由来已久,例如德国的罗森贝克、鲍姆巴赫、万纳等学者对民事证据契约的概念、分类及生效要件问题进行过探讨,日本的三月章、高桥宏志、新堂幸司等学者也对民事证据契约效力的内容进行过研究。反观我国,针对民事证据契约的专门性研究起步较晚,适合我国法治环境需要的理论和实践成果较少。本书的讨论具有强烈的问题意识,在吸取境外成果的基础上,对民事证据契约的概念和性质、正当性、审判权对证据契约的制约和保障、契约效力等问题的讨论扩展了以往研究的广度和深度。作者注重民事证据契约这一选题本身的交叉性,将民事程序法、证据法和合同法的理论有机结合,解决了民事证据契约的理论障碍。

亮点二是针对证据方法契约、举证责任分配契约、证据能力契约等具体证据契约类型的探讨。我国《民事诉讼法》及相关司法解释只是蜻蜓点水式地指出了民事证据契约的名目,并没有相关配套性的操作规范,更是缺乏效力性规定及违反约定的法律后果性规定。国内关于民事证据契约的研究中几乎见不到针对其具体类型的讨论。作为在法院审理了十年民事案件的一线法官,作者根据不同类型证据契约的具体特点,结合真实案例对各种类型民事证据契约的实践表现形式进行了探讨,并从效力内容、生效要件、违约后果等几个方面进行了抽丝剥茧的分析,作出了符合实践需要的制度设计。

亮点三是弥补了民事证据契约实证研究匮乏的缺陷。作者具有丰富的审判实践经验,每年直接承办民事案件200余件,作为合议庭成员参与审理案件600余件,掌握诸多一手实践资料,在调阅案卷卷宗及电子档案方面也具有天然的便利。本书通过百余个审判案例分析、司法数据统计、调查问卷等方式,直观地展现出民事证据契约的实践运行状态,由实证分析得出的结论具有较强的说服力和实践应用价值,亦有利于为立法和司法提供参考。

经同行专家评阅和推荐,赵小军的博士论文于2018年获得第四届陈光中诉讼法学优秀博士论文奖,于2019年获得法律出版社青年法学学术著作出版基金资助。本书第五、七、八、九章以论文的形式分别获得最高人民法院举办的全国法院系统学术讨论会全国二等奖二次、三等奖和优秀奖各一次。对民事证据契约效力的讨论获得了北京市法学会青年课题的支持,对民事证据契约司法适用问题的研究获得了北京市委组织部优秀人才培养资助青年骨干项目的资助。这些奖项和课题资助是对本书质量和学术价值的肯定。当然,本书也存在一些不足之处,如对德国、日本等大陆法系国家民事证据契约的效力内容和实践情况相关探讨的深度有待进一步挖掘,对于有些问题的研究透彻与清晰度不够，有些观点能否经得住实践检验还有待观察。

民事证据契约作为我国诉讼法学中全新的研究领域，要取得有说服力的成果，有较大的难度。此时此刻，我脑海中又浮现出她博士一年级时身怀六甲参加证据法学课堂学习的情景；在随后的三年中，她既要照顾年幼的孩子，作为员额法官每年还得承办数百件案件，其困难和压力不言而喻。为此，我曾几次劝说她，如果实在感觉压力太大，可以延期毕业；但她都说作为老师带的第一个博士生，我一定要按期毕业。令人高兴的是，她克服了诸多困难，按期提交了一篇令我满意、让同行认可的博士论文。作为指导老师，看到学生的论文逐渐被学界和实务部门认可，自然感到欢喜和欣慰，我希望她能够“穷理不止，热情不移，初心不忘”，继续努力，勇攀高峰。

摘　要

民事证据契约作为民事诉讼契约的重要组成部分,近年来逐渐得到理论界的关注。本书在尽可能全面地对国内外民事证据契约相关理论成果进行研究的基础上,与立法需要和审判实践相结合,对民事证据契约的相关问题进行探讨。全书由引言、正文和结论共计十一章组成。

在"引言"中,笔者首先交代了民事证据契约的研究背景,进而对国内外相关文献资料进行了梳理,对研究现状及存在的不足进行了分析;接着指出了民事证据契约研究的实践、立法及理论意义,并介绍了本书的写作思路。最后一部分是本书的研究方法,包括实证研究、规范研究和比较研究。其中实证研究方法是本书的特色,通过审判案例分析、司法数据统计、调查问卷等方式,准确把握民事证据契约的实践运行状态,并结合实践需要对相关制度作出设计。

第一章,"民事证据契约概述"。德国、日本、我国大陆和台湾地区诸多学者对民事证据契约进行过定义,但均存在不足之处。民事证据契约是指当事人在民事诉讼前或诉讼中就证据或证明事项达成的旨在影响证明利益的合意。订约主体限于当事人。订约的时间既包括诉讼前,也包括诉讼中。契约的内容是对证据事项及证明利益的处分。契约包括证据方法契约、举证责任契约、自认契约、举证时限契约和证据能力契约五种具体类型。从性质上看,证据契约是典型的诉讼行为。证据契约可以为法官评价事实提供帮助,也会对法官自由心证形成约束。

第二章,"民事证据契约的正当性"。民事证据契约的正当性基础由理论支撑和制度价值两部分组成。证据契约的订立和适用契合了民事诉讼法、证据法及合同法的基本理论。民事证据契约是当事人主义诉讼模式发展的题中之意,体现了当事人平等原则及处分原则、辩论原则的具体要求。自由心证制度为民事证据契约的订立和适用提供了空间。作为无名合同的一种,民事证据契约遵循了合同有效性和契约相对性的基本原则。民事证据契约的适用赋予了当事人就诉讼公正和效率的选择权。该制度有利于弥补法律漏洞,提高裁判结果的可接受度。同时,在案外人权利保护及纠纷的预防等方面,该制度也发挥着不可替代的重要作用。

第三章,"审判权对民事证据契约之限制与保障"。一方面,证据契约的范围要受到审判权的限制,民事证据契约的内容不得侵犯法官心证和裁量的专属领域,故当事人不得在证明力、证明标准、证据的关联性领域订立证据契约。契约的适用必须经过法院对其实质性内容和程序性内容的审查。另一方面,审判权也应当为证据契约的顺利运行提供必要的保障。法官需要对证据契约的制度内容及价值进行介绍和程序性指导,对契约适用的法律后果及可能存在的风险进行说明。但同时,法院对契约的审查具有被动性,法官不能利用契约作为规避审判风险的工具。

第四章,"民事证据契约的生效及救济"。只要在形式上符合意思表示一致,民事证据契约便可成立。而契约的生效则需要满足主体适格,意思表示真实,不得违反法律规定及损害国家、社会或第三人利益,采用书面形式,以及不得附条件或附期限五个条件。已经成立的民事证据契约若存在主体不适格或意思表示不真实的瑕疵,应当允许进行救济。违反证据契约应当承担一定的法律责任。对能够继续履行及可替代履行的违约行为,应当以继续履行为原则。无法继续履行的应当由违约方承担证明上的不利益。

第五章,“证据方法契约”。第一节论述了民事证据方法契约的概念、特征,并简要介绍了证据方法契约所包含的证人出庭契约、书证及物证提供方式契约、鉴定人选任契约、鉴定契约、专家辅助人咨询契约、测谎契约等六种形式。第二节是以测谎契约为例进行的讨论:论述了在我国司法实践中各地法院在有关此契约的订立时间、主体、违约责任等具体操作层面存在的诸多问题;指出了民事测谎契约符合民事诉讼中的处分原则及举证责任规则的一般原理,可以消除测谎程序可能侵犯公民基本权利的障碍,是赋予测谎技术和测谎意见应用正当性的必要条件。民事测谎契约除应具备证据契约成立和生效的一般条件外,还需要符合特殊的规制要求。生效的民事测谎契约具有一定的约束力,当事人违反约定需承担法律责任。

第六章,“举证责任分配契约”。本章首先交代了举证责任分配契约的概念、特征和类型,指出了诉中举证责任分配契约、否定性举证责任分配契约是值得关注的新型举证责任分配契约;随后对举证责任分配契约进行了实证讨论,纠正了理论界一直以来对举证责任分配契约的实践表现形式的误区。举证责任分配契约是当事人行使处分权的正当形式,并未违背自由心证原则,可以解决举证责任分配法规存在的漏洞,弥补规范说及法官自由裁量分配举证责任的不足。该制度的运行需要结合实践,根据契约订立于诉前还是诉中构建不同的适用规则。

第七章,“自认契约”。自认契约与自认是截然不同的证据制度。自认契约属于民事证据契约的具体类型,而非自认。自认契约是具备民事行为能力的当事人在诉讼外订立的,其对象既包括对实体性事实的合意,也包括对部分证据事实的合意。当事人通过订立自认契约使诉讼外的自认具备同诉讼中自认相同的效力。

第八章,“举证时限契约”。举证时限契约虽为法律明确规定的民事证据契约类型,但法律规定的不完善及实践操作的漏洞导致举证时限契约缺乏运行空间。通过案例演示及法理分析,我们可以看出举证时限契约具有保障程序安定、弥补证据失权制度的不足及法院指定举证时限的缺陷等重要作用。举证时限契约制度的顺利运行离不开答辩失权、庭前准备程序及法官释明等制度的保障。完善的举证时限契约应当包括明确的举证时间段、时限延长的特殊情况、证据失权条款、证据交换时间等内容。

第九章,“证据能力契约”。证据能力关系到证据是否具备进入法庭调查的资格。虽然在证据能力的关联性要件、政策性要件等实质性要件领域排斥证据契约的适用;但对于取证主体不适格、违反直接言词原则、超出举证时限等程序上的瑕疵及对于证据能力形式要件的瑕疵,证据契约不失为瑕疵补正的最佳手段。我国现阶段,当事人取证能力较弱、法官依职权取证范围过窄,证据能力存在程序或形式瑕疵的证据广泛存在,证据能力契约的适用具备广阔空间。

在“结论”中,笔者对民事证据契约制度构建存在的问题进行了梳理和归纳,并提出民事证据契约制度的健康运行需要相关制度和环境的保障,需要从立法规范、普法教育、司法观念转变等几个方面进行努力。

目　录

引　言

一、选题背景

首先,契约意识向民事诉讼领域的扩张为民事证据契约的应用提供了可能。法律制度具有时代性特征。当前,中国正处在社会转型期,经济体制出现了前所未有的历史性变革。随着社会主义市场经济体制逐步形成和完善,生产、流通、分配与消费领域的计划指令被打破,行政化管理逐步淡化。市场经济强调主体性,推崇意思自治的特征不断凸显。法律关系作为社会关系尤其是社会经济关系的反映,社会结构的深刻变革也必然会带来法治理念的变化。契约意识作为市场经济的重要体现也在向法律体制中不断渗透。在民事诉讼领域,制度的构建有必要引入契约化理念作为指导。民事诉讼契约化是民事诉讼中尊重当事人主体地位的重要体现。只有将诉讼契约化理念内化为民事诉讼相关法律机制的重要部分,民事诉讼法律体系才是与市场经济相适应的现代法律体系。“既然当事人诉讼体制中含有诉讼契约的构成要素和构成方式,那么,诉讼契约制度也自然可以分别体现于诉讼中的实体法层面、证据法层面和程序法层面。”〔1〕证据制度作为民事诉讼的重要组成部分，也同样需要引入契约化的指导思想。诉讼契约包括实体型、证据型和程序型三种类型，证据契约是诉讼契约必不可少的组成部分。

其次，当事人主体地位的增强为其在民事证据领域订立契约提供了契机。“注重当事人的程序主体性地位，以人为本作为我国民事诉讼法修订的指导理念，已经成为学界共识。”〔2〕当事人主体性原则是民事诉讼中司法理念积极转变的结果。当事人是诉讼活动的基本要素和诉讼活动的服务对象，更是引导程序行进的主体。“当事人程序主体性原则是在对民事诉讼本质有充分认识的基础上建立起来的一种价值取向，即从诉讼制度为‘谁而存在’的角度来看待这一问题。”〔3〕学界对民事诉讼的根本目的虽然存在争论，但无论是纠纷解决说、私权保护说还是程序保障说，其服务的对象均是当事人。当事人从司法权运作的客体，逐步转化为影响司法权运作的主体，在诉讼程序运行过程中有充分的控制权和决定权。在这一体制下，尊重当事人的意愿，保障当事人的权利和自由，让当事人在诉讼程序中发挥主导和支配作用，就显得尤为重要。当事人在诉讼中的主体性地位包含诉讼中的对抗和合意两个方面，二者相辅相成，形成对立统一的关系。当事人作为诉讼活动的参与者和主要支配者，在证据领域的作用不再限于为法官认定事实提供资料这一狭窄的范围，而应当在符合一定条件下自行决定取证、举证、质证等证明过程中的相关证据事项。

最后，对当事人诉讼权利的尊重和保护为证据契约的应用指明了方向。保护当事人的实体权利是民事诉讼的重要功能之一，追求案件的客观公正

---

〔1〕 汤维建：《论民事证据契约》，载《政法论坛》2006 年第 4 期。

〔2〕 陈桂明、李仕春：《论程序形成权——以民事诉讼权利的类型化为基点》，载《法律科学》2006 年第 6 期。

〔3〕 唐力：《当事人程序主体性原则——兼论“以当事人为本”之诉讼构造法理》，载《现代法学》2003 年第 5 期。

也是法律人一直以来的不懈追求，但均需要通过一定的程序才能实现。在具体案件中，只有通过认定事实，并适用相关实体法规范作出判决，才能实现对当事人实体权利的保护。而对客观公正的追求也只能是一种建立在法官通过证据对事实加以认定的基础之上的理想状态。事实认定是法官与当事人共同发挥主观能动性的过程，提供证据是事实认定的重要一环。在这一过程中，对当事人诉讼权利的充分保护是程序正当性的基本要求。诉讼权利包括起诉权，反诉权，承认或放弃、变更诉讼请求的权利，参与调解权，上诉权，请求执行权等处分实体权利的诉讼权利以及委托代理人、申请回避、收集和提供证据、质证、陈述和辩论等程序性诉讼权利。其中，收集和提供证据是当事人重要的诉讼权利。作为收集和提供证据的主体，当事人有权对证据的种类、内容、提供的方式及时间作出选择和处分。某些权利由单方当事人行使存在侵犯对方当事人权益的风险，需要双方当事人共同行使才能产生诉讼效果。例如，按照现行法律规定，证据提出的时间、鉴定机构的选定需要由双方当事人共同作出意思表示加以确定。同样，虽然没有法律明确规定，当事人如果要提出法定证据种类之外的证据，是否能够在诉讼中适用，也需要征得对方当事人同意，双方达成合意的过程需要完善的证据制度加以指导。

二、研究现状

对国内外与民事证据契约相关的理论研究成果进行梳理，有利于厘清民事证据契约的发展脉络和研究现状，便于对各种观点的剖析借鉴，推动该领域研究的发展。虽然受主客观等各方面条件的限制，笔者收集到的有关民事证据契约的文献资料并不能达到绝对全面，但鉴于这项工作国内尚未有学者系统地开展，本书的文献综述既是本书的研究起点，也可为学界对此问题的系统深入研究提供便利。

（一）域外民事证据契约研究和立法概况

英美法系国家对民事证据契约的研究较少，与民事证据契约相关的文献多集中于立法文本之中。大陆法系对此问题的研究成果较为丰富,德国、日本等国家均有学者在论述诉讼契约或其他基础理论研究过程中提到过证据契约。我国台湾地区学者在承继德日等国研究成果的基础上,对证据契约理论进行了丰富和发展。

1. 英美法系国家对于民事证据契约的研究成果和立法现状

在英美法系的众多国家中,本书以美国、英国为代表,拟从以下两个方面进行归纳和总结:

一是公开发表的与民事证据契约有关的专著和论文。目前,尚未查找到公开出版的以民事证据契约或其中某一具体证据契约类型为主题的英美法系的专著或译著,对此问题的研究仅存于部分学术论文中。截至 2016 年 12 月 16 日,笔者在美国法律期刊全文数据库(http://heinonline. org)中的法律期刊图书馆(Law Journal Library)项下,以"evidence contract"为"TITLE"进行搜索,共搜索到论文 40 篇。以"evidence agreement"为"TITLE"进行搜索,搜索到论文 18 篇。以"civil porcedural contract" 为"TITLE"进行搜索,共搜索到论文 37 篇。以"procedure contract" 为"TITLE"进行搜索,共搜索到论文 86 篇。以"litigation contract"为"TITLE"进行搜索,共搜索到论文 63 篇。[1]

---

〔1〕 具有代表性的文章有:Burkhard Bastuck and Burkard Goprert, *Admission and Presentation of Evidence in Germany*, 16 Loy. L. A. Int'l & Comp. L. J. , 1994, pp. 609 – 613. David et al. , *Civil Procedure by Contract: A Convoluted Confluence of Private Contract and Public Procedure in Need of Congressional Control*, 35 U. Rich. L. REV. 2001, pp. 1085 – 1086. David Marcus, *From "Cases" to "Litigation" to "Contract": A Comment on Stability in Civil Procedure*, 56 St. Louis U. L. J. , 2011, p. 1231. Lee H. Rosenthal, *One Judge's Perspective on Procedure as Contract*, 80 Notre Dame L. Rev. 2004, p. 669. Matthew LB. Lawrence, *Articles Procedure Triangle*, 84 Fordham L. Rev. 2015, p. 79. William V. Dorsaneo Ⅲ et al. , *The Flawed Nexus Between Contract Law and the Rules of Procedure: Why Rules* 8 *and* 9 *Must Be Changed*, 31 Rev. Litig. 2012, p. 233. Eric Michael Liddick, *Give Me Freedom of Contract or Give Me Death: The Obscurity of Article* 44(*A*) *of the Louisiana Code of Civil Procedure*, 54 Loy. L. Rev. 2008, p. 602. Maya Steinitz et al. , *A Model Litigation Finance Contract*, 99 Iowa L. Rev. 2013 – 2014, p. 711. Robert Prentice, *Contract – Based Defences in Securities Fraud Litigation: A Behavioral Analysis*, 2003 U. Ⅲ. L. Rev. 2003, p. 337.

二是与民事证据契约有关的法律条文。《美国联邦民事诉讼规则》中涉及民事诉讼契约的法条有 14 条，其中与证据契约相关的有：第 26 条第 1 款第 1 项规定了当事人可以通过约定来变更发现程序中的证据出示义务，可以约定证据不在当事人会议之际或该会议后的 10 日之内进行出示。第 1 款第 2 项规定了当事人可以约定不出示专家证言。第 29 条规定了关于发现程序的约定，当事人可以通过书面形式进行如下约定：(1)庭外证言在何时、何地、依据何种通知、在何人参与下、以何种方式进行取证，并可以约定依此取得的庭外证言是否可以被采用。(2)当事人可以通过约定变更本诉讼规则关于证据发现方法相关的程序和范围。在经过法院许可后，双方当事人还可以作出延长本规则第 34 条和第 36 条规定的回答发现时间的约定，还可以作出变更发现完成时间、听审申请时间或开庭审理时间的约定。第 30 条“口头询问的庭外证言”规定了当事人可以对庭外取证进行约定。在存在当事人约定时，证人证言无须在法官面前作出，当事人可以自由约定通过录音、录像或速记的方式对庭外证言加以记录。第 31 条“书面质问的庭外证言”规定了当事人基于约定可在未经法院同意的情况下进行询问，第 33 条规定当事人可以约定缩短或延长质问书的送达期间。第 35 条规定了当事人可以基于双方的协议进行鉴定。〔1〕

英国的民事证据规则中关于民事诉讼契约的规定共有 10 条，证据契约占其中 4 条，成为诉讼契约最为重要的组成部分。英国民事诉讼规则对证据契约的规定主要集中于证据开示的标准、内容、方式、时间阶段及专家证人等内容。第 31.5 条“适用于标准开示”第(3)项规定了当事人的标准开示义务，当事人可以书面形式加以修改，既可以约定免除某一方的标准开示义务，也可以约定限制标准开示的内容。第 31.10 条“标准证据开示”第(8)项规定，当事人可以达成关于书证提交的协议，具体包括通过协议免除书证相

---

〔1〕 参见《美国联邦诉讼规则、证据规则》，白绿铉、卞建林译，中国法制出版社 2000 年版，第 48 ~ 49 页、第 58 ~ 64 页、第 67 ~ 70 页。

关清单的提交义务而径行开示书证及免除开示声明义务而径行开示书证材料。第31.13条规定了当事人达成书证查阅契约,通过协商确定可以在诉讼中的不同阶段开示、查阅相关书证材料。第35.7条规定了当事人可以通过协议选定单一的专家证人。在英国,特别是在涉及人身伤害的案件中,应当由双方当事人通过合意的形式,委任一名专家证人作出人身伤害的相关鉴定。申请专家证人出具专家证据的一方当事人应当提供相关专业领域中的几名专家名单供对方当事人提出异议,在异议期14天过完之后,申请人应当从名单中委任一名对方没有提出异议的专家。〔1〕

2. 大陆法系相关国家和地区关于民事证据契约的研究成果和立法现状——以德国、日本和我国台湾地区为例

受语言能力的限制,除了我国台湾地区外,笔者对大陆法系有关民事证据契约问题的考察,只能以翻译文献为基础展开。我国尚没有大陆法系国家以民事证据契约为主题的专著或译著,对此问题的介绍多存在于民事诉讼契约或其他民事诉讼基础性理论研究之中。在德国,对民事证据契约的研究由来已久,理论界经历了由肯定证据契约的效力到否定其效力,再到对其效力加以肯定的过程。在德国普通法时期,民事证据契约的有效性得到肯定,后来因认为证据契约存在干预审判权之嫌,对其持否定态度,随着辩论主义的复兴,证据契约又重新得到尊重。〔2〕德国学者鲍姆巴赫、罗森贝克、巴姆盖特、万纳等对证据契约的概念、分类及合法性问题进行过探讨。〔3〕日本学者兼子一在《民事诉讼法》一书第三章"根据证据认定事实"中提出了证据契约的概念,并对自由心证与证据契约的关系进行了概述。〔4〕学

〔1〕 参见沈达明、冀宗儒编著:《1999年英国〈民事诉讼规则〉诠释》,中国法制出版社2005年版,第28页。

〔2〕 参见江伟主编:《中国证据法草案(建议稿)及立法理由书》,中国人民大学出版社2004年版,第303页。

〔3〕 参见姜世明:《新民事证据法论》,厦门大学出版社2017年版,第82~84页。

〔4〕 参见[日]兼子一、竹下守夫:《民事诉讼法》,白绿铉译,法律出版社1995年版,第108~109页。

者三月章在《民事诉讼法》的"事实认定的违法"一节中对自由心证主义与证据契约进行了探讨。[1]学者高桥宏志在《重点讲义民事诉讼法》一书第二讲"证据调查"的第三节中简要介绍了证据契约的概念、类型,并认为如果该契约限制了心证,则不合法。[2]学者新堂幸司在《新民事诉讼法》一书第五章第三节"事实认定方法"中对证据契约的含义和效力进行了简要介绍。[3]

我国台湾地区学者在证据契约方面的研究成果较多,其中对此问题研究较为深入的是学者姜世明。2001 年,姜世明在《军法专刊》上发表论文《证据契约之研究》,[4]对民事证据契约进行了系统性介绍;并在其专著《新民事证据法论》中,[5]将证据契约单独作为一章,对证据契约的概念、性质、合法性及范围界限作了详细论述。另外,他的专著《民事诉讼法基础论》中也有对证据契约的描述。[6]在《民事诉讼法》(下册)中将证据契约制度作为自由心证之限制方法之一作了专门的论述。[7]学者陈荣宗、林庆苗也在《民事诉讼法》中探讨了民事证据契约作为自由心证限制方法的正当性。[8]学者陈计男在《民事诉讼法论》(上)中对民事证据契约的有效性作了论证。[9]学者王甲乙、杨建华、郑健才在《民事诉讼法新论》中也有关于民事证据契约的介绍。[10]我国台湾地区在介绍诉讼契约的文章中,也往往包含证据契约的相关内容,如学者沈冠伶在《示范诉讼契约之研究》一文中提出的"自认契约、推定契约、证据方法限制契约、举证责任分配契约、仲裁鉴定

---

〔1〕 参见[日]三ク月章:《民事诉讼法》,汪一凡译,黄荣坤校订,台北五南图书出版有限公司 1998 年版,第 437 ~438 页。

〔2〕 参见[日]高桥宏志:《重点讲义民事诉讼法》,张卫平、许可译,法律出版社 2007 年版,第 55 ~57 页。

〔3〕 参见[日]新堂幸司:《新民事诉讼法》,林剑锋译,法律出版社 2008 年版,第 391 页。

〔4〕 参见姜世明:《证据契约之研究》,载《军法专刊》2001 年第 8 期。

〔5〕 参见姜世明:《新民事证据法论》,厦门大学出版社 2017 年版,第 80 ~97 页。

〔6〕 参见姜世明:《民事诉讼法基础论》,台北元照出版有限公司 2014 年版,第 211 ~212 页。

〔7〕 参见姜世明:《民事诉讼法》(下册),台北新学林出版股份有限公司 2014 年版,第 46 ~49 页。

〔8〕 参见陈荣宗、林庆苗:《民事诉讼法》,台北三民书局 1996 年版,第 516 ~517 页。

〔9〕 参见陈计男:《民事诉讼法论》(上),台北三民书局 1999 年版,第 445 ~446 页。

〔10〕 参见王甲乙、杨建华、郑健才:《民事诉讼法新论》,台北三民书局 2004 年版,第 396 页。

契约等”，均属于证据契约的范畴。[1]此外，在司法实践中，也有民事证据契约应用的判例。我国台湾地区“最高法院”作出 1998 年度“台上字第 1131 号判决”，认为当事人在起诉之前关于鉴定人的选定、鉴定结果对于事实认定效力的约定，均属于有效处分。[2]我国台湾地区“最高法院”2007 年度“台上字第 2907 号民事判决”指出：“按‘民事诉讼法’第 376 条之一既于保全证据程序，设有两造得就诉讼标的、事实、证据或其他事项成立协议等‘证据契约’之具体明文。是凡当事人间以合意就特定诉讼标的及其原因事实确定其证据方法之证据契约，倘其内容于公益无妨害，不侵害自由心证主义，并在当事人原有自由处分之权限及辩论主义之适当领域内者，本于私法自治原则，自应承认其效力。”[3]

对大陆法系国家和地区成文法典中立法例的研究也是考察民事证据契约制度运行状况的重要方面。通过查阅资料，我们可以发现，与英美法系国家一样，大陆法系国家的立法中几乎没有出现过“证据契约”的字眼，与之相关的规定散落在民事诉讼法、证据法或民法典之中。例如，《德意志联邦共和国民事诉讼法》第 404 条第 4 款规定了当事人确定鉴定人契约，即当事人可以通过协商一致的方式选定鉴定人，法院应当尊重当事人选定鉴定人的意见，但法院同时有权对当事人选定鉴定人的人数加以限制。第 447 条规定了对举证义务人询问的合意，一方当事人提出询问举证义务人的申请，另一方当事人发表同意的意见，即双方就此达成协议，法院便可就需要确定的事实询问负有举证义务的一方当事人。[4]《意大利民法典》从否定性的方面对证据契约加以规定。该法典第 2689 条规定，如果双方当事人就举证责任达

---

〔1〕 参见沈冠伶：《示范诉讼契约之研究》，载《台大法学论丛》1992 年第 6 期。

〔2〕 参见高点法学编辑委员会编：《证据契约（以鉴定契约为出发点）——“最高法院”1998 年度“台上字第 1131 号判决”》，载《法观人实务系列 · 判解》（第 4 集），高点文化事业有限公司 2010 年版，第 25 ~ 26 页。

〔3〕 姜世明：《新民事证据法论》，厦门大学出版社 2017 年版，第 94 页。

〔4〕 参见《德意志联邦共和国民事诉讼法》，谢怀栻译，中国法制出版社 2001 年版，第 99 页。

成契约,约定的举证责任分配条款属于举证责任倒置或者加重一方当事人的举证责任,如果这些条款涉及当事人不能处分的权利或适用这些条款将导致一方当事人行使权利陷入困境时,那么此类条款应当认定为无效。该法典第 2968 条规定,如果法律是在非双方当事人可处分领域内规定了失权,则双方当事人不得变更有关失权的法律规定,也不得放弃该失权。[1]这两条是该法典中当事人关于证据契约无效条款的规定,在这些情形之外,当事人通过契约的形式对证据事项进行的处分应为有效,也从另一个角度说明了证据契约条款的存在。我国台湾地区 2000 年"民事诉讼法"修订时,在第 268 条第 1 款第 2 项、第 270 条第 1 款中规定了法院应当运用诉讼指挥权促成争点简化之协议,此种争点简化之协议就包含证据契约;在第 376 条第 1 款第 1 项中规定了当事人在诉讼系属前(也可以在证据保全期日),就事实、证据问题达成相关协议。[2]

(二)我国民事证据契约研究述评

与域外证据契约研究相比,我国相关研究起步较晚,成果并不丰硕,立法中虽然有简单的几种具体类型的证据契约,但未形成体系;对证据契约研究的深度和广度都尚待加强。

1. 我国民事证据契约研究综述

对我国理论界关于民事证据契约的研究资料的考察,本书拟从以下几个方面展开:

(1)与民事证据契约有关的专著。

在民事诉讼领域,我国尚没有以证据契约为主题的专著。在刑事诉讼领域,中国政法大学宋志军的博士论文《刑事证据契约论——以"场域理论"为视角》已于 2010 年 11 月由法律出版社出版,该书分为三编,第一编概述了

---

〔1〕 参见江伟主编:《中国证据法草案(建议稿)及立法理由书》,中国人民大学出版社 2004 年版,第 304 页。

〔2〕 参见姜世明:《新民事证据法论》,厦门大学出版社 2017 年版,第 90 页。

场域理论及刑事证据契约的正当性，第二编阐释了刑事证据契约的基本原理，第三编分五章对刑事证据契约的样态进行了说明。在民事诉讼领域，与诉讼契约有关的专著中也有对证据契约的论述，如学者张嘉军的专著《民事诉讼契约研究》，在第五章“两大法系民事诉讼契约主要制度比较”一节以委托鉴定人契约为例对证据契约进行了介绍。[1]在民事诉讼基础理论研究的著作中，也偶见证据契约的身影，如江伟主编的《中国证据法草案（建议稿）及立法理由书》一书将证据契约法则作为立法建议稿的一个条文予以规定，并阐述了立法理由及比较立法例。[2]陈界融在《民事证据法：法典化研究》一书中，也以立法建议的单独一条的形式对证据契约进行了规定。[3]

（2）公开发表的与民事证据契约有关的学术论文。

截至2016年10月8日，笔者在中国期刊网（http://www.cnki.net）以“证据契约”为关键词进行检索，共搜索出17篇相关论文，除1篇有关刑事证据契约的论文外，其余16篇均为民事证据契约；以“证据合意”为关键词搜索，共搜索到民事证据合意论文1篇。综上，与民事证据契约相关的文章共有17篇。[4]

---

〔1〕 参见张嘉军：《民事诉讼契约研究》，法律出版社2010年版，第277页。

〔2〕 参见江伟主编：《中国证据法草案（建议稿）及立法理由书》，中国人民大学出版社2004年版，第303～304页。

〔3〕 参见陈界融：《民事证据法：法典化研究》，中国人民大学出版社2003年版，第250～251页。

〔4〕 这17篇文章是：张芸：《论民事证据合意》，载《兰州交通大学学报》（社会科学版）2005年第5期；汤维建：《论民事证据契约》，载《政法论坛》2006年第4期；许建添：《浅议证据契约理论基础》，载《法制与经济》2006年第9期；许建添：《证据契约初探》，载《证据学论坛》2007年第1期；许建添：《证据契约制度与我国的适用环境》，载《广西政法管理干部学院学报》2007年第1期；牛金臣、曹志海：《民事诉讼契约化视角下的证据契约》，载《司法论坛》2008年第2期；陆晓芳：《浅析民事证据契约》，载《内蒙古师范大学学报》（哲学社会科学版）2008年第6期；李江婧、许建添：《证据契约效力规则构想》，载《黑龙江省政法管理干部学院学报》2008年第4期；李江婧、许建添：《建立我国证据契约制度之设想》，载《渤海大学学报》（哲学社会科学版）2008年第6期；俞蓉：《探索构建我国的证据契约制度》，载《宿州学院学报》2009年第1期；何晓颖：《论民事证据契约制度》，载《经济管理者》2009年第20期；舒瑶芝：《民事证据契约效力探析》，载《政法论坛》2010年第6期；段文波：《民事证据契约论》，载《新疆大学学报》（哲学·人文社会科学版）2010年第3期；王豪：《论民事证据契约》，载《公民与法》2011年第12期；张国振：《民事证据契约相关问题研究——以协同主义理论重构为基础》，载《安徽商贸职业技术学院学报》2013年第4期；陈磊：《民事证据契约制度类型化构建》，载《内蒙古社会科学》（汉文版）2015年第6期；程书锋：《民事证据契约浅析》，载《经济管理者》2016年第3期。

笔者以证据契约的具体种类“证明责任契约”为关键词搜索，共有文章1篇，[1]以“证明责任分配契约”为关键词，搜索到文章1篇；[2]以“举证责任契约”“举证责任分配契约”为关键词检索，未搜索到文章；以“证据方法契约”“证据能力契约”“测谎契约”“举证时限契约”为关键词进行检索，亦未搜索到相关论文。

对诉讼契约有关文章的研究也利于深化对证据契约的理解。1996年，江伟教授发表了文章《市场经济与民事诉讼法学的使命》，该文提及诉讼契约问题，将诉讼契约概念引入我国。之后张卫平、陈桂明等学者皆有文章对诉讼契约问题进行探讨。截至2016年10月8日，以“诉讼契约”为主题，笔者从中国期刊网（http://www.cnki.net）可以搜出104篇相关论文，其中较有代表性的有15篇。[3]

（3）与民事证据契约有关的硕、博士论文。

截至2016年10月8日，笔者以“民事证据契约”为关键词，在中国期刊网“中国优秀博、硕士学位论文全文数据库”、万方数据库“中国学位论文全文数据库”、中国国家图书馆“硕、博士论文数据库”进行检索，共搜索出10

[1] 参见胡忠惠：《证明责任分配契约探讨》，载《法学论坛》2008年第1期。

[2] 参见李沫：《证明责任契约浅析》，载《萍乡高等专科学校学报》2004年第3期。

[3] 具有代表性及与证据契约较为相关的文章有：彭世忠、卫强：《民事诉讼契约研究》，载《社会科学家》1999年增刊；夏霆：《诉讼契约的法理学思考》，载《南京工业大学学报》（社会科学版）2002年第4期；张卫平：《论民事诉讼的契约化——完善我国民李诉讼法的基本作业》，载《中国法学》2004年第3期；陈永忠：《对我国诉讼契约制度的几点理解与思考》，载《宁夏社会科学》2006年第6期；陈娴灵：《我国民事诉讼中的撤诉契约研究》，载《法商研究》2008年第5期；江晨：《民事诉讼契约的合理规制》，载《黑龙江省政法管理干部学院学报》2008年第2期；张嘉军：《诉讼契约概念考析》，载《河南社会科学》2009年第4期；张嘉军：《诉讼契约的正当性之维》，载《郑州大学学报》（哲学社会科学版）2009年第4期；张嘉军：《论诉讼契约的效力》，载《法学家》2010年第2期；许旭涛：《诉讼契约的性质及司法处理》，载《人民司法》2010年第18期；刘晓英：《论民事上诉审程序中诉讼契约体系的构建》，载《湘潭大学学报》（哲学社会科学版）2010年第2期；王德新：《民事诉讼的契约化及其边界》，载《山东师范大学学报》（人文社会科学版）2011年第3期；余清：《对民事诉讼契约制度几个方面的思考》，载《法制与社会》2011年3月（上）；张嘉军：《我国民事诉讼契约制度体系的实证分析》，载《法律适用》2011年第8期；吴英姿：《不起诉契约不具有诉讼法上效力——诉权契约原理》，载《烟台大学学报》（哲学社会科学版）2015年第4期。

篇相关论文,其中硕士论文9篇、博士论文1篇;[1]以"举证责任契约"为关键词,共搜索到2篇硕士论文;[2]以"民事诉讼契约"为关键词,共搜索出31篇论文,其中硕士论文30篇、博士论文1篇,其中较有代表性的有16篇;[3]以"举证时限契约""证据方法契约""测谎契约""证据能力契约"为关键词进行搜索,均未找到相关论文。

2. 我国民事证据契约相关研究总体评价

查阅民事证据契约的相关著作和论文,我们可以看出我国理论界对于证据契约的研究呈现以下特点:

(1)与民事诉讼契约相比,我国学者对民事证据契约的研究起步较晚,成果不多,重视程度不足,但极具研究潜力。

"民事诉讼的契约化是转型后民事诉讼制度再构建过程中必须植入的一种'基本元素',如果没有这种'元素',民事诉讼法就不可能成为与市场经

---

〔1〕 参见姚晨曦:《民事证据契约制度研究》,中国政法大学2008年硕士学位论文;许建添:《民事证据契约研究》,华东政法大学2008年硕士学位论文;贾传喜:《证据契约研究》,青岛大学2008年硕士学位论文;雷冬根:《民事证据契约研究》,西南政法大学2011年硕士学位论文;郭璐璐:《民事证据契约制度研究》,海南大学2011年硕士学位论文;张艳丽:《民事证据契约制度研究》,山东大学2012年硕士学位论文;梁瀚丹:《民事证据契约制度研究》,中国政法大学2015年硕士学位论文;周黎:《民事证据契约研究》,重庆大学2015硕士学位论文;尚柳荣:《协商性司法下的刑事证据契约问题研究》,山东大学2016年硕士学位论文;孙义刚:《证据契约研究》,重庆大学2008年博士学位论文。

〔2〕 毛金玲:《论证明责任契约——以〈合同法〉中的证明责任规范为分析对象》,苏州大学2013年硕士学位论文;付艳绢:《论民事举证责任契约》,西南政法大学2014年硕士学位论文。

〔3〕 参见具有代表性及与证据契约较为相关的文章如下:刘新波:《试论民事诉讼契约》,中国政法大学2005年硕士学位论文;江晨:《诉讼契约研究》,南京师范大学2005年硕士学位论文;李娜:《民事诉讼契约研究》,苏州大学2007年硕士学位论文;吴林凌:《民事诉讼契约研究》,厦门大学2008年硕士学位论文;丰雁:《论民事诉讼契约》,华东政法大学2008年硕士学位论文;张小百:《论民事诉讼契约》,南京师范大学2008年硕士学位论文;邹政:《论诉讼契约的性质》,西南政法大学2009年硕士学位论文;吕行:《民事非法定诉讼契约研究》,西南民族大学2010年硕士学位论文;慎倩倩:《论民事诉讼契约制度》,中国政法大学2012年硕士学位论文;刘啸森:《民事诉讼契约制度研究》,中国政法大学2012年硕士学位论文;庞建琴:《诉讼契约研究》,华东政法大学2013年硕士学位论文;吕萌:《民事诉讼契约制度研究》,中国政法大学2015年硕士学位论文;张嘉军:《民事诉讼契约研究》,四川大学2006年博士学位论文。

济相契合的现代民事诉讼法。”[1]民事诉讼契约的相关研究自1996年江伟教授在《现代法学》上发表《市场经济与民事诉讼法学的使命》一文开始，至今已有百余篇公开发表的论文对此问题进行过研究。但与民事诉讼契约相比，民事证据契约的相关研究起步较晚，研究成果寥寥。直到2005年，张芸在《兰州交通大学学报》（社会科学版）第5期上发表《论民事证据合意》一文，才有了单独研究民事证据契约的论文。但之后十年时间里，研究该领域的文章不过16篇，硕士论文9篇、博士论文1篇，数量可谓不多，且仅汤维建、舒瑶芝、段文波三位老师的文章发表于核心期刊。“在现代民事诉讼中，民事诉讼契约的价值得到重估，其意义不断得到显现，并在某种程度上成为民事诉讼现代化的一个标志。”[2]民事诉讼契约化是我国民事诉讼发展的趋势，对证据制度契约化的研究也是民事诉讼契约研究的重要组成部分。随着司法文明程度的不断提高，民事证据契约在我国实践中的应用也会日益广泛，理论界相关研究的潜力亟待挖掘。

（2）对民事证据契约的理论研究集中在宏观性问题，研究的广度和深度有待加强。

现阶段虽然越来越多的学者认识到证据契约在民事诉讼中的重要作用，但研究内容并不深入。目前研究的方向主要围绕在民事证据契约的概念、性质、分类、理论基础、价值意义及效力等方面，这些方面的研究具有正本清源的基础性作用。但遗憾的是，相关论述基本是在民事诉讼基础理论研究或针对诉讼契约的研究中的捎带性论述，且相关论述多是几句话或是一段话的描述，并没有详尽展开，缺乏以民事证据契约为题的专题性论述。以对证据契约效力的考察为例，反对证据契约的最主要理由是侵犯了法官的自由心证，但目前的相关研究只是亮出了观点，并未进行深入的分析。笔

---

〔1〕 张卫平：《论民事诉讼的契约化——完善我国民事诉讼法的基本作业》，载《中国法学》2004年第3期。

〔2〕 霍海红：《民事诉讼契约的意义追问》，载《华东政法学院学报》2007年第1期。

者认为要从证据契约与自由心证的关系角度来考察证据契约的效力问题，必须解决三个层面的问题：第一层面是，为什么侵害自由心证领域的证据契约就会产生无效的法律后果？这就需要从自由心证的含义、历史发展、在民事诉讼中的地位等角度对自由心证制度进行本体分析。第二层面是，是否所有的证据契约都会侵害到自由心证？在自由心证的理论框架下是否存在证据契约存在的空间？回答这一问题就必须对不同种类证据契约的性质和特点进行剖析。最后一层是，这些证据契约是否当然无效？也即是否存在例外情况？现阶段的研究对这些问题均没有作出解答。其他诸如对证据契约概念、性质、分类、价值等方面的研究亦存在诸如此类的蜻蜓点水式问题。

研究广度的不足体现在缺乏对证据契约类型化的微观研究。从具体类型来看，民事证据契约包括举证责任契约、证据方法契约、自认契约、举证时限契约、证据能力契约五种形式。对具体表现形式的研究有助于研习者对何为民事证据契约，证据契约的要件、价值、效力等宏观问题进行更为直观和深入的理解。证据契约的各种具体类型、证据契约所具备的独有要件和程序要求也并不完全相同，有时适用证据契约的宏观性理论并不能解决微观具体的类型化问题，对证据契约类型化的微观研究也是保证理论研究完整性的需要。在现阶段的研究中，仅有举证责任分配契约有 4 篇单独论述的文章（包括 2 篇公开发表的论文和 1 篇硕士毕业论文），对于其他类型的证据契约诸如证据方法契约、证据能力契约等并无相关文章，而这些类型也是证据契约的重要类型，这种缺失对于研究者和学习者而言都不得不谓之一大遗憾。

（3）理论与实践结合的紧密性有待加强，缺乏具有实践指导意义的具体制度构建设计及立法建议。

脱离实践的理论是“无本之木，无源之水”。理论研究应当体现出与司法实践的互动和结合。民事证据契约是理论界较为新颖的领域。现有的研究成果中，对于民事证据契约概念、类型、效力等宏观理论性问题的介绍缺乏与实践案例、调研数据的结合,在国内,关于民事证据契约的文章中几乎见不到相关的案例与数据。研习者对此问题往往难以快速理解,加之研究成果较少,会使人产生民事证据契约是否符合司法实践需要之惑,[1]甚至会误以为只是学者一厢情愿的研究和探讨。实践中的案例和数据是解答这些困惑的最佳答案。对相关内容的介绍和探讨只有和实践相结合才能使理论研究有血有肉,更加鲜活。对微观的具体民事证据契约的类型化研究的本身也需要实践案例和数据的辅助说明。例如,探讨民事举证责任契约的文章中,仅是在研究举证责任契约概念的基础上,对其进行正当性论述,理论高度虽有,但举证责任问题本身就是证据法中较为复杂的问题,又与契约相结合,纯粹理论论证会面临可接受度上的障碍。

理论研究的目的在于指导立法和实践。总结我国有关民事证据契约的法律规定后可以发现,在立法方面我们还存在诸多缺陷和不足:与民事证据契约有关的法律条文数量较少,且散落在不同的规定之中,没有系统性规定。我国并无成文的证据法典,立法分配给民事证据制度的部分较少,相关规定也并非集中在《民事诉讼法》中,有的内容是法律规定,有的内容仅是司法解释。立法的完善需要理论研究的有力支撑。但现阶段的理论研究成果实践指导意义欠缺,多数文章中并未提出切实可行的立法建议和具有实践操作意义的规范化设计。例如,双方当事人已达成举证时限契约,经过法院审查认为该契约具备相应的效力,一方当事人未在双方约定的时间内提交证据,违反了契约,后续应当如何进行操作?不同类型证据契约的救济途径是否相同?与实体性契约及普通的程序性契约的救济程序有何不同?对这些问题必须作出准确且具有可行性的回答才能有利于立法的完善以及实践指导意义的增强。

---

[1] 在本研究的开题报告会上,就有教授提出民事证据契约是不是实践中需要的契约形式的疑问,解答这一疑问,仅仅靠理论上的支撑略显单薄,实践中已有的大量的应用才是夯实其价值基础的重中之重。

三、研究意义

姜世明教授在《新民事证据法论》中指出:“证据契约之相关问题甚多,例如其与诉讼程序之目的观之关系、其与诉讼契约之相关问题、仲裁鉴定契约之基本问题、其与定型化契约之关系等问题,均值另以专论拓深研究。就此,仅得待来者为之。”[1]民事诉讼证据领域的可待研究内容就如一座宝藏,作为一名法律实务工作者,尤认为证据契约相关问题是其中与时代发展相适应的亟待研究和解决的问题。民事证据契约的研究对于促进司法公正、提高司法效率、解决审判实践中存在的困惑、丰富我国民事诉讼法和证据法的理论体系和立法体系具有重要的意义。

(一)有助于解决司法实践中对民事证据契约应用的困惑

诉讼中,查明案件事实的过程包括一系列具体环节,从当事人结合自己的主张搜集并提出证据,到法官对证据的证据能力进行审查并决定该证据是否可以进入诉讼程序,再到法官在对证据证明力进行综合评价的基础上对案件事实作出认定。实践中,这些环节不仅涉及法官审判权的行使,还有当事人对各种诉讼权利包括对证据权利的处分。近年来,证据方法契约、举证时限契约、自认契约等形式的证据契约在审判实践中大量涌现,但在契约订立程序、生效要件及违约责任等方面却存在具体处理方法的不当。例如,目前越来越多的法院认可测谎意见的证据资格,且学界也普遍认为测谎程序的启动需要征得当事人的“同意”。但对于测谎契约成立和生效的要件、契约效力、订立程序等问题却存在各种不规范的操作,亟待统一的规范指导。[2]举证责任分配契约在实践中应用广泛,诉中举证责任分配契约、否定

---

〔1〕 姜世明:《新民事证据法论》,厦门大学出版社2017年版,第97页。

〔2〕 具体案例参见:北京市顺义区人民法院(2008)顺民初字第7596号案件、北京市昌平区人民法院(2011)昌民初字第2234号案件、北京市第二中级人民法院(2007)二中民终字第09618号案件、山东省高级人民法院(2015)鲁商终字第41号案件等。本书第五章第二节将对这些案件作出具体分析和说明。

性举证责任分配契约等新型举证责任分配契约的适用需要进一步规范。[1]审判实践中对自认契约效力内容、自认契约效力等同于诉讼中的自认还是诉讼外的自认、效力是否具有独立性、与生效判决矛盾的自认契约效力该如何确定等问题存在误解和争议。[2]举证时限契约是保障当事人程序权利的重要制度,当事人可以通过订立契约的方式自行决定举证时限长短、证据是否失权及如何对守约方进行补偿等事项,此类证据契约在实践中也已经广泛存在和适用,但相关制度仍需统一和完善。[3]证据能力关系到证据是否具备进入法庭调查的资格,在证据进入法庭调查前,法官必须对证据能力加以判断。对证据能力存在的缺陷,不应漠视对待,而应当积极补正。证据能力契约不失为补正瑕疵的最佳手段,但实践中的应用却存在重视程度不足的问题。[4]审判实践中,证据契约的应用是当事人行使程序自主权的重要方式,要最大化地实现证据契约对于维护程序公正的重要作用,就必须对该制度作出精密合理的制度设计。因此,本书立足于证据契约的基本法理,通过对实践案例的探讨,力求探寻到最为符合现实审判实践需要的证据契约制度设计方案,解决实践中存在的困惑。

---

〔1〕 具体案例参见:北京市第一中级人民法院(2012)一中民终字第12320号案件、北京市海淀区人民法院(2014)海民初字第12303号案件等。本书第六章将对这些案件作出具体分析和说明。

〔2〕 具体案例参见:北京市第一中级人民法院(2016)京01民终5495号案件、北京市昌平区人民法院昌民初字第8285号案件、北京市第一中级人民法院(2016)京01民终2385号、北京市第一中级人民法院(2017)京01民终2010号案件、北京市海淀区人民法院(2016)京0108民初25119号案件等。本书第七章将对这些案件作出具体分析和说明。

〔3〕 具体案例参见:北京市第一中级人民法院(2016)京01民终579号案件,北京市第一中级人民法院(2016)京01民终2832号案件,北京市第一中级人民法院(2016)京01民终3277号案件,(2016)京01民终6316号案件、北京市昌平区人民法院(2015)昌民初字第16132号案件、北京市第一中级人民法院(2017)京01民终5495号案件等。本书第八章将对这些案件作出具体分析和说明。

〔4〕 具体案例参见:北京市石景山区人民法院(2015)石民初字第5779号案件、北京市海淀区人民法院(2015)海民初字第15472号案件、北京市门头沟区人民法院(2009)门民初字第1710号案件、北京市昌平区人民法院(2016)京0114民初3488号案件等。本书第九章将对这些案件作出具体分析和说明。

(二)有助于我国民事诉讼立法体系的完善

现行立法对民事证据契约的具体类型规定不全面,且缺乏可操作性。2012年8月31日,第十一届全国人大常委会第二十八次会议审议通过了《关于修改〈中华人民共和国民事诉讼法〉的决定》,新法于2013年1月1日起正式施行。这次修改条文近100处,增加了诚实信用原则,新设了诉外调解协议司法确认、担保物权实现等多项与市场经济相适应的重大诉讼制度。这次修改体现了法律乃一定社会关系的反映,是为顺应我国的经济体制改革而在民事诉讼领域作出的重大变革。但综观这次修改,对于民事诉讼契约意识的贯彻并没有明显的、系统的体现,与证据制度契约相关的立法内容更是寥寥无几。2015年颁布的最高人民法院《关于适用〈中华人民共和国民事诉讼法〉的解释》(以下简称《民事诉讼法解释》)也未对民事证据契约相关立法内容有所突破。现有的涉及民事证据契约的法律条文多存在于最高人民法院《关于民事诉讼证据的若干规定》(以下简称《证据规定》)中。从种类上看,仅对鉴定机构选定契约、举证时限契约、证据交换时间契约作出规定,对其他契约类型如证据能力契约、举证责任分配契约等未作规定。从内容上看,相关规定只是概括地指出了民事证据契约的名目,但并没有相关配套的操作规范,更是缺乏与违反约定相配套的法律后果规定。

实践的需要增强了完善民事证据契约现有立法体系的紧迫感。实践中,对于法律明文规定的民事证据契约的适用存在漏洞,对法无明文规定的证据契约,如测谎契约、自认契约等,虽适用广泛,但欠缺规范。当事人即使违反约定也并不需要承担任何不利后果,使民事证据契约的适用形同虚设。因此,必须加快对证据契约制度的考察研究,并且通过理论研究的成果转化,保障相关立法内容体系完善,增进制度的可操作性。引入民事证据契约的相关理论和制度,必将有利于促进我国民事诉讼立法体系的完善。

(三)有助于丰富我国民事诉讼法和证据法的理论体系

民事证据契约的相关研究对丰富理论体系的贡献主要体现在以下三个

方面:

一是可以丰富民事证据契约的基础理论。首先,以形成时间为主线,分析了取证、举证、质证和认证中的证据契约存在形式,捋顺了证据契约的类型化之间的逻辑关系,并提出了否定默示证据契约的观点。其次,分析了同一契约可能兼具多种证据契约的性质的特征。如测谎契约,是当事人协商确定证据方法的契约;但同时也通过测谎排斥了对待定事项适用举证责任规则的可能,又属于否定性的举证责任契约。再次,从民事诉讼法、证据法、合同法三个角度对证据契约的正当性进行论证,保证了研究的完整性和逻辑上的周延。证据契约是诉讼法、证据法、合同法交叉产生的新型证据制度,对其正当性的分析必须从三个角度展开。复次,从审判权与诉权的关系角度,分析了证据契约存在的范围和限度,并为审判权如何保障证据契约的订立和履行设计了具体的路径。最后,结合证据契约的特点,对证据契约的成立、生效要件,瑕疵救济及法律责任的承担进行了深入分析。

二是有助于丰富民事证据契约类型化研究的理论。理论界对证据契约的研究成果集中在对该项制度的宏观把握,多是从概念、效力、性质等方面论述。本书对于证据契约的具体类型,如证据方法契约、举证时限契约、举证责任分配契约进行了有针对性的探讨;提出了自认契约并不同于自认,自认契约才是证据契约种类的观点;同时,提出了民事证据能力契约的理论。学界对此类契约尚无相关研究,本书从证据能力的构成要件出发,逐一分析其是否存在达成证据契约的阻碍性因素,最终得出对于存在程序性或形式性要件瑕疵的证据,当事人通过达成合意的形式赋予其证据能力的结论,为证据能力契约的正当性寻找到了合理依据。

三是填补证据契约实证研究匮乏的缺陷。实证研究作为一种搜集和处理信息的重要方式,在加强研究对象的直观展现及增强理论对实践的指导作用等方面发挥着不可替代的重要作用。“将证据和契约联结在一起考虑问题,从而形成一个独特的‘证据契约’范畴和制度,这对长期笼罩在超职权主义诉讼模式之下的我国民事诉讼理论界来说还是比较陌生的。”[1]既往的理论成果缺乏对证据契约的实证研究，使研习者对本来陌生的证据契约制度产生空中楼阁之感。本书试图结合笔者的审判实践，实现证据契约实证分析之突破。

四、研究思路

本书从结构上，可以分为民事证据契约的理论研究（第一章至第四章）和民事证据契约的具体样态分析（第五章至第九章）两大部分。具体研究是以问题为导向，抽丝剥茧地展开的。

首先，以民事证据契约作为研究对象，必须厘清民事证据契约的概念。学术界对民事证据契约的定义并不统一，且存在一定缺陷，必须在对民事证据契约的特点、种类和范围等基本要素进行正确把握的基础上，才能作出民事证据契约的准确定义。因此，本书第一章就从正本清源的角度对民事证据契约的种类、分类、特点及性质进行了分析，提出了民事证据契约的概念。其次，正确把握民事证据契约是什么之后，接下来的问题是允许当事人以契约的方式对相关事项进行处分的依据何在？对事实的查明和程序的推进又具有怎样的价值和意义？第二章从民事证据契约存在的正当性和价值角度对契约存在的必要进行了分析。再次，民事证据契约的存在具有正当性和重要意义，但是否所有的证据事项和证明过程均可以通过契约的方式进行处分？第三章首先分析了民事证据契约存在的范围要受到审判权的限制。民事诉讼是当事人的积极参与和法官的有力组织形成的动态平衡过程，在民事证据契约的订立和履行过程中，审判权又会起到怎样的作用？审判权的行使是否存在一定的边界？第三章的后半部分分析了审判权对民事证据契约行使的保障。最后，当事人订立的证据契约要取得诉讼上的效果，必须

---

〔1〕 汤维建：《论民事证据契约》，载《政法论坛》2006年第4期。

满足成立和生效的要件。那么,依法成立的证据契约需要满足哪些生效要件才具备法律效力？如果生效要件存在瑕疵,是否允许救济？如何救济？当事人违反契约应当承担何种法律责任？第四章侧重于从基础理论角度对民事证据契约的上述理论问题作出解答。

民事证据契约的样态分析是将基础理论具体化的基本路径。从理论研究角度来看,基本样态研究有助于将抽象晦涩的理论形象化。结合民事证据契约的具体适用来论证基本理论的正确性及可行性,可以使论证更加充分有力。从指导实践的角度来看,理论研究的最终目的还在于实践应用,而应用于实践的理论必然以基本样态的形式体现,可以说具体样态是连接理论和应用的桥梁。现阶段,对于民事证据契约的研究多集中于基本理论范畴,国内外学者在对契约的具体类型进行论述时多是一笔带过,缺乏具体制度设计。因此,对民事证据契约具体样态的研究充满了未知,极具挑战。由上一部分的分析可知,民事证据契约具体包括证据方法契约、举证责任契约、自认契约、举证时限契约、证据能力契约五种契约类型,首先要回答各种契约类型的具体含义是什么,在实践中如何存在和运行？实践应用的讨论将是本书讨论的亮点,如果没有实践应用的空间,那么对民事证据契约的讨论将是“水中月”“镜中花”。民事证据契约在实践中的广泛应用状态和真实的案例,可以直接解答某些学者对“民事证据契约是否有讨论必要”的质疑。[1] 其次,与基础理论部分相呼应,各种具体类型是否与基本理论相冲突？是否具有存在的意义和价值？实践运行效果如何？是否符合实践需要的证据契约类型？最后,各种具体类型是否在我国现行法律中进行了规定？如果缺乏相关规定,该如何操作和运行？当事人应当在何时以何种方式订立契约？根据各种具体类型的不同,违反契约要承担怎样的违约责任？本

---

〔1〕 在本研究的开题报告会上,笔者介绍了民事证据契约在国内外的研究状况,并指出对于民事证据契约理论和样态的研究均处于初级阶段,很多问题仅是在研究诉讼契约时一笔带过,并未深入。有教授提出,是否会因为民事证据契约并无深入讨论的必要,故存在诸多学术空白。

书的第五章至第九章将以各种具体类型的基本理论研究为出发点，在分析立法规范和实践中实际适用情况的基础上，以服务立法及司法为目标，对民事证据契约作出具有可操作性的制度设计。

五、研究方法

民事证据契约作为本书的研究对象，具有新颖性、复杂性、系统性的特征，使本书的研究成为一个多层次、多结构、多要素的综合性系统研究。任何一种研究方法都不是万能的，均存在一定程度的局限性及缺陷，因此就需要构建多元化、综合性的研究方法体系。本书的研究方法主要包括三种。

（一）实证研究的方法

歌德在其名著《浮士德》中曾说："生活之树是常青的。"审判实践为理论研究提供了取之不尽的动力源泉，理论研究的终极目的是更好地指导实践，只有有了司法实践的支持，理论研究才具有旺盛的生命力。当代中国法学研究中实证分析方法应用不足。[1]中国的民事诉讼法目前处于规范解释学层面，应当注重实证性研究，将立法与司法实践结合起来。[2]实证研究关注的是现实生活中的法律，通过研究法律的实施情况来关注法律与社会的互动，只有解答现实中的法律是什么，法律怎样实施等具体问题的理论研究才能更符合审判实践的需求。本书中的实证研究主要采用审判案例分析、司法数据统计、调查问卷分析等方式展开。

实证研究的方法包括定性研究与定量研究两个具体类型。定性研究是指通过访谈、观察、实验等方式发现研究对象的特质。定性研究应当是开放性的，注重研究者和研究对象之间的交流和互动，强调亲历性，此种亲历者

---

〔1〕 参见熊谋林：《三十年中国法学研究方法回顾——基于中外顶级法学期刊引证文献的统计比较（2001—2011）》，载《政法论坛》2014年第3期。

〔2〕 参见张卫平：《在"有"和"无"之间——法学方法论杂谈》，载《法治研究》2010年第1期。

获得的感受和认识是其他任何一种研究方法都无法替代的。[1]笔者作为具有八年审判业务经验的一线法官，所处的工作环境为就本书相关研究内容向法官、律师、当事人等群体进行调查和访谈提供了便利。笔者在完成工作任务的同时，可以很好地掌握多个利益视角对民事证据契约的看法，以便保证研究的深入和全面。沟通的具体方式主要包括：(1)庭审结束之后向当事人及代理人发放制作好的调查问卷，并根据调查问卷的填写情况与被调查人进行延展性探讨。(2)在案件合议中，向合议庭组成人员征询对民事证据契约相关调查事项的意见，并进行深入广泛的探讨。(3)在法官沙龙及案件讨论过程中，与本院各个庭室法官进行讨论，了解不同业务庭室法官对此问题的看法。(4)通过电话、邮件等方式与调离本院的法官及其他从事法律业务的同学、朋友讨论调查事项。通过就相关问题直接与法律执业群体及法律服务对象进行沟通和交流，充分了解了民事证据契约的实践运行状况，也掌握了不同群体对民事证据契约制度设计的具体需要。

定量研究则是通过统计分析等方式对实验对象的特质进行量化。实证研究以经验为基础，积累多年的审判经验及法院内部文书查询系统的使用可以为本书的定量研究提供便利。通过对民事证据契约相关案例样本的统计分析，对现有制度实施情况进行评估，掌握该制度的实践运行经验和存在的主要缺陷，可以更好地为立法完善提出参考意见。虽然存在这些便利，但定量研究分析方法的运用依然是一项艰巨的工作，存在一定的困难。例如，因民事证据契约在理论界尚属新颖问题，实务中并无规范统一的称谓，对某项问题的研究在判决文本中找不到对应的关键词，只能把某一时间段的所有判决文本找出，通过内容阅读进行人工检索。为调研本书中测谎契约实践应用存在的缺陷，笔者找到相关文书近千份，逐一筛选，将相关文书选出，再按照其中测谎存在的问题种类进行归类。再如，按照同一关键词进行检

---

〔1〕 参见黄辉：《法学实证研究方法及其在中国的运用》，载《法学研究》2013年第6期。

索,检索出的文书必然包括同一案件的一审、二审、再审文书,虽然文书有多份,但实则为同一案件,反映的也往往是同一问题,如果不加区分,得到的统计数字中必然存在重复计算的问题,必须将这种具有一审、二审、再审,但实为同一案件的案件进行人工筛选。另外,因近年来案件数量激增,裁判文书撰写不规范,诸多证据相关事项并未在裁判文书中进行表述,就需要调取案件的案卷进行逐一查阅,也会耗费大量的精力和时间。最后,为保证研究的准确和严谨,笔者在调研的过程中就同一调研问题的相关案例援引和统计数据至少进行三次以上的复验。

长期以来,我国的法学研究中引用司法案例偏少,在为数不多的司法案例中,又偏爱引用西方的案例。国内的案例更贴近我们的生活,从案例中反映出的制度运行优缺点也更符合对中国法律制度设计的研究需要。笔者在日常工作中接触的大量案例为本书的数据统计和资料分析提供了素材。特别是在第五章至第九章关于证据契约的类型化研究中,每章都应用了大量的实践案例,对每一种民事证据契约的概念、类型、效力等晦涩的理论问题进行了直观展现,弥补了以往证据契约研究中就理说理的不足。需要强调的是,本书是以北京市法院审判系统裁判文书网为数据库进行的数据统计。笔者也曾在中国裁判文书网中进行过相关搜索,但搜索出的北京市的文书与北京市法院审判系统裁判文书网中的差别较大。例如,笔者于 2016 年 6 月 20 日以“测谎”为关键词在中国裁判文书网中进行搜索,共搜索到民事判决书 1377 件,包括一审判决书 544 件,二审判决书 783 件,再审判决书 50 件,其中北京市文书共 15 份。而以“测谎”为关键词在北京市法院审判系统裁判文书网中进行搜索,共搜索到民事案件判决书 109 件,剔除无效及重复性案件后,共有民事案件 81 件。为保证数据比例的准确性,遂选取北京市法院审判系统裁判文书网中的案例进行数据统计。为保证实证调研的样本的丰富,还参考北京市以外的部分典型案例并引用中国裁判文书网及网络媒体报道。

（二）规范分析的方法

规范分析是以现有规范本身作为分析对象的法学研究方法。法律条文是诸多规范的集合，规范分析是法学特有的研究方法。该方法要求从现有规范出发，结合立法现状对研究对象进行剖析。我国现行法律和司法解释对民事证据契约的规定虽然以具体样态的形式呈现，但存在诸多缺陷：首先，对证据契约具体类型的规定不全面。现有的涉及民事证据契约的法律条文仅对鉴定机构选定契约、举证时限契约、证据交换契约作出规定，对其他类型的民事证据契约没有规定。其次，法律规定的证据契约并非真正意义上的"证据契约"。立法规定仅以"当事人同意"一词作为契约的表达方式。诸多条款对当事人达成证据契约的用词一般为"可以"，而对同一事项往往赋予了法官依职权处理的决定权，无法突出当事人对于证据性事项处分的主体性地位。最后，具体制度设计粗糙，缺乏可操作性。对于契约订立的时间、方式等程序性事项及当事人一旦违约应当承担的法律后果及守约方的救济方式等缺乏明确规定。立法上的不完善导致司法实践中法官对当事人已经订立的证据契约的处理方式各不相同。当事人违反约定往往不需要承担任何不利后果。对立法条文的这些缺陷及适用情况进行分析，有利于深化民事证据契约的研究，也利于保障研究结果更加切合于立法及司法实践。

规范分析方法包含法律概念及法律命题研究的多种方法，概念分析是其中重要的一种。[1]对相关概念的定义必须是严谨和准确的。概念是思维的基本单位，也是理论研究的起点，概念的内涵能够阐释事物的基本属性，而外延则直接决定了研究的范围。发现概念之间的细微差别，可以澄清和排除不同研究对象的混乱。对概念的准确分析，不仅是整个研究保持学术严谨的关键，更能够影响研究的广度和深度。在理论研究方面，就研究者而

---

[1] 参见魏治勋：《"规范分析"概念的分析》，载《法学论坛》2008年第5期。

言，无论是在民事诉讼还是刑事诉讼领域，程序中在不违反法律禁止性规定及侵犯公共利益的前提下，尊重当事人的意思表示自由都是迎合诉讼模式发展的必然趋势。如果对于当事人的“意思表示一致”，不同的学者、不同的文章甚至同一学者在同一文章中都没有相同的界定，必然影响学术准确与权威，带来学术研究的混乱。对于研习者或者普通读者来说，如果对于相关领域没有初步的了解，也会造成阅读中的误解或者学习上的不便利。在立法发展方面，证据法的法典化是立法模式的发展趋势，无论是将刑事、民事、行政方面的证据立法统一在一起，制定统一的证据法典，还是制定单独的刑事证据法、民事证据法、行政证据法，与证据有关的合意制度必将是法典中不可缺少的重要组成部分，统一相关规则名称和内涵是立法的迫切需要。从微观角度来看，对于相关词语的辨析有助于对概念的理解，确保研究的严谨性。

从涉及规范的类型和内容来看，本书对于证据契约的研究将广泛涉及合同法规范、诉讼法规范及证据法规范的基本问题，可以说是在诉讼法的框架中，在合同法的指引下，对证据法问题进行的研究。从名称组成可以看出，证据契约由“证据”和“契约”两个关键词构成，其中“证据”涉及证据法、民事诉讼法相关问题和规范的研究。首先，证据是民事程序中的证据，其制度的构建离不开民事诉讼法相关规范及基本理念的指引，不同的理念框架下，证据制度会呈现出截然相异的具体特征。证据制度的构建又需要内化到具体的民事程序中，程序构建需要与民事程序相契合，这又涉及对民事程序规范的研究。当事人订立民事证据契约正是自主决定行使诉讼权利的方式和内容的体现，与处分原则相契合。但关于当事人行使处分权的范围，证据契约是否必须法定？法无明文规定的证据契约是否当然无效？如果此类约定虽未违反国家法律强制性规定、未损害其他公民的合法权益，但与现行民事诉讼法的规定（此处指非强制性规定）相冲突，是否有效？解决这些问题必须结合现行规范对处分权进行学理上的分析。其次，研究证据契约问题必须对证据法基本理论知识进行系统梳理，以自由心证为起点，继而对证据能力、证明力问题进行分析，最后落脚到证明标准的研究，通过这些基础问题相关规范的研究为证据契约的效力、分类寻找证据法的正当性理论依据。最后，“契约”是证据契约这一词组的核心词，指明证据契约乃契约的一种，必然涉及对合同法基本问题的考察，如证据契约的成立、生效、变更、撤销、消灭等各个环节，必须符合合同法的基本要义。综上，民事证据契约作为一个整体，要求将契约的基本要求与证据法、民事诉讼法的基本特征融合考虑，使研究不断往返于实体法规范与程序法规范之间。

（三）比较分析的方法

在我国，比较分析的研究方法兴起于20世纪下半叶，此种方法对扩宽研究视野、更新研究思维具有重要作用。“他山之石，可以攻玉。”我国关于证据契约制度的相关规定较少，且不完善，因此有必要广泛借鉴其他地区和国家研究和立法的先进模式。本书中，比较法的讨论将贯穿行文始终。首先，宏观上考察德国、意大利、日本以及我国台湾地区等国家和地区对于证据契约的一般概念、特征、性质的界定。其次，通过对大陆法系和英美法系民事诉讼模式的比较，讨论证据契约赖以生存的制度基础，并分析证据契约本土化的可行性。再次，有针对性地对本书涉及的证据契约进行类型化具体考察。如对于证据方法、证据能力、举证责任、证据交换等证据法基本问题，大陆法系和英美法系因诉讼模式的差异，具体制度各不相同，对各项制度的考察也成果颇丰，虽极少有站在契约角度对这些问题进行的论述，[1]但对于这些证据法基本问题的讨论，也可以为证据契约制度的构建提供基本理论支撑。最后，因本书涉及合同法的诸多基本问题，对德国、日本以及我国台

[1] 例如，我国台湾地区学者在证据契约方面的成果较多，王甲乙、杨建华、郑健才、姜世明、陈荣宗、林庆苗、陈计男等学者对于证据契约均有论述，但据笔者现阶段掌握的材料，这些学者的研究对于证据契约类型化的分析较少，或者说对于证据方法、证据能力、自认、证明责任等证据法的基本问题其实均有研究，但并非在证据契约这一概念统领之下，未从契约的角度对这些制度进行剖析。

湾地区等国家和地区合同法相关问题的讨论也是本书的重要内容。

社会制度的差异决定了法律文化的差异,而不同的法律文化又影响着具体法律体系的构建。“西方的理论,无论是法学理论还是社会科学理论,对于解释自己社会的问题,或许是有说服力的,但它们未必就是放之四海而皆准的真理。”[1]理论研究必须具有学术主体意识,对国外民事证据契约的相关研究成果应当进行辩证分析。民事诉讼法学的发展既要有世界眼光,更要关注中国的问题。对国外的相关研究和规范应当结合中国的实际问题和症结作出客观评判,而非一概地照搬照抄。对于较为完善的观点和立法例,在适合我国国情的基础上,予以吸收借鉴。对于尚未完善、得不到充分解释的观点或不适合我国司法实践的观点,应当坚决摒弃。此外,在进行比较研究时,还应当注重研究的意义所在,反对将国外相关研究内容进行毫无意义的复述和堆砌。

〔1〕 陈瑞华:《法学研究方法的若干反思》,载《中外法学》2015年第1期。

第一章

民事证据契约概述

随着法治进程的发展，民事诉讼中当事人的主体性不断增强，可以通过契约方式由当事人自由约定的程序法事项越来越多，在证据领域也是如此。作为民事诉讼契约的重要种类之一，民事证据契约逐渐得到关注。研究民事证据契约的相关问题的第一步，必须正本清源，厘清民事证据契约的概念。在民事诉讼领域，当事人之间达成的与证据有关的合意，多数学者将之称为证据契约，〔1〕有的学者称其为证据合意，〔2〕也有学者称其为证据合同。〔3〕从名称描述上可以看出，这三个词的不同之处，在于对此种合意的描述是采用“契约”“合意”还是“合同”。笔者在写作中还发现，对于民事证据的上位概念民事诉讼领域中的合意，多数学者称为民事诉讼契约，〔4〕而在刑事诉讼领域，多称为合意。〔5〕依陈界融教授的观点，〔6〕这三个词并无本

〔1〕例如，汤维建：《论民事证据契约》，载《政法论坛》2006 年第 4 期；许建添：《浅议证据契约理论基础》，载《法制与经济》2006 年第 9 期；舒瑶芝：《民事证据契约效力探析》，载《政法论坛》2010 年第 6 期；段文波：《民事证据契约论》，载《新疆大学学报》（哲学·人文社会科学版）2010 年第 3 期；王豪：《论民事证据契约》，载《公民与法》2011 年第 12 期。

〔2〕参见张芸：《论民事证据合意》，载《兰州交通大学学报》（社会科学版）2005 年第 5 期。

〔3〕参见陈界融：《民事证据法：法典化研究》，中国人民大学出版社 2003 年版，第 250 页。

〔4〕参见张卫平：《论民事诉讼的契约化——完善我国民事诉讼法的基本作业》，载《中国法学》2004 年第 3 期；张嘉军：《我国民事诉讼契约制度体系的实证分析》，载《法律适用》2011 年第 8 期；吴英姿：《不起诉契约不具有诉讼法上效力——诉权契约原理》，载《烟台大学学报》（哲学社会科学版）2015 年第 4 期。

〔5〕例如，王新清、李蓉：《论刑事诉讼中的合意问题——以公诉案件为视野的分析》，载《法学家》2003 年第 3 期；张芸：《论不起诉合意》，载《甘肃政法学院学报》2004 年第 6 期；刘根菊、李静：《我国构建刑事诉讼合意制度之探讨》，载《法治论丛》2005 年第 6 期；黄维智：《“合意”在刑事诉讼中的应用及其限制》，载《四川大学学报》（哲学社会科学版）2007 年第 1 期。

〔6〕“证据合同，有的学者或有的国家立法称为证据契约，但与证据合同的意思都是一样的，只不过考虑到我国合同法将协议、合约、契约等统称为合同，因此也称为证据合同。”参见陈界融：《民事证据法：法典化研究》，中国人民大学出版社 2003 年版，第 250 页。

质区别，王利明教授[1]也认为并无区分契约与合同的必要。为讨论的方便，本书统一采用“民事证据契约”的表达方式。

一、民事证据契约概念之代表性观点梳理

民事证据契约是民事诉讼契约的重要类型之一。在对民事证据契约的概念进行考察之前，我们先来看一下其上位概念——民事诉讼契约。所谓民事诉讼契约，是指以产生诉讼法上的效果为直接目的的当事人之间的合意。[2] 这一概念的理解包括以下几个方面：首先，诉讼契约是双方当事人之间达成的，其订立主体不能包括法院。其次，诉讼契约以当事人之间意思表示交换与一致为条件。再次，诉讼契约既可以产生于诉讼中，也可以产生于诉讼前，但无法形成于诉讼之后。最后，诉讼契约以产生诉讼法上的效果为目的，即诉讼契约只是当事人处理诉讼事项或诉讼权利的合意。

而证据契约的定义比诉讼契约要更为复杂。我国台湾地区学者姜世明指出：“基本上，就证据契约为一般性定义，并非容易之事。实则，在文献上，不少系未就证据契约为一般性定义，而乃直接就证据契约予以分类，并逐一阐释其定义者。但学者就证据契约尝试为一般性定义之努力，亦不容忽视。”[3]对于民事证据契约的概念，研究此问题的学者从不同的角度给出了定义，主要包括以下几种：

德国学者在探讨民事证据契约的概念时，常将证据契约与举证责任契约作为关联概念一同进行定义。例如，学者鲍姆巴赫将证据契约（Beweisvertrag）与举证责任契约（Beweislastvertrag）放在同一定义中进行描述，认为前者是指限制法官自由评价证据的契约，而后者是指当事人通过约定使负

---

〔1〕“考虑到合同一词已经约定俗成，广为流传，而契约、契据等提法已在实践中极少采用，因此我们认为区分契约与合同实无必要。”参见王利明、崔建远：《合同法新论·总则》，中国政法大学出版社2000年版，第13页。

〔2〕参见张卫平：《转换的逻辑——民事诉讼体制转型分析》，法律出版社2004年版，第320页。

〔3〕姜世明：《新民事证据法论》，厦门大学出版社2017年版，第81页。

有举证责任的一方当事人在案件事实真伪不明时承担不利诉讼后果的契约。[1] 学者罗森贝克认为,举证责任契约是当事人以契约这种法律行为对举证责任分配作出的约定,与之相区别的证据契约是指当事人以限制法官对证据自由进行评价为目的订立的契约。[2]从定义中可以看出,上述两位学者认为证据契约是为约束法官自由评价证据而订立的契约,但两个概念中都只提出了证据契约的订立目的,从概念中反映不出契约订立的主体、契约限制法官自由评价证据具体包括哪些方面、限制程度如何等问题。在作出定义后,对于当事人违反契约的法律后果及法官超越证据契约进行证据评价的法律后果等问题并没有作出说明,且对于为何将举证责任契约作为与证据契约并列的概念亦未作出解释。而德国1888年民法草案将证据契约局限于诉讼外的自认,认为如果当事人在诉讼发生之前,通过契约的方式确认某积极或者消极的事实,该事实经过确认之后,当事人在诉讼中不能再就此事实加以争执,这类契约就是证据契约。[3]

日本学者兼子一认为:"所谓民事证据合意,广义上是指当事人之间关于以什么方法确定判断诉讼标的权利义务及内容为前提事实的协议;狭义上是指诉讼上为了证明而特别达成的关于证据方法的协议。"[4]此概念指出的证据契约的狭义方面比较简单,将证据契约限制在与证据方法有关的协议。关键是对广义证据契约的理解。概念中首先明确了订立证据契约的主体是当事人,中心词是协议,协议的内容是"确定以判断诉讼标的权利义务及内容为前提事实的方法"。根据这一定义,证据契约是确定前提事实方法的协议。高桥宏志教授也认为,"从广义上,当事人之间就事实的

---

〔1〕 参见 Baumbach/Hartmann, Zivilprozeβordnung, 56 Aufl, 1997, Anh. 286, Rdnr. 6f。转引自姜世明:《新民事证据法论》,厦门大学出版社2017年版,第82页。

〔2〕 参见 Rosenberg, Die Beweislast, 5 Aufl, 1965 , S. 86f。转引自姜世明:《新民事证据法论》,厦门大学出版社2017年版,第82页。

〔3〕 参见姜世明:《新民事证据法论》,厦门大学出版社2017年版,第82页。

〔4〕 [日]兼子一、竹下守夫:《民事诉讼法》,白绿铉译,法律出版社1995年版,第108~109页。

确定方法达成的合意都属于证据契约”，“狭义的证据契约单指证据限制契约，虽然这一区别缺乏特殊的必要性”。[1]持类似观点的还有新堂幸司教授、[2]三月章教授[3]等。

我国台湾地区亦有学者持类似观点。例如，陈计男认为：“所谓证据契约系指以左右诉讼上（判决基础）事实之确定为目的之诉讼当事人间合意。”[4]学者陈荣宗将证据契约定义为双方当事人订立的与确定诉讼中事实的证据方法相关的协议。[5]姚瑞光认为，当事人就特定诉讼标的所为关于如何确定事实或以何种方法确定事实之合意，谓之证据契约。[6]另有学者则从民事证据契约与证据相关立法规定是否契合的角度进行定义。例如，邱联恭教授认为，证据契约的内容是指就有关证明之事项，当事人订立的与法律规定不同的协议。另有实务界认为，广义的证据契约是当事人间就影响诉讼标的权利义务关系的基础性事实如何确定而达成的协议。狭义的证据契约则是证据方法契约，此处的证据方法契约仅是与提出或不提出某种证据方法有关的协议。[7]

我国有部分学者承继了德国学者的观点。陈界融教授认为：“所谓证据

---

〔1〕 参见［日］高桥宏志：《重点讲义民事诉讼法》，张卫平、许可译，法律出版社 2007 年版，第 56 页。

〔2〕 “就广义上而言，所谓的证据契约，是指当事人之间对作为判决基础之事实的确定方法达成的合意，就狭义而言，则是指有关证据方法的当事人合意。”参见［日］新堂幸司：《新民事诉讼法》，林剑锋译，法律出版社 2008 年版，第 391 页。

〔3〕 “有关诉讼中的事实确定方法的诉讼契约称为证据契约。广义上还包括变更有关举证责任分配原则的举证责任契约。此外，证据契约还单指为方便法官事实确认活动所订立的契约。”参见［日］三ク月章：《日本民事诉讼法》，汪一凡译，黄荣坤校订，台北五南图书出版公司 1997 年版，第 437 页。

〔4〕 陈计男：《民事诉讼法论》（上），台北三民书局 2006 年版，第 476 页。

〔5〕 参见陈荣宗、林庆苗：《民事诉讼法》，台北三民书局 1996 年版，第 516 页。

〔6〕 参见姚瑞光：《民事诉讼法论》，1999 年自版，第 364 页。转引自姜世明：《新民事证据法论》，厦门大学出版社 2017 年版，第 81 页。

〔7〕 参见高点法学编辑委员会：《证据契约（以鉴定契约为出发）“最高法院”1998 年度“台上字第 1131 号判决”》，载《法观人实务系列 · 判解》（第 4 集），高点文化事业有限公司 2010 年版，第 25 ~ 26 页。

契约,是指当事人欲以法律行为限制法官对事实认定之证据评价的自由裁判行为的契约。"[1]部分学者承继了日本和我国台湾地区学者的观点。例如,陈桂明教授认为,证据契约指有关诉讼中的事实确定方法的诉讼契约。类似的观点还有:"广义上的证据契约是指当事人之间达成的与判断特定案件权利关系存否的前提事实相关的合意。狭义的证据契约仅指当事人之间达成的与证据方法相关的合意。"[2]此外,证据契约还单指为方便法官认定事实活动而订立的契约。[3]还有观点认为,证据契约以改变现有法律规定为特征。例如,汤维建教授指出:"所谓证据契约,是指当事人在证明的各个环节上改变现有法律的规定并能产生实际效果的合意约定。"[4]

综上所述,对证据契约的定义,从广义上看,包括以下几种:(1)限制法官评价证据之自由的契约。(2)当事人订立的确定事实的协议或与确定事实相关的协议。(3)当事人订立的与法律规定相区别的关于证明之事项的协议。(4)为方便法官认定事实而订立的协议。从狭义上看,证据契约一般仅指证据方法契约。笔者认为上述概念存在以下不足和值得探讨之处:

首先,将证据契约定义为限制法官自由评价证据的契约并不准确。证据契约限制的内容是提出证据的主体、提出时间、提出方法以及提出证据之证据能力等与证据或证明相关的事项,而这些事项恰恰是法官自由评价证据赖以进行的基础。由当事人通过约定的方式对这些事项加以约束或变更,不可否认会影响到法官对证据的自由评价。但应当正确认识的是,法官对证据的自由评价本就建立在当事人提供证据资料的基础之上,受当事人提供资料时间和范围的限制,是相对的自由,而非漫无边际的绝对自由。即使没有证据契约,法院对证据的评价也是受到一定程度限制的。只不过在

---

〔1〕 陈界融:《证据法应当关注的几个理论问题》,载《证据科学》2009 年第 2 期。

〔2〕 段文波:《民事证据限制契约论》,载《新疆大学学报》(哲学·人文社会科学版)2010 年第 3 期。

〔3〕 参见陈桂明:《程序理念与程序规则》,中国法制出版社 1999 年版,第 96~97 页。

〔4〕 汤维建:《论民事证据契约》,载《政法论坛》2006 年第 4 期。

没有证据契约时，是各方当事人按照自己的意愿各自提供证据；而订立证据契约后，当事人要按照契约约定的时间和方式提供证据。简言之，当事人通过契约协商确定证据资料提供的主体、方式、内容，并非限制法官对证据的自由评价，只是限制了自由评价的基础，而这一基础本就是当事人可以自由决断的。

同时，将民事证据契约定义为“限制法官自由评价证据的契约”也不能准确涵盖证据契约制度设立所要达到的目的。上述定义将证据契约约束的对象局限于法官，认为证据契约的设立目的就是约束法官的行为。不可否认，证据契约是与证据或证明相关的契约，因契约发挥作用的时间是在诉讼过程中，必然对介入纠纷解决的公权力造成一定的影响，但如同其他类型的民事诉讼契约一样，证据契约订立的另一重要目的在于对诉讼中双方当事人的行为和利益进行约束。当事人通过订立契约协商确定提供证据的主体、时间、方式或通过证据契约排除一些证据的适用，不仅会对法官认定事实所依据的证据内容及认定证据的时间等方面造成约束，还要求当事人必须按照协议的约定提供证据，违反约定要承担相应的违约责任，防止当事人在证据及证明事项上的恣意行为。

其次，简单地将证据契约定义为“确定事实的协议或与事实确定有关的协议”亦不恰当。定义为“确定事实的协议”会导致证据契约所包含的范围过窄，而定义为“与确定事实有关的协议”则会导致概念的扩大化，欠缺准确性。证据和证明的相关事项中虽然不乏与确定事实联系比较密切的事项，例如举证责任分配，但更多的是并不直接确定事实的程序性事项，如证据能力、举证时限、举证方法等问题。这些问题也是证据和证明制度中的重要组成部分，当事人达成的与之相关的契约不宜排除在证据契约的范畴之外。因此，不宜将证据契约定义为当事人确定事实的协议，而认为证据契约是与事实确定相关协议的观点未体现出证据契约内容之证据相关特点。影响案件事实确定的方法并不具有单一的证据指向性，将证据契约定义为与事实确定方法有关的协议则会导致定义过宽。整个民事诉讼程序都是为事实确定和法律适用服务的，所有的程序事项皆与事实确定有关，但不能将程序问题都归为证据契约，此种定义也易使研习者无法准确把握证据契约的内涵。

再次，将证据契约定义为“与现行法律规定不一致的证据事项的合意”，并不恰当。在我国立法体系下，现行法律已包含证据契约的相关规定，例如，《证据规定》第 26 条规定了当事人可以协商确定鉴定机构，第 33 条规定了当事人可以协商确定举证时限，第 38 条确定了当事人可以协商确定证据交换时间。《美国联邦民事诉讼规则》第 29 条规定了发现程序中当事人的约定，第 30 条“口头询问的庭外证言”一节中规定了当事人可以约定进行庭外取证，第 31 条“书面质问的庭外证言”一节中规定了当事人基于约定可在未经法院同意的情况下进行询问，第 35 条规定了当事人可以基于双方的协议进行鉴定。〔1〕如果将证据契约界定为与现行法律不一致的契约，那么，现行法律规定的这些既定存在的证据契约将被排除在概念之外，显然不恰当。应当这样说，大部分证据契约是与法律规定不一致的证据事项的合意，也有部分证据契约是在现行法律指导下订立的，虽然现行法律对某些具体订立程序并未明确规定。当然，对于成文法并无民事证据契约内容的国家或地区而言，此种界定的合理性不容置疑。

最后，将证据契约定义成“为法官认定事实提供便利而订立的协议”，会使证据契约的作用狭义化，无法周延地概括证据契约在诉讼中发挥的作用。与将证据契约定义为限制法官自由评价证据的契约相同，这一定义也是从契约的作用角度对证据契约进行的描述。从对主体的影响来看，证据契约的作用所涉及的主体包括当事人、法官和案外人（通常是证人）三方主体，而这种作用和影响又分别包含积极和消极两个方面。从对当事人的作用来看，积极方面是可以为当事人的证据收集、提出等工作的开展提供便利，例

---

〔1〕 参见《美国联邦诉讼规则、证据规则》，白绿铉、卞建林译，中国法制出版社 2000 年版，第 48 ~ 49 页、第 58 ~ 64 页、第 67 ~ 70 页。

如通过达成证据方法契约,使不便于出庭的证人可以以视听方式作证,免去当事人邀请证人到庭之苦。但同时,对当事人也会形成一定的约束,即存在一定的消极作用。例如,当事人必须按照契约约定的时间提交证据,否则会产生一定的不利后果;约定负有举证责任的一方当事人无法完成举证责任时,要承担败诉的不利后果。从对法官的作用来看,积极作用是可以为法官认定事实提供便利。例如,当事人通过订立测谎契约,约定以测谎的方式辅助对某一事实的确认,通过科技手段为法官认定事实提供帮助。消极方面是在一定程度上对法官自由评价证据形成限制和约束,当事人通过证据契约否认某些证据之证据能力,使这些证据被排除在法官认定事实基础之外,会缩小法官赖以确定事实的证据范围。对案外人的影响主要体现在证据方法契约中,因不允许当事人通过契约的方式损害案外人的利益,所以证据契约对案外人的影响主要表现为积极影响。例如,通过当事人的协商,某些证人可以免除作证义务或者以录音、录像、现场通话等方式代替出庭作证。因此,仅将证据契约定义为“为方便法官认定事实活动而订立的契约”无法全面概括证据契约的重要作用。

除此之外,上述概念都未能全面体现出证据契约横跨证据法、民事诉讼法及合同法三大法而产生的不同于普通证据事项及民事合同的独有特点,如订立主体的特点、形成时间的特点以及责任必究的特征。对民事证据契约进行准确定义是相关研究的逻辑起点,民事证据契约的概念应当是能够涵盖其特征、范围、后果等基本要素的语义集合,只有对这些要素厘清认识,才能对民事证据契约进行准确的定义。

二、民事证据契约的种类和分类

对研究对象进行区分研究是法学研究的重要方法之一。通过对研究对象的分类观察和剖析,可以更加直观、更加清晰地展现研究对象的内容和特点。在证据法领域,与对象区分相关联的词主要有两个:一是“种类”,二是

"分类"。"在长期的习惯上，我国的诉讼法学和证据法学都将证据类型的制度区分称为证据的'种类'，而将其理论区分称为证据的'分类'。"[1]遵循证据法的这一类型化区分方法，本书也将民事证据契约按照种类和分类两种区分方式加以研究。民事证据契约的种类是指证据契约所包含的具体类型，不同类型的区分标准在于通过契约所约束的证据事项及契约订立所要达到的证据法上的目的差异。证据契约的分类则是指依据各种类型证据契约所反映出的除了内容之外的特点从理论角度对契约作出的区分。民事证据契约的种类和分类具有以下区别和联系：

1. 二者的区别。证据契约由诸多要素构成，这些要素包括订立主体、订立时间、意思表达的方式、契约所要约束的证据事项、不同的违约责任方式、契约订立的目的和性质等。不同的证据契约具备的要素既有相同之处，又存在区别。具备相同要素的证据契约往往显示出类似的特征。以契约最为核心和关键的要素——契约所约束事项的不同或者说订立契约目的的不同为标准对证据契约进行的划分，就是证据契约的种类。其他辅助性要素如订立的时间、契约的性质、是否存在法律的明确规定等也对证据契约的类型化研究具有重要的作用，根据辅助性要素的同一性对契约进行的区分就是证据契约的分类。辅助性要素在证据契约构成中的作用虽不及核心要素，但其可以从另一个侧面反映出不同种类的证据契约的共性，对于契约的研究也具有至关重要的作用。

2. 二者的联系。首先，从广义上看，证据契约的"种类"和"分类"都是根据某一要素对契约进行的划分，只不过种类是根据核心要素进行的划分，而分类是根据辅助性要素进行的划分。核心要素是单一的，而辅助性要素多种多样，从这一角度来看，证据契约的"种类"应当包含在证据契约的"分类"之中，只不过前者是根据一种特定标准的分类而已。其次，无论是种类的区

---

〔1〕 周洪波：《诉讼证据种类的区分逻辑》，载《中国法学》2016年第6期。

别还是分类的区别,均建立在一定的标准基础之上,科学的标准是实现证据契约类型化价值的重要条件。最后,种类和分类的划分目的都是反映某些证据契约所具备的共同特征,为目标对象的研究提供便利。民事证据契约数量众多,无法也无必要逐一进行研究,将具备共同特征的契约作为一个整体进行研究,既有利于提高效率,也有利于保障研究的完整。

将证据契约这一研究对象的区别研究分为种类和分类两个方面具有重要的作用:第一,进行种类化区分,可以迅速地将研究对象的主要不同加以区别,抓住问题的主要矛盾,便于对不同种类的证据契约所约束的证据事项内容、法律效果、违约救济等方面的差别进行研究。第二,同一种类的证据契约因订立时间、意思表示形式等方面的差别可能归属于不同的分类,从分类不同的角度切入对同一种证据契约进行研究,可以推进研究的深度。例如,同是举证责任分配契约,因订立时间的不同,又可以具体分为诉讼前和诉讼中的举证责任分配契约两种。两者存在显著的差别,诉前举证责任分配契约作为民事合同的争议解决条款而存在,而诉中举证责任分配契约则是独立的证据契约。不同种类的证据契约也可因具备相同的次要性要素而归为同一分类领域,进而反映出相似的特征。例如,诉前订立的举证责任分配契约、测谎契约、证据方法契约等均属于诉前证据契约,虽然存在约束证据事项不同,但因订立时间都在诉讼之前,法官对其内容要进行更为详尽的审查。而同样种类的证据契约如果是在诉讼中订立的,法官的作用不仅体现在效力审查上,在订立过程中还应当起到必要的释明和引导作用。

(一)民事证据契约的种类

对证据契约类型化的分析有助于从微观角度加深对这一制度的理解,也便于法官和当事人对证据契约的具体把握和适用。国内外关于民事证据契约种类的论述多涵盖在定义之中,且基本处于简单列举的层面,既不统一,也缺乏深入的分析。[1]例如,德国学者巴姆盖特认为证据契约从广义上包括实体法确认契约、程序上自认契约、举证责任契约、推定契约与证据方法契约,狭义证据契约的类型包括自认契约、推定契约与证据方法契约。[2]日本学者高桥宏志认为:“从广义上,当事人之间达成的关于事实的确定方法的协议都属于证据契约,比如双方当事人约定某一事实真实而不加争执的自认契约、交由第三人判定某一事实是否存在的仲裁鉴定契约、关于证明责任如何分配的契约、当事人之间关于证据方法提出的合意(证据限制契约)——某一事实只能通过书证来证明。狭义的证据契约单指证据限制契约。”[3]同时,高桥宏志也指出广义的区分和狭义的区分并无必要性可言。从这一定义中可以总结出,民事证据契约的类型包括自认契约、仲裁鉴定契约、证明责任契约、证据方法契约(或者称为证据限制契约)。

我国台湾地区的姜世明教授将证据契约的类型分为四个层次:最狭义的类型只包括证据方法契约;狭义的证据契约包括证据方法契约、自认和推定三种;广义的证据契约则除了上述三种契约形式外,增加了举证责任契约;最广义的证据契约包括了所有证据契约的类型,即当事人之间达成的关于案件事实如何认定的合意均属于证据契约类型。[4]从这一定义可以抽象出,姜世明教授明确指出的证据契约的种类为证据方法契约、自认、推定、举证责任契约。陈荣宗教授认为,证据契约的种类包括证据限制契约、自认契约、举证责任分配契约。[5]也有学者存在不同观点,如王甲乙、杨建华、郑建才认为:“证据方法契约或证据限制契约,学者间争议较大,本书认为不宜

---

〔1〕 参见汤维建:《论民事证据契约》,载《政法论坛》2006 年第 4 期。

〔2〕 参见 Baumgärtel, Wesen und Begriff der Prozeβhandlung einer Pertei im Zivilprozeβ, 2. Aufl., 1972, S. 249; Eickmann, a. a. O., S. 8。转引自姜世明:《新民事证据法论》,厦门大学出版社 2017 年版,第 84 页。

〔3〕 [日]高桥宏志:《重点讲义民事诉讼法》,张卫平、许可译,法律出版社 2007 年版,第 55 ~ 56 页。

〔4〕 参见姜世明:《新民事证据法论》,厦门大学出版社 2017 年版,第 86 ~ 87 页。

〔5〕 参见陈荣宗、林庆苗:《民事诉讼法》,台北三民书局 1996 年版,第 516 页。

承认其效力。"[1]我国台湾地区学者陈计男认为民事证据契约的种类不应当包括举证责任分配契约。按照他的观点,变更举证责任分配契约会影响法官之心证自由形成,违反自由心证主义之原则,故不应当允许当事人设计此类证据契约。[2]

我国大陆的陈桂明教授认为,广义上的证据契约应当包括举证责任分配契约,而狭义证据契约的典型形式则包括自认契约、证据方法契约(证据限制契约)、鉴定契约、证据方法契约和证明力契约等。[3]江伟教授主编的《中国证据法草案(建议稿)及立法理由书》中认为,证据契约的内容包括:"(1)证明本案的特定事实,所应运用的证据方法。(2)某一特定事实,约定其为真实或者不真实。(3)某一特定事实由何方当事人承担证明责任。"[4]虽然江教授并未具体指明证据契约类型的名称,但从概念的描述中可以看出,他认为证据契约的种类包括证据方法契约、对事实约定的契约及举证责任契约。

学术界关于民事证据契约具体种类的上述观点并不统一,而我国立法中涉及的证据契约类型也相对匮乏。我国现行立法和司法解释中明确规定的民事证据契约只有三种,分别是《证据规定》第26条规定的当事人确定鉴定人契约、第33条规定的举证时限契约和第38条规定的确定证据交换时间契约。2017年《民事诉讼法》修订后,在第76条以基本法的形式确定了鉴定人选任契约的法律地位,立法将当事人通过协商确定鉴定人作为原则,由法院确定鉴定人作为例外。《民事诉讼法解释》第99条规定了举证时限契约,并在第121条第2款对鉴定人选定契约进行了解释。遗憾的是新修订的《民

---

〔1〕王甲乙、杨建华、郑健才:《民事诉讼法新论》,台北三民书局2004年版,第396页。

〔2〕"证据契约中,关于变更举证责任分配原则为目的之合意,亦即举证责任契约,此种契约因足以影响法官对于心证之自由形成,违法自由心证主义之原则,应不准许。"参见陈计男:《民事诉讼法论》(上),台北三民书局2014年版,第283页。

〔3〕参见陈桂明:《程序理念与程序规则》,中国法制出版社1999年版,第96~97页。

〔4〕参见江伟主编:《中国证据法草案(建议稿)及立法理由书》,中国人民大学出版社2004年版,第18页。

事诉讼法》及之后的《民事诉讼法解释》对于证据契约的种类并未进行丰富和完善。审判实践中,民事证据契约的种类和表现形式则更为多样,如当事人在诉讼前订立自认契约对争议事实加以确定,订立举证责任分配契约对举证责任加以分配,订立测谎契约启动测谎程序,订立证据能力契约对法官越权取得证据之证据能力进行追认,等等。《美国联邦民事诉讼规则》中涉及民事诉讼契约的法条有14条,与证据契约相关的有第26条、第29条、第30条、第31条、第33条和第35条,涉及的证据契约的种类主要有变更证据出示时间契约、举证时限契约、证据方法契约(主要涉及证人证言方式变更及鉴定)。英国的民事证据规则中关于民事诉讼契约的规定共有10条,证据契约占其中4条,证据契约为诉讼契约最为重要的组成部分。英国民事诉讼规则对证据契约的规定主要集中于证据开示的标准、内容、方式、时间阶段的约定及专家证人等内容。

学术界、立法及司法实践中关于证据契约类型的观点各不相同,证据契约到底包括哪些种类?诉讼证明作为一种认识活动,对证据种类的区分,应当符合认识过程的一般规律。证据契约是当事人在证明过程中达成的契约,必须站在证明过程的宏观角度,以时间的行进及认识过程的推进为主线,才能对民事证据契约的种类有更为全面的认识。有学者认为民事证据契约的订立时间仅为纠纷发生之前。[1]这其实是对证据契约种类的一个误解。在司法证明的各个阶段均可以达成证据契约,笔者认为,民事证据契约应当包括以下几种:

1. 证据方法契约。

证据方法是证据概念项下的一个分支,是证据的物质载体,也是法官进行调查的对象。证据方法具体又可以分为人的证据方法与物的证据方法,前者包括证人、专家证人、鉴定人、勘验人与当事人,后者包括书证、物证和

---

〔1〕 参见江伟主编:《中国证据法草案(建议稿)及立法理由书》,中国人民大学出版社2004年版,第304页。

视听资料。证据方法契约是指当事人协商确定限制某些证据方法在法庭调查阶段提出或以替代性方式改变既有证据方法的契约。证据是由当事人搜集并提出的，对于要提出何种内容及形式的证据，当事人有权自由决定。当事人通过契约的形式对证据方法加以限定对法官心证并不构成直接的干预，其合理性已经得到学术界多数学者的赞同。与证据方法的类型相对应，证据方法契约具体包括以下几大类：(1)证人出庭契约及书证、物证提供方式契约；(2)鉴定人选任契约与鉴定契约、仲裁鉴定契约；(3)专家辅助人咨询契约；(4)测谎契约。前述关于证据契约种类的观点中，汤维建教授认为仲裁鉴定契约应当属于证据方法契约。但也有学者如高桥宏志教授将仲裁鉴定契约作为单独的证据契约种类。笔者认为，仲裁鉴定契约是当事人协议约定将某事实的确定交由仲裁机构通过仲裁的方式加以确定的契约，以鉴定结论作为确认事实的依据，因此应当归属于证据方法契约。

2. 举证责任分配契约。

举证责任分配契约是指在诉讼前或者诉讼中，当事人就如何分配举证责任达成的对现行法律的补充性合意，是证据契约的重要种类之一。前述将举证责任契约排除在民事证据契约概念之外，或者将其理解为广义的民事证据契约的观点，值得商榷。举证责任分配是民事诉讼证据领域的重要内容，举证责任分配契约直接影响到当事人开展的收集证据活动。通常情况下，取证是当事人的单方行为，但取证又与举证责任存在密切联系，负有举证责任的一方当事人有搜集并提供证据的义务，而客观举证责任直接影响案件审理结果。当事人对举证责任的分配当然可以通过协议的方式自由处分。现行法律虽然对举证责任分配有相关规定，但并不完善。判断举证责任的规范说存在一定的缺陷，法官通过自由裁量对举证责任作出的分配往往无法得到当事人的认可，传统举证责任规范也无法实现纠纷规避的功能。由当事人通过自由协商的方式确定举证责任，是当事人行使处分权的重要方式，可以弥补传统举证责任分配存在的漏洞，并不会构成对法官自由心证的侵犯。因此,举证责任分配契约应当作为证据契约的一个重要类型存在。实践中,大部分的举证责任分配契约以诉讼前民事合同中争议处理条款的形式存在。

推定契约应当属于举证责任契约的一种。推定是通过对基础事实和待证事实之间联系的肯定来认定待证事实的方法。[1]首先,推定是一种认定事实的方法,这种方法属于诉讼中的证据规则范畴,是法律通过立法技术创设的认定事实方法。其次,推定反映了一种联系。这种联系是基础事实与待证事实之间的法律上的联系,而非客观联系或者逻辑联系。最后,不同种类的推定会产生不同的法律效果。从是否允许当事人提供反证进行推翻的角度来看,推定可以分为可以反驳的推定和不可反驳的推定。不可反驳的推定是由立法机关在法律中明确规定的,一旦基础事实得到证明,法院就应当直接认定待证事实的成立,当事人不享有提供证据推翻待证事实的权利。可以反驳的推定分为强制性的推定及允许性的推定两类,其中强制性的推定又可以具体分为举证责任推定和说服责任推定。强制性举证责任推定的内容为举证责任方只需要证明基础事实的存在,便可以推定出待证事实的存在,而相对方当事人有证明待证事实不存在的责任。而强制性的说服责任推定与强制性举证责任推定类似,但转移的不是举证责任,而是说服责任。允许性推定是指基础事实与代证事实之间的法律关系并不是强制性的,而是一种相关性的法律关系。[2]

推定契约,是指当事人之间达成的只需证明基础事实成立,便可认定待证事实成立的一种合意,也就是当事人合意创设了基础事实与待证事实之间的一种联系。当事人原本负有证明待证事实成立的举证责任,现在根据推定契约,只需要证明基础事实成立即可。但推定契约所涉及的推定只能是可以反驳的推定,当事人不可通过契约改变不可反驳的推定。例如,现行

---

〔1〕 参见裴苍龄:《再论推定》,载《法学研究》2006 年第 3 期。
〔2〕 参见张保生:《推定是证明过程的中断》,载《法学研究》2009 年第 5 期。

法律规定,16 周岁以上,不满 18 周岁,但以自己的劳动收入为主要生活来源的,视为完全民事行为能力人。即当事人的年龄在 16 周岁到 18 周岁之间,但可以证明其具有满足生活需要的劳动收入来源的,法院必须将其认定为完全民事行为能力人。对于这种法律明确规定的不可反驳的推定,当事人不可以通过订立契约的方式加以改变。而对于可以反驳的推定,因不具有法定性,可以由当事人对基础事实与待证事实之间的联系进行约定。因协议的存在,当事人基于基础事实与待证事实之间的联系,更换了举证责任针对的对象,负有举证责任的当事人只需要证明基础事实存在即可。从法律效果来看,当事人通过订立推定契约要达到的法律效果是减轻举证责任方的证明责任,因此应当将推定契约理解为对举证责任进行变通的契约形式,推定契约也应当属于举证责任契约的一种。

3. 自认契约。

由前述可以看出,德国学者巴姆盖特、日本学者高桥宏志、我国台湾地区学者陈荣宗等认为证据契约的具体类型包括自认契约,而我国台湾地区的姜世明教授、大陆的陈桂明教授认为证据契约的种类包括自认。笔者认为,自认与自认契约是两种完全不同的证据制度。将自认作为证据契约的类型并不恰当。证据契约的种类应当包括自认契约,而自认并不属于证据契约。自认是当事人对对方当事人所提出的事实的认可,根据作出时间和场合的不同,自认可以分为诉讼中的自认与诉讼外的自认。无论诉讼中的自认还是诉讼外的自认,所涉及的对象均是案件事实,是单方当事人作出的事实行为。从性质上看,诉讼外的自认也由当事人通过叙述的方式作出,也应当属于证据,诉讼中的自认属于当事人陈述,是证据方式的一种。从法律效果来看,诉讼外的自认在诉讼中仅可作为证据使用,诉讼中的自认可以达到免除对方当事人举证责任的后果。因此,结合上述自认的特点,自认并不属于证据契约的一种。

而自认契约是与自认并不相同的制度。自认契约是在诉讼之外,当事人之间达成的对事实或对证据的真实性不加争执的契约。其与自认的相似之处在于当事人对事实的认可,但也存在以下与自认不同的要素:(1)自认契约是双方当事人达成的对事实无争议的合意,而自认是单方意思表示。(2)自认契约是法律行为,要求作出意思表示的当事人具备民事行为能力。而自认是事实行为,对作出主体的要求与对证人的要求相同,只要能对事实作出正确认识并能表达自己意志的人均可作出自认。(3)自认契约仅存在于诉讼之外,而自认在诉讼中和诉讼外均可存在。(4)自认契约的内容不仅包括当事人对事实的认可,也包括当事人对证据的认可。而自认仅是对案件事实的认可。(5)诉讼中的自认作出的方式有明示和默示两种,而自认契约只能以明示的方式作出。从自认与自认契约的主体资格、性质、意思表示的内容、作出的方式等不同可以看出,自认契约更加符合证据契约的特征,而自认仅是单方作出的事实行为,并不属于证据契约。

我国台湾地区的姜世明教授认为,自认契约属于举证责任契约的一种。[1] 不可否认,自认契约的法律效果对举证责任分配会起到一定的影响,自认契约与举证责任契约存在密不可分的联系,自认契约可以固定案件事实,必然产生免除一方当事人举证责任的法律效果,以致有观点将二者混同。[2]其实自认契约并不从属于举证责任契约,是独立的证据契约种类。二者存在以下区别:一是自认契约存在于诉讼之外,而举证责任契约既存在于诉讼前,也存在于诉讼中。二是自认契约以固定某项事实或证据为主要内容,而举证责任契约以举证责任分配为主要内容。三是自认契约会产生免除一方当事人举证责任的法律效果,但这并非自认契约唯一的法律效果。对主张该事实存在一方的当事人而言,自认契约免除了其举证责任,而对于

---

〔1〕 参见姜世明:《新民事证据法论》,厦门大学出版社2017年版,第83页。

〔2〕 如有观点认为,当事人通过协商确定某一事实为确定的事实,免除对该事实负有举证责任的当事人的举证责任的契约是举证责任契约,同时强调在举证责任契约中,举证责任方的对方当事人具有证明相反事实的权利。参见孙义刚:《证据契约研究》,重庆大学2008年博士学位论文。

否认该事实的一方当事人而言,自认契约的法律效果为剥夺了其进行主张或争执的权利。而举证责任契约所产生的法律效果不仅包括免除当事人的举证责任,还包括增加及变更当事人的举证责任。四是自认契约可以由当事人约定撤销契约的条件,而举证责任契约的内容则不包括这一方面。在自认契约中是否为当事人保留提供推翻自认事实的证据的权利,则是由当事人自由协商确定的内容。从广义上看,所有能够影响当事人举证责任的契约均为举证责任契约;但从狭义上看,各种契约有其具体的类型,并非所有具有免除当事人举证责任后果的契约均为举证责任契约。将当事人为直接确认事实而订立的契约定义为自认契约,并作为独立的证据契约类型,更为恰当。

4. 举证时限契约。

根据我国《民事诉讼法》及相关司法解释的规定,举证时限的确定方式分为法院指定和当事人约定两种情形。其中当事人约定举证时限,应当属于举证时限契约的范畴,只是尚未形成规范的契约模式。举证是当事人在庭前证据交换或法庭审理阶段向法院提供证据的活动。这一阶段是双方当事人共同参与、共同努力的过程,涉及提供证据的时间、种类,在当事人主义证据提出模式的指引下,当事人应当对举证时限有决定权。[1]不同的当事人举证能力存在差异,即使是同样的案由,法官依照以往的经验对举证时限也无法作出准确的把握。如何保障在有限的时间内收集到证明己方观点的证据,对这一问题,最有发言权的还是双方当事人。当事人对自身取证能力有更为充分的了解,通过双方协商确定举证时限,可以减少因法院指定举证时限时间不足而当事人多次申请延长的情况发生。举证时限由当事人协商确定,在其充分行使了自己的诉讼权利后,一旦证据因超出举证时限而产生失权的法律后果,当事人也更容易接受。举证时限与证据失权是无法截然

---

〔1〕 Burkhard Bastuck, Burkard Goprert, *Admission and Presentation of Evidence in Germany*, 16 Loy. L. A. Int'l & Comp. L. J., 609, 610(1994).

分割的制度,故举证时限契约应当包括证据失权的内容。

证据交换的内容也可以一并在举证时限契约中加以约定,并无订立独立的证据交换契约的必要。张卫平教授曾经提及证据交换契约,认为“证据交换契约是当事人之间就证据交换的方式、证据交换的范围、证据交换的效果等等所达成的合意”,并指出“没有按照契约规定的时间、证据范围提供证据,其以后提供的证据同样有可能产生失权的法律后果”。[1]关于证据交换契约,笔者认为无须就证据交换订立单独的契约。首先,《证据规定》第37条第2款规定,对于证据较多或者疑难复杂的案件,法院应当组织证据交换。有法官提出:民事案件无论简单还是复杂,都应当以庭前证据交换为原则;例外情况仅包括当事人下落不明,或者涉及国家秘密、商业秘密等情形。[2]随着司法文明进程的发展,证据交换正在成为民事审判庭前不可缺少的一环,并不一定需要当事人通过独立契约的形式对此程序加以启动。其次,证据交换只是双方当事人交换证据、固定争点的一种形式,而该制度的实质目的是使当事人对对方所要提供的证据有所了解,避免当事人进行证据突袭,这一功能完全可以在举证时限契约中加以约定和实现。在包含证据交换的这一程序的案件中,证据交换是举证时限过程中或期限届满后的必要程序,双方当事人并无另行订立证据交换契约的必要,证据交换的相关内容完全可以在举证时限契约内加以约定。举证时限届满后,未交换的证据也就是未提交的证据,完全可以以超过举证时限为由认定证据失权,而非证据因未进行交换而失权。

5. 证据能力契约。

对于证据能力因欠缺有效要件而存在瑕疵的证据,当事人通过达成合

---

〔1〕 张卫平:《论民事诉讼的契约化——完善我国民事诉讼法的基本作业》,载《中国法学》2004年第3期。

〔2〕 参见袁新利、谭振荣:《应然与实然:我国民事诉讼证据交换制度之实证性分析》,载贺荣主编:《全国法院第25届学术讨论会获奖论文集:公正司法与行政法实施问题研究》(上册),人民法院出版社2013年版,第488页。

意的形式赋予其证据能力，这种证据契约即证据能力契约。认证是法官对证据能力和证明力进行审核认定的过程。证据能力是证据进入庭审的资格，证据能力的关联性要件涉及法官的自由裁量，政策性要件是法律强制性规定，这两个要件中不存在证据契约存在的空间。但证据能力的程序性要件和形式要件并不排斥证据契约的存在，具体表现为：(1)取证主体不适格之缺陷可以由证据能力契约来弥补，如当事人可以通过契约的形式认可法官越权取得证据之证据能力，使此种证据获得进入庭审程序的资格。(2)对违反直接言词原则及超出举证时限的证据，也可以由当事人通过契约的方式弥补其证据能力的不足。(3)证据能力形式上的瑕疵也可以通过证据能力契约加以补正。

与其他种类的诉讼契约不同，证据契约并非当事人对实体权利和程序权利的直接处分，而是介入了法官运用心证判断证据、裁量事实的相关领域。自由心证的内容主要包括：法官可以不受约束自由判断证据的证明力，证据是否达到内心确信的证明标准由法官来确定。前者指向证据的证明力，而后者主要是指证明标准问题。两个领域的内容确定由法官通过自由心证来完成，不宜由当事人达成契约加以约束。因此，综上所述，证据契约的种类主要包括证明方法契约、举证责任契约、自认契约、举证时限契约和证据能力契约五种，对于此五种证据契约的个性化、具体化分析将从本书第六章开始详细展开。

(二)民事证据契约的理论分类

根据法律是否有明确规定，民事证据契约可以分为法定的证据契约和意定的证据契约。法律有明确规定的证据契约为法定的证据契约。由当事人通过契约对证据或证明事项加以约定，必然对公法领域的程序运行造成一定的影响，立法者对证据契约向来持审慎的态度。目前，根据《民事诉讼法》及相关司法解释的规定，法定的证据契约仅有当事人确定鉴定机构契约、举证时限契约和确定证据交换时间契约三种。随着当事人主义的发展，诉讼中越来越强调尊重当事人的主体性原则，当事人也可以在法律规定的范畴之外订立证据契约，这就是意定的证据契约。对当事人之间订立的证据契约，虽无法律明确规定，但若其未超出当事人处分权利的范畴，未违反法律法规的强制性规定，以及没有损害社会及他人利益，那么这种契约的效力也应当得到认可。例如，测谎契约便已经在实践中得到广泛应用。〔1〕笔者于2016年6月20日以“测谎”为关键词在北京市法院审判系统中进行搜索，共搜索到民事案件判决书109件，剔除无效及重复性案件后，〔2〕共有民事案件81件。对这81件案件进行分析可知，法院征求双方当事人的意见的案件为39件，占全部案件的48.1%。测谎契约在测谎程序的开启、测谎实验的顺利进行、解决测谎意见运用的正当性问题等方面发挥着不可替代的重要作用。随着法治进程的发展，在实践中应用较为广泛的意定证据契约也必定会得到立法者的重视，最后上升到立法层面，由法律对其要件进行更为严谨的规制。

从契约的内容是否静止来看，可以分为静态的证据契约和动态的证据契约。证据制度由证据和证明组成。证据是静态的能够证明案件事实的材料，而证明是动态的对事实加以印证的过程。在静态的证据领域和动态的证明领域，均可以订立证据契约，在证据领域订立的为静态的证据契约，在证明领域订立的为动态的证据契约。静态证据契约是对证据形式的约束，而动态证据契约则是对动态过程中的取证主体、举证方式等问题的约束。前者主要是指证据方法契约和证据能力契约，是对证据提交范围或提交形式加以扩张或限制的契约，因无论是扩张还是限制，均是对静态证据材料的约束，故可以将其归为静态证据契约。如当事人约定证人可以以视听方式

〔1〕实践中，虽然多以“当事人同意”一词表达测谎程序开启的相关内容，但实为当事人对测谎问题达成的证据契约。

〔2〕无效案件是指当事人仅提到“测谎”二字，并非真正有测谎的意思表示，此类案件有4件。重复性案件是指案件有一审及二审文书，但实为一个案件，此类案件有24件。

代替出庭作证,或者约定不得要求某一证人在案件中作证的证据方法契约,以及当事人通过协议对证据瑕疵进行补正的证据能力契约。而后者主要包括举证责任契约、自认契约、举证时限契约,这些契约均是与动态证明相关的契约。举证责任契约是当事人通过契约的方式对举证责任分配进行的约定,属于与动态证明过程相关的契约。自认契约直接影响到举证责任分配,也宜归为动态证据契约。举证时限契约是当事人协商确定举证时限及证据失权、证据交换等事项的契约,与动态证明紧密相关,属于动态证据契约。

从契约订立的时间看,可以分为诉前证据契约和诉中证据契约。诉前证据契约类型较为单一,主要是纠纷发生前的民事合同中的或纠纷发生后诉讼之前订立的举证责任分配契约和证据方法契约。虽然纠纷发生前为证据契约存在的主要阶段,但有观点认为证据契约只能存在于纠纷发生之前,[1]这种观点并不准确。当事人以契约方式处分证据和证明事项,可以存在于纠纷前,也可以存在于纠纷解决过程中,纠纷解决过程又包括诉讼前与诉讼中两个阶段,这两个阶段也是达成证据契约的重要阶段。诉中证据契约包括举证时限契约、证据能力契约、举证责任契约等若干类型。诉中证据契约的作用体现在纠纷解决中,当事人通过订立证据契约可以解决证据提交和证明过程中的争议问题。诉前证据契约不仅具备诉中证据契约的作用,而且对纠纷的预防可以起到一定的作用,当事人因证据契约的约束,可以对纠纷结果进行预测,从而积极履行义务,避免纠纷的产生。

从契约的性质来看,可以分为程序性证据契约和实体性证据契约。证据虽然是诉讼制度的内容,但因其直接与案件事实相关联,因此又不同于其他的程序性诉讼制度。而证据制度内容本身也分为与实体联系更为紧密的内容和与程序联系更为紧密的内容。根据这一区分,可以将证据契约分为

---

〔1〕 参见陈界融:《民事证据法:法典化研究》,中国人民大学出版社2003年版,第248页。

程序性证据契约和实体性证据契约。实体性证据契约主要是指举证责任契约和自认契约,而程序性证据契约的类型则更为广泛一些,主要包括证据方法契约、举证时限契约和证据能力契约,这三大类证据契约又包括具体的程序性事项的小类别。值得注意的是,证据事项与事实认定密切相关,即使是程序性证据契约也必然会影响当事人的实体权益,从这一角度,所有的证据契约均与实体性内容紧密相连。因此,程序性证据契约与实体性证据契约的分类方法只是从契约内容的主要方面进行把握。

此外,理论界还存在明示的证据契约和默示的证据契约的分类方法。汤维建教授持此主张,他认为在对抗制的诉讼体制中,默示的证据契约具有存在的必要性和正当性。[1]笔者认为,证据契约不应存在默示的订立方式。在我国现行立法已有相关规定的证据契约中,如当事人选定鉴定机构的契约、确定举证时间和证据交换时间的契约涉及鉴定主体的选定及诉讼时间节点的确定,需要当事人以明确的方式作出同意的意思表示,而且为了防止重大误解和欺诈,证据契约应当采用书面形式,否定了默示证据契约的存在。对于法律无明文规定的证据契约,更是需要当事人明确表示才能确定合意的达成,而且必须以书面形式固定当事人真实的意思表示,法官依据证据契约解决争议的证据事项才有充分的根据。

三、民事证据契约的特点

尽管国内外学者对民事证据契约的定义存在争议,但结合上文对研究对象的类型化分析可知,证据契约订立的主体是当事人,不包括法院,订立的时间是在诉讼前或者诉讼中,目的是解决事实确定的方法,也即与取证、举证、质证等证据搜集、提出问题相关,其并不能直接引起民事实体权利义务的变动,只是影响事实确定的方法和程序。除了这些形式上的显著特点

---

〔1〕 参见汤维建:《论民事证据契约》,载《政法论坛》2006 年第 4 期。

外,民事证据契约还具备以下特征:

首先,民事证据契约是一种兼具证据法与合同法特点的合意,其存在具有一定的限度。证据契约,与其他类型的诉讼契约一样,均是当事人为解决争议而达成的协议。只不过其他类型的诉讼契约解决的是案件管辖或者实体权利处分等问题,而证据契约解决的则是与静态的证据和动态的证明相关的问题。证据契约从形式上看,是契约的一种。从内容上看,关涉的领域为证据及证明领域。它既要符合一般合同的特点,同时应当体现契约与证据结合的特殊性,符合证据法对该契约的要求。证据契约的范围有一定的限定,而这种限定要受到证据法和合同法的双重制约。从合同的一般性特征角度看,该契约是平等的主体间订立的,是合意的一种,必须符合意思表示真实的要件。对于涉及国家或公共利益的事实,不得由当事人通过契约对证据进行约定。同时,对于涉及人身的证据,只能从保护人身权益的方面加以约定,不得通过约定损害公民的人身利益。从证据法的角度来看,证据契约涉及更多的公法事项,与纯粹实体性诉讼契约相比,要受到更多的限制。一是证据契约的效力范围约束的对象是有限的,仅限于当事人,而不能对法官或案外人发号施令。二是并非所有的证据和证明事项均可以订立契约,在证据能力的关联性、证据的证明力、证明标准领域排斥证据契约的适用。三是证据契约是否符合生效要件的要求、是否具备相应的效力,需要经过法官的审查。

其次,民事证据契约并非均由法律明确规定,但不得与法律规定相冲突。依据证据契约与现行法律规定的关系,可以分三种情况讨论:一是遵循现有法律规定,即已经得到立法确认的证据契约。二是填补法律规定空白,当事人通过契约的方式创设了法律并未明文规定的证据种类、取证方式等与事实认定方法有关的事项,如当事人之间达成测谎契约,将测谎结论作为证据使用。三是改变现有法律规定,当事人通过约定扩充或者约束了现有法律关于事实认定方法的规定,如现行立法对于法官应当依当事人申请或者依职权调取的证据范围有着明确规定,但因法律的滞后性,现有规定限定的可由法官调取的证据范围过窄,当事人可通过约定的方式申请法院调取法院调查取证范围之外的证据。第一种具有法律依据的证据契约和第二种填补法律空白的证据契约,显然不会与现行立法相冲突。而第三种情况是对现有法律规定的一种改变,是对法院调查取证权力的扩充,但这种改变需要以不违背法律的强制性规定为前提。有观点认为:“从内容上来看,民事证据契约是对证明规则的变通。这种变通分为两种,一种是直接改变一般立法规定的逆向的否定性变通,一种是划定法官自由裁量领域范围的同向的约束性变通。”[1]笔者认为,不应当允许通过证据契约对程序性立法规定进行否定性变更。虽然证据契约不同于其他内容必须法定的公法性质较强的诉讼契约,但当事人对立法的否定性变更,是对现行法律的违反,应当不予允许。

再次,同一契约可能兼具多种证据契约的性质。例如,双方当事人达成的申请法院调取法官调查取证权限之外证据的契约,既是证据能力契约,也属于举证责任契约。从取证主体角度的变化来看,本应当由当事人自行调取的证据,法院进行了调取,该证据之证据能力因取证主体的不适格而存在瑕疵。但当事人通过契约的方式赋予法官调取证据的权限,弥补了主体瑕疵,属于对证据能力事项达成的合意,是证据能力契约。从另外一个角度看,调取证据属于履行主观举证责任的表现,因此,此种契约又是双方当事人通过协商将主观举证责任进行了转移,属于举证责任契约。再如,测谎契约,是当事人协商确定证据方法的契约;但同时,也通过测谎排斥了对待定事项适用举证责任规则的可能,属于否定性的举证责任契约。

最后,证据契约既具有相对的独立性,又具有依附于争议纠纷的附属性。诉前证据契约存在于私法契约之中,属于契约中的争议解决条款,独立

---

〔1〕 参见汤维建:《论民事证据契约》,载《政法论坛》2006 年第 4 期。

于私法契约中的其他权利义务分配条款。私法契约无效,并不影响证据契约的效力。在私法契约中订立证据契约的目的在于发生争议时对证据事项的处分。对私法契约中的条款有争议的情况才是证据契约发挥效力的场域,所以其效力独立于私法契约。同理,诉中证据契约是案件审理中订立的争议解决契约,其效力也独立于案件争议本身。证据契约又依附于本案争议事项,具体包括以下两点:一是对证据契约的适用需要在本案纠纷中一并处理,当事人不能另行提起诉讼。二是随本案争议的解决而失去效力。即使当事人在纠纷审理过程中并未要求适用证据契约解决争议,在案件纠纷解决之后,当事人也不能再以双方之间存在证据契约为由提起诉讼。

四、民事证据契约的性质

民事证据契约的性质与契约的成立、生效要件及其可产生的法律效果直接相关。作为横跨证据与合同两大法的契约类型,理论界对证据契约性质的确定一直存在争论,主要学说为"私法行为说"与"诉讼行为说"。前者认为证据契约为诉讼契约的一种,因与案件事实的确定密切相关,系实体法层面的诉讼契约;后者为我国台湾地区学者陈计男和邱联恭的观点,认为证据契约属于纯粹的诉讼行为。[1]上述学者只是套用了诉讼行为与私法行为的内容对证据契约性质作出界定,并未对原因作出深入剖析。笔者认为,准确把握证据契约的性质必须首先确定认定契约性质的标准,同时在厘清诉讼行为和私法行为区别的基础上,从证据契约的本体出发对各种类型的证据契约逐一分析,才能得出最为准确的结论。

(一)确定民事证据契约性质的标准

因民事证据契约为民事诉讼契约的一种,故对民事证据契约性质的研究,学者多从诉讼契约的性质出发,在诉讼契约的理论框架下对证据契约的

〔1〕 参见陈计男:《民事诉讼法论》(上),台北三民书局1999年版,第445页。

性质加以界定。[1]学界关于证据契约性质的划分依据主要有三项:一是以诉讼系属作为确定证据契约性质的标准;二是以合意的内容作为确定证据契约性质的标准;三是以契约的效果作为确定证据契约性质的标准。

笔者认为,同一种证据契约,如举证责任契约,既可以在诉讼前达成,又可以在诉讼中达成。因此,根据契约是否形成于诉讼系属中确定契约性质的观点,显然缺乏合理依据。对于以内容还是以效果作为判断证据契约性质的标准,陈桂明教授认为,一定的行为产生何种法律效果,是因性质而定的,因此,以法律效果反推法律性质是不妥的。同时,他认为诉讼契约的性质应当根据契约内容来确定,不同内容的契约具有不同的法律性质。[2] 这种确定契约性质的观点,笔者基本赞同。如同其他法律行为一样,依据内容来确定性质,显然是最为合理的途径。但内容其实也可以反映出双方当事人订立契约所要达到的法律效果,或者说内容中往往就包含法律效果,比如当事人订立举证时限契约,约定超出时限提供的证据产生失权的效果。这里的效果从契约的内容中是可以反映出来的,而非依性质而定。因此,契约内容为判断契约性质的主要标准,法律效果为判断契约内容的次要标准,两者相辅相成,无法绝对割裂。

(二)对民事证据契约性质的分析

1. 对私法行为与诉讼行为的准确界定

私法行为与诉讼行为都属于法律行为的一种。[3]在19世纪公法诉权说诞生之前,诉讼法从属于实体法,诉讼行为是私法行为在诉讼领域的延伸,无法将两者截然分离。在当代,公法诉权说逐渐取代了私法诉权说,该

---

〔1〕 对于诉讼契约的性质,存在“诉讼行为说”“私法行为说”“折中说”(其中折中说又分为“两行为并存说”和“一行为两性质说”)等观点,参见陈桂明:《程序理念与程序规则》,中国法制出版社1999年版,第100页。

〔2〕 参见陈桂明:《程序理念与程序规则》,中国法制出版社1999年版,第101页。

〔3〕 从严格意义上看,私法行为应当称为民事法律行为,民事诉讼行为应当称为民事诉讼法律行为,本书为了与传统关于证据契约性质讨论用词保持一致,采用私法行为与诉讼行为的称谓。

说认为诉权并非当事人私法请求权派生的产物，是当事人向法院提起的诉讼上的请求，与私法权利中民事主体向相对方提起的请求权具有本质区别，私法诉权具有独立性。之后，建立在公法诉权说基础之上的诉讼法从民事实体法中分离，作为独立的法律部门存在，法律行为才分为诉讼行为与私法行为。〔1〕诉讼行为与私法行为分离的历史也就是诉讼法脱离实体法的历史。

私法行为的理论诞生于德国："民事法律行为又称法律行为，它是指民事主体旨在设立、变更、终止民事权利和民事义务，以意思表示为内容的行为。"〔2〕私法行为是具有民事法律意义和法律效果的行为。〔3〕其主要内容在于民事权利和民事义务的设定、变更和终止，是当事人对民事权利和义务的自由处分。私法契约是私法行为的典型代表，是指当事人为分配实体上的私法权利与义务而订立的契约。此种契约作为当事人对私法关系的合意，可以产生私法上的请求权，同时当事人也必须履行一定的私法义务，一方当事人可以因对方存在违约行为而请求司法救济。而对于诉讼行为，相关研究在19世纪末逐渐受到学者的重视。从大陆法系法学研究的成果来看，诉讼行为理论是各国构筑民事诉讼法学体系的基础性理论。德国学者赫尔维希提出诉讼行为是能够产生诉讼法规定的效果的行为，并将其他公法行为及私法行为排除在诉讼行为概念之外。〔4〕诉讼行为的目的在于在解决纠纷的同时使诉讼法律关系归于消灭。"契约"一词也不再是私法行为的代名词，而成为"一种法律系统的控制规范"。〔5〕作为一种规范，既可以在私法领域发挥作用，也可以成为公法领域的技术手段。

---

〔1〕 参见廖永安、崔峰：《当事人诉讼行为与民事法律行为关系考》，载《法律科学》2004年第1期。

〔2〕 王利明：《关于我国民法典体系构建的几个问题》，载《法学》2003年第1期。

〔3〕 参见王明锁：《民事法律行为类型化的创新与完善》，载《北方法学》2016年第4期。

〔4〕 参见刘荣军：《民事诉讼行为瑕疵及其处理》，载《中国法学》1999年第3期。

〔5〕 [日]三ケ月章：《日本民事诉讼法》，汪一凡译，黄荣坤校订，台北五南图书出版有限公司1997年版，第331页。

2. 对具体类型证据契约性质的分析

民事证据契约与私法契约最重要的区别在于所约束内容的不同。证据契约意在对与证据或证明相关的事项进行约束，订立该种契约的主要目的在于保障更加快速、高效、准确地查明案件事实，促成纠纷的一次性化解。而私法契约则直接约束主体间的权利义务关系。如上文所述，确定契约性质的标准主要在于内容，辅之法律效果。民事证据契约因具体类型的不同，具体内容和法律效果也存在差异。因此，要正确把握民事证据契约的性质，必须对各种具体类型的证据契约分别进行剖析。因诉前民事证据契约存在于民事合同之中，与私法契约结合较为紧密，甚至有观点据此认为证据契约具有私法行为的性质。笔者沿着这一思路，将各种具体种类的证据契约按照订立时间是在诉讼前还是诉讼中分别进行探讨。诉中证据契约包括诉中的举证责任契约、举证时限契约、证据方法契约和证据能力契约。诉前证据契约包括诉前的证据方法契约、自认契约和举证责任契约。以下首先是对诉中各种类型证据契约性质的分析：

诉中举证责任分配契约是当事人对主观举证责任和客观举证责任分配作出的约定。主观举证责任分配是对举证行为责任这一程序性事项的分配，仅对主观举证责任分配作出约定的契约属于诉讼行为的性质。例如，当事人约定由法官调取某项证据，免除当事人举证行为责任的契约。而客观举证责任则与案件事实认定产生直接的关联，加重当事人的客观举证责任，意味着增加当事人在待证事实真伪不明时败诉的风险，直接影响当事人的实体权益。如果举证责任分配契约的内容涉及主观举证责任，那么当事人这一订约行为产生的法律效果同时具备诉讼行为及私法行为的特点，此时应当以该行为的主要法律效果作为考察行为性质的依据。应当认识到败诉的风险只是一种可能性，如果当事人能够积极提供证据对待证事实加以证明，则可免除此种风险。当事人订立此契约的目的在于举证责任分配，而非实体权利处分。即使举证责任分配尤其是客观举证责任分配的后果对实体权利的时限产生影响，这种影响也是间接的，具有从属性。因此，举证责任分配契约并非私法契约，属于诉讼行为。

举证时限契约也属于诉讼行为。从内容上看，举证时限契约规范的是举证时间的长短，属于程序性事项。从效果上看，举证时限契约最直接的效果是影响诉讼进程，亦属于程序性事项。但也应当注意到，一般情况下，举证时限的长短与当事人搜集证据的数量和质量呈正相关，超过举证时限的证据可能面临失权的后果，而证据的质量及证据失权又对案件事实认定造成影响。从这一角度来看，举证时限又会影响到实体权利，其法律效果也同时具备诉讼行为和私法行为的特征。还是从主要效果来分析，举证时限契约的目的在于督促当事人及时举证，而非追求证据失权，且证据失权并不必然造成实体权利的丧失，故举证时限契约应属诉讼行为。

诉中证据方法契约和证据能力契约属于典型的诉讼行为。诉中证据方法契约是当事人通过协商一致的方式对证据方法或同一证据方法中的证据提交方式进行变通的契约。例如，当事人通过协商增加测谎意见作为证据方式的一种或者协商确定当事人通过语音文件的形式代替证人出庭。无论是对证据方法的增加还是变通，均属于程序性事项，故订立此类契约属于诉讼行为。证据能力契约是当事人之间订立的意在弥补证据能力的程序性瑕疵或形式性瑕疵的契约，也属于对程序性事项的约定，其性质也应当属于诉讼行为。例如，当事人申请法院调查取证契约，只是赋予法院调查取证的主体性权力，属于程序性事项的解决，并不直接涉及实体性利益，应为诉讼行为。

诉前证据契约的主要表现形式为存在于民事合同中的证据方法契约、自认契约和举证责任契约。这些契约虽然存在于私法契约之中，但如果内容属于处分程序性利益，或能够产生诉讼法上的效果，仍然具有诉讼行为的性质。诉前的证据方法契约，因亦是以变更、限制或扩大证据提出方法为内容的契约，属于对程序性事项的变更，将其归为诉讼行为不难理解。关键在于对自认契约和诉前举证责任契约的分析。

自认契约是为了固定争议事实或证据而订立的契约。以对证据的承认为内容的自认契约只是当事人处分证明利益的契约,即使法官根据当事人的认可对证据的真实性作出确认,也并不意味着对案件事实的认定,法官还需对证据的证明力作出判断,并且结合案件中的其他证据,综合认定案件事实。毕竟案件事实的证明往往需要证据形成证据链并结合证明标准来判断,对证据真实性的认可并不意味着能够固定案件事实,此种自认契约应当属于诉讼行为。而以固定事实为内容的自认契约,虽然案件事实的确定与实体权利直接相关,但该种契约也非直接处分实体权益,应当亦属于诉讼行为。也有观点认为,在诉讼系属前订立的自认契约,因其并未进入诉讼程序,其性质怎么能确定为诉讼行为?笔者认为,此类条款虽为诉讼发生之前订立,但发挥作用的时间在诉讼之后,以产生诉讼法上的效果为主要目的,如果未发生纠纷,则自动失效,故而应当将其归为诉讼行为。

对于诉前举证责任契约的性质认定也必须从内容和效果两个层面进行分析。从内容上看,当事人在合同中约定的举证责任分配条款,是在法院外达成的合意,内容既包含主观举证责任,即行为意义上的举证责任,也包括客观举证责任,即案件真伪不明时,由何方当事人承担败诉风险。诉前举证责任分配契约只是对预期证明利益的处分,而非直接处分实体权益。而且在纠纷尚未发生的情况下分配举证责任,使双方明确应当保存证据的种类和内容,可以增强当事人的证据提取及保存观念,如果当事人及时保存了证据,即使发生纠纷,也不会造成实体利益的损失。从内容及法律效果看,均可以认定诉前举证责任契约应当属于诉讼行为。

综上所述,如果将证据契约定义为私法行为的契约,那就意味着证据契约成为民事合同的一种。证据契约是当事人之间达成的处分证据利益的合意,虽然在订立主体、意思表示一致及不得违反法律及公共利益等方面,与私法契约存在诸多相同之处,但并未处分实体权利,即使是诉前的举证责任分配契约、自认契约等，也仅是民事合同中的争议解决条款，只涉及证据与证明领域的当事人合意，并没有直接处分实体权益。因此，证据契约与私法契约存在本质上的差异，所以不宜将其归为私法行为的范畴。证据契约通过对程序性权利的处分达到影响案件事实认定的目的，从性质上看应为诉讼行为。

五、本章小结

基于上述对证据契约之具体样态类型的考察及特征、性质的辨析，可以发现：民事证据契约的订立主体限于双方当事人。订立契约的时间既可以是纠纷发生前、诉讼前，也可以是诉讼过程中。证据契约的内容是对证据事项及证明利益的处分。从性质上看，证据契约是典型的诉讼行为。证据契约可以为法官评价事实提供帮助，也会对法官自由心证形成约束。综合上述这些要素，民事证据契约，是指当事人在民事诉讼前或诉讼中就证据或证明事项达成的旨在影响证明利益的合意。

第二章

民事证据契约的正当性

19世纪后叶,诉讼法被归为公法领域,只有法律明文规定的诉讼契约才能适用,民事诉讼法律关系不允许当事人以契约的方式擅自加以改变。[1]但随着公法私法化的推进,民事诉讼契约逐渐成为民事诉讼领域的热门话题之一。"在现代民事诉讼中,民事诉讼契约的价值得到重估,其意义不断得到显现,并在某种程度上成为民事诉讼现代化的一个标志。"[2]作为民事诉讼的重要组成部分,在证据法领域,是否允许当事人以契约的方式对相关事项进行处分?依据何在?对事实的查明和程序的推进又具有怎样的价值和意义?对这些问题的回答是民事证据契约制度研究的基础。

---

〔1〕 参见陈桂明:《程序理念与程序规则》,中国法制出版社1999年版,第92页以下。
〔2〕 霍海红:《民事诉讼契约的意义追问》,载《华东政法学院学报》2007年第1期。

一、民事证据契约的理论依据

学界对民事证据契约正当性的探讨，主要从民事诉讼的逐渐民主化、私法自治原则向证据法领域的渗透、诉讼法上处分权主义、辩论主义等角度展开。对于证据契约合法性，有的学者采比较宽松的见解。例如，陈荣宗认为，因符合辩论主义原则的要求，应当承认当事人之间订立的证据契约的效力。[1]“证据契约的正当性涉及对形式真实说、实质真实说和信赖真实说的评价与取舍，其理论基础包含私法自治原则、诉讼法上辩论主义、处分权主义及举证责任分配理念与证据调查制度之目的等制度和价值。”[2]其中的价值冲突，是民事证据契约理论首先需要面对的，证据契约的理论基础也是利益衡量的结果：尊重当事人主体性地位，认同当事人的处分权、辩论权者，趋向于认同民事证据契约的正当性；而强调法院职权探知功能者则易对民事证据契约持怀疑或否定态度。[3]同时应当注意到这些理论虽然可以作为民事证据契约正当化的有力支撑，但不足以凸显证据契约的固有特点。证据契约是诉讼法、证据法、合同法交叉产生的新型证据制度。从名称组成来看，证据契约由“证据”和“契约”两个关键词构成，其中“证据”涉及证据法、民事诉讼法相关理论，而“契约”作为此概念的核心词，必然涉及合同法的基本问题。只有从这三个方面对证据契约的正当性进行论证，才能保证研究的完整性和逻辑上的周延。

（一）民事证据契约与民事诉讼基本模式及原则相契合

民事证据契约虽然蕴含了私法精神对证据事项的深远影响，但归根到底是诉讼制度的一种，必须符合民事程序法独特的理念和价值。“程序法上诸等原则之承认，并非对客观事实之预先让步。反之，该等原则实系因认为

---

〔1〕 参见陈荣宗、林庆苗：《民事诉讼法》，台北三民书局1996年版，第516~517页。
〔2〕 汤维建：《论民事证据契约》，载《政法论坛》2006年第4期。
〔3〕 参见姜世明：《新民事证据法论》，厦门大学出版社2017年版，第80页。

当事人基于私利,当致力为自己利益而奋斗,故理应能尽力提出诉讼资料,以促成事实之还原与利益归属之确定。”[1]民事诉讼理念不断更新发展,证据契约作为事实查明领域的诉讼契约,从以下几个方面契合了民事诉讼理念的基本要求:

1. 证据契约是民事诉讼模式转型在证据领域的积极体现。

诉讼模式是民事诉讼程序中各种要素之间关系及特征的总和,是反映诉讼中各方主体权利分配情况的结构。模式的确定直接影响着诉讼原则的内容及具体诉讼制度设计。关于民事诉讼模式问题,我国理论界虽存在争议,但也均认为,就不同诉讼模式所反映的法院的审判权力和当事人的诉讼权利的关系而言,民事诉讼模式主要包括职权主义诉讼模式和当事人主义诉讼模式两种。区分不同诉讼模式须考虑的要素主要有以下两点:一是由何方主体控制诉讼程序的启动和终止;二是由何方决定诉讼对象的确定以及证据材料的收集和提供。第一方面是关于诉讼程序的内容,第二方面则与实体权利联系更为紧密。当事人与法院之间的诉讼权限配置也围绕这两个方面展开。[2]诉讼中最重要的是实体问题的解决,故第二部分的内容对于诉讼目的的实现具有决定性意义。职权主义诉讼模式中,由法官决定诉讼进程的推进、争点的确定和证据的收集。而当事人主义诉讼模式则强调:民事程序的启动均依赖于当事人,法院不能依职权启动或者推进诉讼程序,诉讼请求的确定、证据的搜集和提出均由当事人决定。因此,当前世界各国无论是大陆法系国家还是英美法系国家,均应当属于当事人主义诉讼模式。先前的苏联、东欧各国采用的诉讼模式为职权主义诉讼模式。我国的民事程序制度虽不能归为职权主义模式,但相关设计中仍存有职权主义色彩,应当沿着扩大当事人处分权的方向进行改革。

证据制度作为民事诉讼制度的一部分,其证明模式体系直接受到民事

---

〔1〕 姜世明:《新民事证据法论》,厦门大学出版社 2017 年版,第 80 页。

〔2〕 参见常怡主编:《比较民事诉讼法》,中国政法大学出版社 2002 年版,第 77 页。

诉讼模式的影响,有何种民事诉讼模式,就有何种民事证明模式与之相呼应。在职权主义诉讼模式下,证据的搜集、提出等与事实认定有关的工作均由法院完成,法院在整个事实认定过程中起到绝对的主导性作用,不允许当事人随意主张或者放弃其证明利益。在当事人主义诉讼模式下,取证、举证、质证等与事实认定相关的工作由当事人参与完成,当事人作为这一过程的绝对主体,在其承担取证、举证等一系列义务的同时,也有权利对取证、举证、质证等过程作出符合个人意志的处置。〔1〕当事人是诉讼存在的前提,尊重当事人的主体地位,加快对我国诉讼模式中残存的职权主义色彩的消减,增强对当事人处分权的保障,是民事司法改革的重要任务。而证据契约正是顺应这一改革的产物,是民事诉讼模式的变革对证据模式产生影响的具体表现。当事人订立证据契约,对证据提出与否、由何方提出、以何种方式提出等问题作出符合自身意志的合意,是当事人行使主体权利对证据问题进行决断的一种表现形式,是当事人主义诉讼模式应有的题中之意。

近年来,在当事人主义诉讼模式发展的基础上,学术界又提出了协同型诉讼模式的理念。“协同型民事诉讼构造是指在民事诉讼中应最大值地充分发挥法官与当事人的主观能动性及其作用,法官与当事人协同推进民事诉讼程序的一种诉讼构造。”〔2〕这一诉讼模式的核心内容在于:在程序推进上则由法院发挥专业性优势及主导作用,在证据搜集、提出等方面侧重发挥当事人的主体性地位。该模式强调法官在发现案件真实中的作用,同时倡导当事人应当负有真实义务及当事人之间的协作。证据契约作为双方当事人自愿达成的有关证据及证明相关事项的合意,是当事人相互配合探寻案件事实的最直接体现,反映了当事人对真实义务的积极履行,是对协同主义

---

〔1〕 David, H. Taylor, Sara, M. Cliffe, *Civil Procedure by Contract: A Convoluted Confluence of Private Contract and Public Procedure in Need of Congressional Control*, 35 U. Rich. L. REV. 1085, 1086(2001 -2002).

〔2〕 田平安、刘春梅:《试论协同型民事诉讼模式的建立》,载《现代法学》2003 年第 1 期。

诉讼模式的最好诠释。

2. 证据契约是民事诉讼基本原则框架指导下产生的证据制度。

(1)当事人诉讼权利平等原则是证据契约达成的基础。

民事诉讼中,当事人的权利义务平等原则是指当事人平等地享有诉讼中的各项权利,并平等地履行各项义务。此原则是公民平等的宪法性权利及实体法权利在民事诉讼中的体现。民事诉讼中当事人均为民事主体,具有天然的平等性特征,这与合同法中强调合同主体的平等性要求不谋而合,也意味着在民事诉讼中比在刑事诉讼中更加容易达成当事人处分诉讼权利和实体权利的契约。在证据领域,当事人的地位也是平等的,任何人不存在凌驾于对方当事人之上的特权。当事人的平等地位是达成证据契约的基础,也决定了证据契约适用的必要。〔1〕证据利益直接关系到案件事实的认定,当事人固然可以自由处分自身的证据利益,但一旦这种利益涉及对方当事人或与诉讼进程的推进产生直接关联,如举证时限及证据失权的确定、鉴定人的选定、是否启动测谎程序等问题,则需要双方当事人以达成契约的方式发表"同意"的意见,单方当事人无权擅自决定。

(2)证据契约是处分原则在证据领域的表现形式。

处分原则是民事诉讼的基本原则之一,是意思自治在民事诉讼领域存在和发展的具体表现。契约的本质是当事人基于处分而达成的合意。"与意思自治贯彻最为直接的公法当为民事诉讼法,而民事诉讼中的处分权主义与辩论主义则是意思自治在公法上的延伸,也是使意思自治原则能够在民事诉讼中得以贯彻并最终得以实现的有力保障。"〔2〕民事主体之间产生纠纷后,对于纠纷的解决是依靠自力救济、申请仲裁还是由法院进行裁判,

---

〔1〕 David, H. Taylor, Sara, M. Cliffe, *Civil Procedure by Contract: A Convoluted Confluence of Private Contract and Public Procedure in Need of Congressional Control*, 35 U. Rich. L. REV. 1085, 1086(2001-2002).

〔2〕 张嘉军:《诉讼契约的正当性之维》,载《郑州大学学报》(哲学社会科学版)2009 年第 4 期。

当事人可以自由选择和处分。在纠纷进入诉讼后,当事人仍然对实体问题和程序问题享有处分权。根据传统民事诉讼理论,当事人可以处分的范围包括:一是程序性事项。诉讼程序的启动、推进及结束由当事人决定。二是实体性事项。当事人可以自行决定实体权利的变更与放弃,审理事实范围由当事人决定,当事人还可以通过自认的方式对事实加以确认。作为私权利主体,既然当事人通过订立协议处分实体权利义务都不存在障碍,那么当事人对程序权利的处分也应当受到尊重。民事诉讼私权性凸显是诉讼模式由职权主义向当事人主义变更的必然结果。随着当事人在诉讼中的主体地位不断提高,当事人的处分权应当适用于证据法领域。在证据领域,处分原则体现为当事人对自身证明利益的自由处分,作为纠纷解决中的攻击防御的方法和手段的证据,也应当由当事人自由选择是否提出及以何种方式提出。"愈强调个人有处分与形塑其权利义务自由者及强调诉讼上辩论主义与处分权主义之典型理念者,即愈易接受证据契约。"〔1〕当事人有权决定证据提出过程中的程序性事项,如提出的时间、提出的主体,也可以由当事人在不违反法律强制性规定的情形下自由决定。这种权利和自由包括就证据相关事项与对方当事人达成合意,共同进行处分。未超出当事人处分权范围的证据契约,其合法性应当得到承认。

(3)证据契约满足辩论原则的要求。

辩论原则在大陆法系国家被称为辩论主义,是民事诉讼的基本原则之一,也是一项反映当事人和法院关系的重要制度。"作为裁判基础的诉讼材料,应当由当事人予以提出,法院只能以当事人提出的并经过充分辩论的资料为基础进行裁判。"〔2〕从定义可以看出,辩论原则的内容包括:一是权利发生或消灭的要件事实由当事人提出,认定事实所需要的证据应当由当事人搜集和提供。法官不能在当事人提出的事实主张之外进行事实确认,也

---

〔1〕 姜世明:《新民事证据法论》,厦门大学出版社 2017 年版,第 80 页。

〔2〕 江伟主编:《民事诉讼法专论》,中国人民大学出版社 2005 年版,第 98 页。

不能调查当事人未提出的证据。而对于当事人在诉讼中确认的事实,法院应当予以尊重和确认。二是法官进行心证的基础性材料需建立在当事人进行了充分辩论的基础之上。当事人在这两项活动中处于主导地位,拥有决定案件事实范围及证据材料范围的权利。作为处分权主义在程序方面的延伸,辩论主义赋予了当事人对程序性事项自由处分的权利。根据这一原则,当事人有提出和撤回证据的自由,即当事人具有证据提出程序的控制权。遵循辩论主义的基本要求,当事人在证据领域以达成契约的方式解决证明环节上的问题,并不存在理论上的障碍。当事人如达成证据契约,对某些证据材料或证明方式达成一致意见,则不必再通过辩论让法官进行决断,法官应当直接对此类契约予以认定。

(二)自由心证原则为民事证据契约的适用提供了空间

现代法律体系中,对证据的采信和案件事实的裁量是通过法官自由心证来实现的。自由心证制度的核心在于依法官的内心确信对案件事实作出认定,顺应了现在社会纠纷复杂性之特点,亦方便法官在不同的案件中结合案件的具体情况对事实问题作出评判。与其他种类的诉讼契约不同,证据契约并非当事人对实体权利和程序权利的直接处分,而是在某种程度上介入了法官运用心证判断证据、裁量事实的专属领域。正因证据契约的这一特点,有学者对该制度持否定或者部分否定的态度。我国台湾地区学者陈计男认为:"证据契约中,只约定限制或特定之证据方法,或以变更举证责任分配原则为目的之合意,此类合意足以影响法官之心证自由形成,违反自由心证主义之原则应不准许。"〔1〕姜世明教授认为:"惟就证据契约之合法性,仍应注意若其已涉及干预法官自由心证(证据评价)之范围,则不承认其合法性。"〔2〕但这些学者只是亮出了观点,并未进行深入的分析。侵犯自由心证的证据契约固然无效,但通过对自由心证本体的分析可知,正是因自由心

〔1〕 陈计男:《民事诉讼法论》(上),台北三民书局1999年版,第445页以下。

〔2〕 姜世明:《民事诉讼法》(上册),台北新学林出版股份有限公司2014年版,第496页。

证制度的存在，证据契约才有了存在的可能，且自由心证的范围限制也为证据契约的订立提供了空间。

1. 从认证制度的发展和自由心证的内涵看证据契约的适用基础

"自由心证原则被视为现代诉讼制度的基石。"〔1〕在民事诉讼发展历史中，对证据的审查判断先后经历了神示证据阶段、法定证据阶段和自由心证阶段。神示证据，即由神灵来对证据加以判断，达到认定事实的效果。在法定证据制度中，证据能力和证明力由法律加以规定，据以证明事实的证据种类也由法律事先确定。在这种证据制度中，法官充当了"自动售卖机"的角色。而自由心证制度，是指对证据的评价及对事实的认定并不由法律规定，而是由法官根据良心、经验和逻辑自由判断的制度。其中，"自由"是指对证据的判断并非由法律预先设定，在法律层面是自由的；"心证"是指对证据的认定和事实的判断是法官运用经验法则和逻辑规则作出的。某种证据是否可以用来确认事实及某一事实是否能被法官确定为案件裁判的基础，均由法官依照经验法则及逻辑规则加以判断。从这三种认证制度的内容可以看出，神示证据制度中，裁判主体为现实中并不存在的神明，当事人不具备诉讼主体地位，其取证及举证行为并不具有实质意义，更无达成证据契约的必要。在法定证据制度中，证据的种类及证据能力、证明力等均由法律预先设定，当事人也无权通过契约方式对这些内容加以变更。只有在自由心证制度下，作为法官裁判基础的证据由当事人自行搜集、自主提出，对证据能力等事宜法律也没有绝对化的限制，证据契约才具发挥效力的可能。

2. 自由心证的外延决定了证据契约可以在一定领域内合法存在

"如果证据契约的内容，限制法院依自由心证判断事实之真伪者，对于法院自不生效力，如果不侵害自由心证主义，且在辩论主义适当领域内的，

〔1〕宋英辉、许身健：《刑事诉讼中法官评判证据的自由裁量及其制约》，载何家弘主编：《证据学论坛》，中国检察出版社2000年版，第367页。

应视为有效。”〔1〕自由心证的外延范围是决定证据契约存在是否正当的重要因素。“自由心证无论作为证据法上的制度,还是作为一项诉讼法原则,其基本的含义是指裁判者在进行事实认定时,能够不受法律规则的拘束而对证据的证明力进行自由的评判,并对事实做出自由的判断。”〔2〕理论界一般认为,自由心证由自由判断与内心确信两项基本原则构成,前者是指法官可以不受约束自由判断证据的证明力,后者是指证据是否达到内心确信的证明标准由法官来确定。准确地说,自由心证的内容应当包括证明力及证明标准的评价,与此相关的证据的关联性属于法官自由裁量的范畴。厘清了自由心证及其相关概念的具体内容,可知当事人只要未对证据的关联性、证明力和证明标准问题作出约定,便不会影响法官自由心证和自由裁量。证据能力属于法官自由裁量的范畴,虽然不是自由心证的直接内容,但也存在相关性。“某一证据是否具有证据能力取决于该证据是否能够同时具备证据能力的实质要件、程序要件和形式要件。”〔3〕证据能力的实质性要件包括证据的关联性及国家政策性要件,其中关联性由法官通过自由裁量判断,政策性要件由国家法律直接加以规定,但程序要件、形式要件可以由当事人通过契约加以约定。

3. 自由心证的前提为证据契约的订立预留了空间

法官的自由心证是以当事人提供证据材料为基础进行的。我国台湾地区学者陈朴生认为,无证据便无心证,自由心证就是从证据中选择证据并认定事实的过程,与当事人提供证据之外的证据并不发生关系。〔4〕在当事人对事实加以主张和举证证明之后,接下来才是法官自由心证发挥作用的阶段。自由心证要建立在当事人提供证据及对证据进行充分质证的基础之

〔1〕 王甲乙、杨建华、郑健才:《民事诉讼法新论》,台北三民书局2004年版,第396页。
〔2〕 李祖军:《自由心证与法官依法独立判断》,载《现代法学》2004年第5期。
〔3〕 纪格非:《证据能力论——以民事诉讼为视角的研究》,中国人民公安大学出版社2005年版,第204页。
〔4〕 参见陈朴生:《刑事诉讼法实务》,海天印刷有限公司1992年版,第256页。

上，心证的基础受到当事人辩论权及处分权的制约。当事人对证据搜集及提供阶段的事项具有决定权，具有订立证据契约的基础。当事人通过契约对证据提出的时间、方式等进行约定，只要不影响法官对证据的评价及是否采纳证据的判断，就不会侵犯法官的自由心证。因此，证据契约的种类可以包括证据方法契约、举证时限契约、举证责任契约，甚至可以包括确定部分证据是否可以进入诉讼的证据能力契约。

4. 自由心证发挥作用的时间阶段与证据契约并不冲突

从法官进行自由心证的时间阶段来看，证据契约也不会造成对法官自由心证的侵犯。自由心证是法官对证据的证明力进行评价并对案件事实作出判断的过程。而诉前证据契约是在纠纷发生之前达成的，诉中证据契约的形成时间多是在证据被提出之前，如当事人在诉讼开始时对举证时限达成的契约；有的契约甚至形成于证据搜集之前，如当事人在取证之前达成的证据种类契约。自由心证发挥作用的主要阶段是认证阶段，在取证、举证、质证阶段，除了对证据的关联性进行审查外，并不存在法官进行自由心证的必要，在这些阶段达成证据契约，并不存在侵犯法官自由心证的可能。

（三）民事证据契约符合合同法基本理论

张卫平教授曾指出："契约已经不再是经济领域里人们之间的一种经济行为，而是具有更广泛意义的社会政治行为，因此，民事诉讼的契约化对于民事诉讼法的发展而言预示了一种必然的趋势。"[1]证据契约是民事诉讼契约化在证据领域的具体表现。证据契约与私法契约都是契约的一种，从形式上看，证据契约符合私法契约的所有特点，如订立契约的当事人处于平等地位，意思表示必须真实，契约订立主体要尊重契约带来的法律后果。虽然两者的主要内容存在区别，证据契约的内容是事实认定方法，而私法契约

---

〔1〕 张卫平：《论民事诉讼的契约化——完善我国民事诉讼法的基本作业》，载《中国法学》2004年第3期。

的内容是当事人权利义务的直接约束或变更,但证据契约也符合契约对正当性和有效性判断的最基本要求。

1. 证据契约符合合同有效性的基本规则

契约是当事人意志的产物。“如果说人的意志具有足够的力量创造一个社会及法律的一般义务的话,那么,人的意志更能毫无问题地去创造约束当事人的特定法律义务即债务。”[1]这里的债务是指合同之债,私权具有一定的自治性,平等主体的当事人之间可以依照自己的意志自由设定权利义务。但当事人的约定也必须符合道德和正义的要求。道德是当事人自律的源泉,而正义是法律保护的根源。私法契约作为最古老的契约种类,其从道德和正义的角度约束当事人的内容同样是判断证据契约是否具有正当性的标准。[2]我国《合同法》也依据这一标准对无效合同作出了规定,无效合同主要是指具备以下情形的合同:损害国家、集体及社会公共利益;损害第三人合法权益;以合法形式掩盖非法目的;违反法律法规的强制性规定。如果当事人订立的证据契约不存在合同无效的状况,则其存在和有效就排除了合同法上的障碍,起码可以作为合同的一种有效存在。如果证据契约存在订约方意思表示瑕疵的状况,如订约过程中存在欺诈、胁迫或者重大误解、显失公平,则依照《合同法》属于意思表示不真实,允许当事人变更或撤销。不存在合同无效情形的证据契约,则具备了合同法上的正当性,即使存在瑕疵,按照合同法的原理,也可由当事人进行补正。

2. 无名合同的存在为证据契约提供了空间

依形成时间的不同,证据契约分为诉前证据契约和诉中证据契约。诉前证据契约作为合同中的争议解决条款存在于民事合同之中,如双方当事人在保险合同中就举证责任进行的约定,再如普通买卖合同或离婚协议中对特定证据材料不得作为诉讼中的证据提交法院的限定性约定。这些证据

---

〔1〕 尹田编著:《法国现代合同法》,法律出版社1995年版,第18页。

〔2〕 参见李永军:《合同法》,法律出版社2010年版,第180页。

契约条款属于合同的一部分。而诉中证据契约是独立于民事合同的诉讼契约,并不归属于合同法中任意一种典型合同形式,其性质类似于合同法中的无名合同。民事活动是私权利运行的空间,在法律框架下进行合意是当事人的自由。制定法毕竟具有一定的局限性,随着社会的不断发展,交易活动日益复杂,当事人有权订立法无明文规定的合同,以满足不同的利益需要。"契约"一词本身就包含着平等和自由意志的内容。"合同法奉行合同自由原则,在不违反社会公德和社会公共利益以及强行性规范的前提下,允许当事人订立任何内容的合同。"〔1〕当事人亦享有订立证据相关契约的自由,无名合同的理念为证据契约的存在提供了合同法的基础。

3. 契约的相对性原则缩小了证据契约的不利影响

契约相对性原则是古典契约法体系构建的基石,其含义是非契约当事人不得请求契约权利,也不得承担契约义务。〔2〕该原则是契约自由的基础,正是因为契约的效力限定于当事人之间,几乎不涉及他人利益,当事人才有了充分表达自己意思、自愿接受利益或者不利益的自由。证据契约也是因为只限于双方当事人内部自行处分证明利益才具备正当性。即使这种处分的结果是使案件事实偏离了客观事实,但因证据契约的相对性,非客观事实造成的影响也局限于双方当事人诉争的案件之中,对国家、社会及第三人利益造成不利影响的可能性较小。如果当事人自愿选择接受非客观事实,法律也无干预的必要。事实上,当事人的选择往往是利益衡量的结果,例如为了诉讼效率而牺牲客观真实。从客观第三人的角度来看,民事证据契约的内容可能难以从获利角度解释,但当事人有自己的利害权衡,证据契约可能符合了当事人的某种合理预期,这种选择的效力不应当受到法院的干涉和影响。

---

〔1〕 崔建远:《合同法》,法律出版社 2010 年版,第 26 页。

〔2〕 参见李永军:《合同法》,法律出版社 2010 年版,第 386 页。

二、民事证据契约的价值分析

相较于民事诉讼契约丰硕的研究成果，理论界对民事证据契约的相关探讨并不充分，对证据契约的价值属性更是缺乏相关研究。“价值是客观外界事物具有的能满足人的某种需要的利益属性。”[1]公正和效率是民事诉讼的基本价值目标，证据契约不仅有利于这两大价值目标的实现，在弥补法律漏洞等方面也具有不可替代的作用，具体分析如下：

（一）是解决证据领域实体公正与程序公正矛盾的破题之选

民事证据契约的运用有助于司法公正的实现。司法改革的目标是建立公正、高效、权威的具有社会主义特色的司法制度。其中，公正是首要追求的价值目标。公正的具体含义是模糊的，要准确理解公正的内涵，必须结合部门法语境下的一些基本价值来理解。在民事诉讼法中，围绕着公正具体内涵的争论从来就没有停止过，实体公正和程序公正共同构成证据制度的价值目标。两者具有一致性，但也会发生冲突。在两者冲突的情况下，应当优先确保何种公正的实现，理论界存在实体公正优先论、程序公正优先论和实体公正与程序公正并重论三种不同的学说。实体公正优先论所主张的为了保证实体公正的实现，应当无条件放弃程序公正的观点显然不能顺应现代法学理念的要求。程序公正优先论忽视实体公正地位的做法更是无法得到社会公众的认可。实体公正与程序公正并重是理想的价值追求，但同时保障二者的实现又存在操作上的难度。由立法作出衡平性规定是解决二者矛盾的路径之一，如实体法和程序法中针对特定案件类型做出举证责任倒置的规定。但这只是针对某一历史时期符合社会公众利益的规范，并不一定能够反映个案中当事人的真正需求。程序规则的整齐划一与多元化的价值追求是格格不入的。由司法者根据案件具体情况作出裁量，也可以解决二者之间的矛盾，但自由裁量又难免受到法官的专业水准、个人素质等主观

---

〔1〕 曾友祥：《中国刑事和解价值之辩》，载《政法论坛》2011 年第 6 期。

因素的影响。既然立法者及司法者均无法完美地解决实体公正和程序公正的矛盾,那么就应当充分发挥作为案件主体的当事人的积极作用。由当事人作出价值选择,是实现公正的最佳方式。在诉讼中双方当事人地位具有平等性,单方选择欠缺正当性基础,因此可以通过契约的形式,保障双方当事人在选择中的平等性地位。对于个案来讲,应当承认当事人对自己诉讼利益的处分权,当事人为了追求程序公正而对实体公正作出部分让渡,或者为了追求实体公正而放弃程序利益,只要符合一定的原则和要求,就不存在理论上的障碍。

(二)有利于提高诉讼效率,节约诉讼资源

"迟来的正义非正义",高效的公正才是真正的公正。离开效率谈公正,公正便成了无本之木、无源之水。对于证据制度中除证明力、证明标准和证据的关联性之外的诸多事项,由当事人自由决断比由法官决定更有利于节省成本,提高效率。首先,通过证据契约的订立,可以简化证据收集过程,避免证据提出及质证中的不必要纠纷,有效缩短诉讼周期,节省时间成本。例如,在举证时限契约中,当事人比法官更清楚地了解自身的证据收集能力,对举证时限的确定更为准确,准确的举证时限能够促进当事人积极进行调查取证,减少不必要的申请延长举证时限的次数,提高诉讼效率。其次,通过契约的订立可以帮助法官简化证据审查及事实查明的过程。例如,在测谎契约中,由当事人通过达成合意的方式选定测谎试验作为认定事实的手段,简化了事实认定的过程。最后,通过证据契约解决举证、质证等环节的程序性事务可以提高诉讼效率。例如,在鉴定契约中,通过摇号选定鉴定机构需要审判业务部门、审判管理部门、审判技术部门等几个部门进行协作,审判业务部门需要组织当事人对摇号作出意思表示,审判管理部门需要为摇号工作作大量的准备,审判技术部门需要作出技术支持,具体过程也包括了填写多份鉴定表格、领导审批、登记备案、系统摇号等一系列工作,时间跨度少则十几日,多则几十日,而由双方当事人合意选定鉴定机构,省去了摇号选定鉴定机构的烦琐步骤,节省了司法资源,提高了诉讼效率。

从成本方面来看,诉讼成本不仅包括时间成本,还包括其他的诉讼资源成本。证据契约的适用不仅有利于提高效率,还利于诉讼成本的节约,符合诉讼经济原则。“近百年以来,程序经济在程序价值体系中的地位不断上升,它即是 19 世纪末以来世界程序改革浪潮的重要动力和重要方向,也是目前世界各国司法面临的困境以及司法改革的目标模式。”〔1〕从当事人角度来看,其对证据进行搜集必然消耗一定的人力、物力和财力,而这种消耗又具有不确定性,诸多情况下,虽然投入了一定的资源,但未必能得到己方想搜集到的证据。而对于法院来说,组织当事人对证据进行质证,即对当事人提交的证据进行审核和认定,也要消耗司法资源。而通过订立证据契约的方式,对证据提交方式、逾期提交的证据是否失权、证据能力的弥补等问题进行约定和处分,可以为当事人取证圈定更为明确的范围,为当事人取证和法官的认证提供便利。而诸如测谎契约、自认契约等证据契约的适用则可以免除一方当事人的举证责任,省去了当事人搜集证据和法官进行认证所需要耗费的资源。

(三)可以弥合法律规定的漏洞和不足

我国尚无专门的证据立法,与证据相关的规范散落在《民事诉讼法》及司法解释、《证据规则》,甚至是《侵权责任法》《合同法》等实体法中,证据法缺乏原则性、体系性的规定。成文法规范的优点在于内容较为明确,但也存在问题和不足。首先,现有的成文法条文的某些规定范围过窄,无法满足审判实践的需要。例如,将法官调取证据的职权限定在一定范围之内,使实践中法官为查明案件事实而超越法律规定调取的证据存在证据能力瑕疵。其次,随着社会发展和科技进步,对于新型科技证据的运用缺乏相应的规定,如对于测谎意见是否可以作为证据使用缺乏相应的规定。最后,部分条文

---

〔1〕[美]理查德·A. 波斯纳:《法律的经济分析》,蒋兆康译,中国大百科全书出版社 1997 年版,第 717 页。

缺乏细致、具体的配套操作规范。例如，对于当事人超过举证时限提出的证据，法官认为与案件基本事实具有关联，在采信该证据的同时应对逾期提供证据方进行训诫或罚款，但法律对训诫的方式、罚款的数额并无明确规定。根据《证据规定》，违反举证时限的一方应当对守约方产生的物质损失进行赔偿，但对如何赔偿亦未规定具体的操作方法，导致实践中守约方的利益损失无法填平。弥补法律的漏洞是摆在我们面前亟待解决的问题，由成文法后续作出明确规定，虽然是一种选择，但立法过程具有繁复性和滞后性。引入证据契约制度，由当事人通过协议的方式来确定法无明文规定的证据事项，无疑是弥补法律漏洞和缺陷的最佳选择。

(四)有助于减少法官恣意裁量，提高裁判结果的可接受度

证据契约的适用可以增强法院认定事实的可信赖性，提高判决的可接受度，有利于纠纷的一次性彻底解决。民事诉讼制度的重要目的之一在于解决私人之间的纠纷。纠纷解决的最基本环节就是查明案件事实。法官在对证据审查、判断过程中对某些问题进行自由裁量无可厚非，但法官的自由判断和裁量与法官的生活经验、道德水平和专业素质等密切相关。在德国，经过5年的正规大学学习，通过两次国家专业考试，才能成为法官。[1]在日本，需要进行两次考试和一次面试，之后进行一年半的培训，才能有机会成为法官。[2]而我国，只要通过司法考试及公务员考试，就可以成为法官，即使在司法改革之后，成为员额内法官的数量被控制在法官总数的38%左右，但法官的筛选难度及培训力度远不及德日等国。现任法官中还有不少军转干部、外单位调任人员，人员专业水准参差不齐。同时，法官作为普通的社会个体，也有常人的情感、爱好，生活经历的不同也会导致对事实认识的差异。而个人对欲望把控程度的不同，使个别案件还面临着道德风险。实践

〔1〕 参见宋冰编:《读本:美国与德国的司法制度与司法程序》，中国政法大学出版社1998年版，第156页。

〔2〕 参见冷罗生:《日本现代审判制度》，中国政法大学出版社2003年版，第240页。

中大量相似度极高的案件却得到不同的判决结果,反映出我国法官队伍的专业素养尚待提高。因此,对法官的自由裁量也必须进行合理的规制。“应该看到,诉讼是一个动态的解决纠纷的过程,无论是法院的审判行为还是当事人的诉讼行为,都应当是具有约束性的规范化行为,在民事诉讼进行中,尤其要以各个诉讼主体的行为来约束对方的行为,以防止法院的恣意审判和当事人的滥用诉权。”〔1〕当事人之间既签订了证据契约,根据辩论主义原则与处分原则之要求,法官就必须受到证据契约制约,不得侵犯当事人所达成的证据契约所涉及的正当权益。证据契约会对法院的审判权直接产生影响,如当事人之间达成了自认契约,法官就必须以此为依据进行判决,当事人无须再对自认契约中所承认的事实进行证明。因而,证据契约可以促使法官充分尊重当事人的意思自治并制约法官的恣意裁判。在法律无明文规定的情况下,由当事人通过契约方式处置证据和证明事项,可以减少法官自由裁量带来的弊端。

当事人自己行使处分权作出的结果,也更容易得到当事人的理解和接受。契约的重要功能之一就是选择。〔2〕“一旦一个人拥有了选择权就意味着所有结果对他而言都具有程序上的正义性。”〔3〕当事人在达成证据契约之时,对契约可能产生的法律后果就有了心理预判,即使案件最终判决对己方不利,也是自己行使处分权的间接结果,更容易在心理上产生对裁判结果的认同感。当事人是案件的亲历者,也是查明事实所需案件证据的提供者,其对于自身证据掌握情况及证据提供情况有着更为充分的了解。当事人自主选择,责任自担,这种朴实的法律思维更容易得到社会大众的普遍接受。从这一角度来看,证据契约有利于消减当事人的抵触情绪,也有利于降低案

---

〔1〕 王福华:《民事诉讼基本结构》,中国检察出版社 2002 年版,第 121 页。

〔2〕 参见唐贤兴:《产权、国家与民主》,复旦大学出版社 2002 年版,第 69 页。

〔3〕 张卫平:《论民事诉讼的契约化——完善我国民事诉讼法的基本作业》,载《中国法学》2004 年第 3 期。

件上诉率、再审率及解决执行难问题。

(五)有利于纠纷的防范和控制

民事证据契约不仅与意在解决私权利之间纠纷的民事诉讼根本目的相吻合,还能够起到纠纷预防的重要作用。“证据契约之所以可以存在于诉讼发生前,原因在于在当事人依照民事实体法安排其法律地位或法律状态时,会考虑利用证据契约来平衡双方的权利义务关系,同时可能期望通过证据契约的制衡防止纠纷的发生。”〔1〕在纠纷发生之前,当事人在对自身的诉讼能力、所掌握的证据材料的多寡正确认识的基础上订立的证据契约在某些情况下能够有效避免纠纷的产生。例如,在物业服务合同纠纷中,业主在欠缴物业费时,提出的抗辩理由往往是物业公司未进行过催缴,其所欠物业费已经超过诉讼时效,拒绝缴纳物业费。但物业公司和业主在订立物业服务合同时,约定由物业公司通过在公共楼道内张贴催款通知的方式催缴物业费。业主在欠费后,从证据角度来看,物业公司只需要拿出其在楼道张贴通知的证据,业主就无法再就诉讼时效之理由进行纠缠。业主在对诉讼投入的成本与诉讼结果收益之间进行权衡后,一般会作出配合交费的行为,而非继续因物业可能无法证明催缴行为而拒绝交费,避免了物业服务合同纠纷的发生。

(六)有助于对案外人利益的保护

证据契约汇聚了民事诉讼中以人为本的理念,体现了诉讼对个体权利的尊重。在保障当事人实体权利和程序权利的同时,也利于对案外人相关权利的保护。由当事人通过契约对案外人参与诉讼程序的方式进行灵活约定符合多元化的诉讼价值追求。第一,有利于对案外人隐私权等实体权利的保护。证据契约尤其是其中的证据限制契约,是双方当事人通过约定将一定种类或者特定内容的证据排除在特定诉讼之外的契约。当事人约定排

---

〔1〕 汤维建:《论民事证据契约》,载《政法论坛》2006年第4期。

除的证据材料往往是涉及当事人或案外人隐私权的材料,当事人通过契约对此类证据予以排除,从客观效果上可以起到保护案外人隐私的作用。第二,可以节省案外人的时间和经济成本。证人出庭需要耗费一定的时间和经济成本。例如,居住在延庆区中心位置的证人要到北京市第一中级人民法院出庭作证,乘坐出租车单程在途时间一般为 2 小时 30 分钟左右,往返一般需要 5 小时左右,单程出租车费用为 300 元;乘坐公交车及地铁虽然单程只需 15 元,但需要换乘 4 次,耗时 3 小时 30 分钟;如果证人是在职人员,误工时间为一天。如当事人约定以书面证言或远程通话、视频通话的方式代替证人出庭作证,一方面可以保证己方证明利益,另一方面可以为证人节省大量的时间及交通支出。通过契约方式实现证人作证方式的变通可以免去证人到庭的时间及交通成本,证人也无须请假误工。

三、本章小结

民事诉讼解决的是私权领域的纠纷,私法上的意思自治原则不可避免地要向诉讼领域延伸。证据契约作为极具弹性和张力的新型诉讼契约,其订立和适用契合了民事诉讼法、证据法及合同法的基本理论。民事证据契约是当事人主义诉讼模式发展和改革应有的题中之意,体现了当事人平等原则及处分原则、辩论原则等民事诉讼基本原则的具体要求。自由心证制度为民事证据契约的订立和适用提供了空间,而并非构成否定民事证据契约的理论依据。民事证据契约属于无名合同的一种,遵循了合同有效性和契约相对性的基本原则。民事证据契约不仅有利于实现诉讼公正与诉讼效率,而且赋予了当事人公平和效率的选择权。同时,该制度有利于弥补法律漏洞,提高裁判的可接受度,利于纠纷的一次性解决。在案外人权利保护及纠纷的预防等方面,民事证据契约也发挥着不可替代的重要作用。

第三章

审判权对民事证据契约之限制与保障

上一章分析了民事证据契约的正当性，作为证据与契约的结合体，是否所有的证据事项和证明过程均可由当事人通过订立契约加以约束？民事证据契约是否具有一定的边际和范围限制？答案是肯定的。从合同法的角度来看，可以订立证据契约的事项必须不得违反合同有效性的基本要求。[1]从民事诉讼及证据法的角度来看，民事诉讼是公权力介入处理私权纠纷的过程，其具有的公法性特征决定了在证据领域不可能无原则地追求合意。受审判权的制约，民事证据契约有其存在的范围限制。诉讼权利与审判权是两种不同诉讼主体所拥有的权利(力)，当事人诉讼权利的行使受审判权的制约，需要被限定在一定的范围之内。审判权又在一定程度上通过诉讼指挥权的行使，成为诉讼权利正当行使的保障。[2]可以说，证据契约是当事人行使诉讼权利的集中体现，证据契约的达成和制度的顺利运行既要受到审判权范围的限制，又需要审判权的合理指引。

---

〔1〕 因下一章将从合同效力的角度对可以订立证据契约的范围进行分析，故在此处不详细展开。

〔2〕 Lee H. Rosenthal, *One Judge's Perspective on Procedure as Contract*, 80 Notre Dame L. Rev. 669 (2004 - 2005). Matthew LB. Lawrence, *Articles Procedure Triangle*, 84 Fordham L. Rev. 79 (2015 - 2016).

一、审判权对民事证据契约之限制

当事人的诉权、诉讼权利与法院审判权之间的相互制衡贯穿于民事诉讼的各个阶段，在证据法领域亦是如此。按照公法诉权说的观点，诉讼法上的诉权与实体法上的请求权具有显著区别，前者是当事人向法院提起的诉讼上的请求，后者是民事主体向相对方提起的私法上的请求。民事诉讼解决纠纷的私法性特征决定了当事人对诉讼中的事项享有处分权，但是“将当事人对证据事项的控制权和处置权抬高到极端，认为无论在何种情形下都可以产生绝对的拘束力，这也是一种不妥当的观点”。〔1〕诉权及诉讼权利并非私法上请求权派生出的权利，而是一种公法上的权利，在与审判权的关系中，证据契约要受到一定的限制，首先不能侵犯法官的自由心证和自由裁量，其次适用要首先经过法院的效力审查。

（一）契约的内容不得侵犯法官心证和裁量的专属领域

“证据契约不仅在我国民事诉讼领域是一个新课题，即使在大陆法系国家和我国台湾地区也研究不多，究其原因，大陆法系奉行的自由心证原则是阻碍证据契约产生效力的根本原因。”〔2〕心证是法官的专属领域，不允许当事人通过契约的方式加以干涉。要考察自由心证对证据契约效力的限制，必须解决两个层面的问题：第一层面，为什么侵害自由心证的证据契约就会产生无效的法律后果？这就需要从自由心证在民事诉讼中的地位、作用等角度对自由心证制度进行本体分析。第二层面，是否所有的证据契约都会侵害到自由心证？基于自由心证的专属性，哪些领域不得订立证据契约？回答这一问题就必须对自由心证的范围及不同种类证据契约的性质和特点进行剖析。

---

〔1〕 汤维建：《论民事证据契约》，载《政法论坛》2006 年第 4 期。

〔2〕 汤维建：《论民事证据契约》，载《政法论坛》2006 年第 4 期。

1. 自由心证是事实认定的基本原则

民事审判的基本流程就是从查清事实到适用法律、作出裁判的过程。最为理想的状态是当事人提供充分的高质量的证据，法官对案件客观事实加以还原，最后作出符合公平正义标准的裁判结果。但事实与理想是存在差距的，实践中，当事人能够提供的证据往往无法达到充分、有效的标准。因此，在事实查明过程中，法官就扮演着非常关键和重要的角色。在不同的历史时期，人们对于法官具体的功能定位有不同的选择，形成了不同的证据判断原则。传统的证据法定主义将法官定义为法律操作的机器，仅依据立法者设计的法律，对案件事实和法律责任加以判断，最终输出的是尽量符合法律机械规定的正义。“随着资产阶级革命在欧洲大陆的蔓延，纠问式诉讼程序为对抗制诉讼程序所取代，法定证据不可避免地要为自由心证所取代。”〔1〕作为法定证据制度的替代机制，当今德国、法国等大陆法系国家及英国、美国等英美法系国家，均确认自由心证作为认定事实的基本制度，也是证据制度的基本原则。

“现代自由心证已经克服了传统自由心证擅断的弊端，既强调法官的自由判断，也强调法官应当遵守法律的规定以及判决理由和结果的公开性，是法官在遵守法律规定的前提下，根据良知和理性行使自由裁量权，从而形成法官内心确信的过程。”〔2〕自由心证是法官充分发挥内心能动性对案件碎片化事实进行筛选和组合，最终运用运用经验和主观认识，对案件事实进行确认的过程。单独对“自由”一词进行考量，应当包括评价自由和利用自由两个方面。所谓评价自由，是指法官对于证据调查的结果所包含的一切有效证据之价值可以自由评价。所谓利用自由，是指对于证据能力之认定自由，亦即法院是否可以对所有的证据材料加以评价及利用的自由。利用自

〔1〕 程春华：《论法官的自由心证与法官对证据自由裁量——以民事诉讼为考察范围》，载《比较法研究》2009 年第 1 期。

〔2〕 李祖军：《自由心证与法官依法独立判断》，载《现代法学》2004 年第 5 期。

由是否可以成为自由心证的组成部分,存在理论上的争议。有学者认为对证据的自由利用也应当交由法官加以认定。但也有学者持反对观点。如姜世明教授认为,证据能力是法官评价证据价值之前提,其取舍面临着多重价值冲突与衡量。若将利用自由作为自由心证的组成部分,则非法取得之证据或传闻证据等证据,均可以由法官自由决定是否加以利用,这种做法与证据规则相冲突。因此,将证据能力作为自由心证的组成部分之观点值得商榷。[1]但也不能将证据能力的内容全部归为由法律直接加以规定。比如证据能力中的关联性问题就得由法官通过经验法则和逻辑规则加以判断。

自由心证作为现代证据制度的基石,在保证事实查明的结果最大限度地接近客观事实、保障法官独立行使审判权等方面发挥着其他制度无法替代的重要作用。我国正在进行民事审判方式改革,其核心就包括民事诉讼模式由职权探知主义向当事人主义的转变。在这一思想的指导下,《证据规定》等民事诉讼的法律、法规中已经确立了一系列符合我国国情的证据规则,如"非法证据排除规则"(《证据规定》第67条、第68条)、"补强证据规则"(《证据规定》第69条)、"最佳证据规则"(《证据规定》第77条)等,这就为法官自由心证提供了制度保障。同时,根据《证据规定》第63条、第64条的规定,法官应当遵守职业道德,运用经验法则和逻辑推理,对案件的证据进行全面、客观的审核,对证据的证明力作出判断,并结合证据对相应的事实作出认定。由此可见,我国的法官自由心证制度虽然不完善,但以自由心证作为法官认定事实的基本原则已经经过了立法的确认。

2. 自由心证和自由裁量对证据契约订立范围的限制

"自由心证的产生和发展经历了传统自由心证和现代自由心证两个阶段。"[2]在传统自由心证时期,法官评判采纳证据及认定案件事实不受任何限制,带有一定的随意性,一切拘束法官自由判断的因素均因侵犯自由心证

---

〔1〕 参见姜世明:《证据评价论》,厦门大学出版社2017年版,第10页。
〔2〕 叶自强:《民事证据研究》,法律出版社1999年版,第451页以下。

而遭到抛弃。现代自由心证中的自由有一定的存在范围,限定在当事人充分行使辩论权及处分权后所呈现出的证据材料范围内。证据契约的订立无疑会造成自由心证基础性证据材料的变化,但不能通过契约的方式约束法官的自由心证。现代自由心证制度包括自由判断和内心确信两个基本原则。前者是指法官能够不受拘束而自由判断证据的证明力;后者是指法官自由判断证据认定事实应达到内心确信的证明程度,即证明标准。而证据的关联性作为证据能力的实质性要素也属于法官自由裁量的范畴。因此,在证明力、证明标准和证据的关联性领域排斥证据契约的订立,具体分析如下:

(1)不得订立证明力契约。

根据辩论主义的要求,既然在诉讼上承认当事人自由决定证据的提出与证据的撤回,那么以当事人间的合意来限制作为自由心证基础的证据材料也无不可。但此处的限制仅指法官心证所面向的证据范围是由当事人提供的证据圈定的,据以作出心证的材料受当事人所举证据材料的制约,并非可以限制证据之证明力本身。这一观点已在学术界达成共识。如我国台湾地区学者王甲乙、杨建华、郑健才认为如果证据契约的内容为限制法院依自由心证对事实加以判断,则对法院并不产生拘束力,其最为典型的例子就是合意约定某一证据之证明力。〔1〕对证明力的判断自由是自由心证的核心。"证明力评价过程实际上是以经验法则为大前提,以证据事实为小前提进行三段论推理的过程。"〔2〕经验法则的运用过程就是法官进行自由心证的过程。"企图以有限的法律条文来涵盖无限的经验法则及其无限的盖然性程序只能导致对发现真实的阻碍;把经验法则的具体选择和运用委于法官的自由判断显然是更为合理的方式。"〔3〕我国《证据规定》第64条对法官通过

〔1〕 参见王甲乙、杨建华、郑健才:《民事诉讼法新论》,台北三民书局1999年版,第445~446页。
〔2〕 秦宗文:《自由心证研究——以刑事诉讼为中心》,法律出版社2007年版,第30页。
〔3〕 王亚新:《刑事诉讼中发现真实与抑制主观随意性的问题》,载《比较法研究》1993年第2期。

逻辑推理和生活经验对证明力进行认定作出了明确规定。因此,对证据证明力之判断需要由法官通过自由心证完成,这一过程排斥证据契约的适用。

(2)不得订立证明标准契约。

证明标准,是指确定待证事实进行的证明所要达到的水平和程度。在法定证据制度中,法律对认定事实所需要的证据均有所规定,法官在事实认定中不能发挥主观能动性,这时的证明标准也可以理解为由法律规定。在现代自由心证证据制度中,虽然两大法系中民事证明标准的内容存在不同——英美法系以盖然性作为证明标准,而大陆法系采用接近真实的证明标准,但法官的主观确信是确定证明标准的最关键要素。证明标准是一个理念性的标准,这一标准存在于法官的心证。证明标准是法官就待证事实存在应获得多大程度的心证之标准,也可以理解为证明标准是自由心证所要达到的尺度或目标。我国《民事诉讼法解释》第108条规定了民事诉讼的证明标准为"高度可能性",对此标准的判断方法规定为由法官的内心确信来评判案件证据是否达到证明标准。由此看来,证明标准是自由心证的核心内容之一,不能由当事人通过契约的形式加以设定。

(3)不得订立关联性契约。

"证据的关联性或相关性,指的是证据必须与需要证明的案件事实或其他争议事实具有一定的联系。"[1]这种联系主要是指证据要对案件基本事实的证明具有实质上的意义。证据的关联性是一个事实问题,而非法律问题,而且具体到个案,需要确定的事实及证据的繁杂性决定了由法律直接对证据的关联性加以规定存在障碍。对于证据关联性的判断方法,美国的华尔兹教授认为:"法官在决定大多数相关性问题时大概都根据:1.关于所提证据的'感觉';2.已确立的司法判例或法典化规则,如果有的话。法官有时

〔1〕何家弘、刘品新:《证据法学》,法律出版社2013年版,第114页。

对证据有一种感觉、一种直觉的反应,基础是他们的经验、常识以及这世界转变方式的知识。”[1]可以看出,对证据关联性之判断主要依靠法官的经验、常识及基本知识,有时甚至是直觉。法官作为一个理性人,对日常生活的经验事实有一定的感悟和了解,在审理案件过程中,也积累了一定的经验,在此基础上,对证据的关联性作出判断。证据关联性的判断是否属于法官自由心证的范畴,理论界尚存在争议,但不可否认的是,对证据关联性的判断属于法官自由裁量的范畴,不应允许当事人通过订立证据契约的方式加以约束。

(二)证据契约的适用需要经过法院的效力审查

一旦有当事人主张适用证据契约,对其合法性及有效性的判断,应由法院依职权为之。证据契约一经生效即在双方当事人之间产生拘束力,但要寻求公权力的保护并产生诉讼法上的效果,需要在当事人提出证据契约的适用申请后,由法院对契约的效力进行审查和确认。这一点,与普通的民事合同进入诉讼程序后,法院需要依职权对合同效力进行认定并无区别。法院对证据契约的效力审查主要包括以下几个方面:

1. 程序性内容审查

程序性审查主要包括对订立契约的主体资格适格性的审查和对订立时间的审查。订立证据契约的主体应当具有相应的缔约能力。诉前证据契约的订立主体应当具有民事行为能力,无民事行为能力人和限制民事行为能力人应当由其法定代理人代为签订。诉中证据契约除了由适格的诉讼当事人本人订立外,也可由其代理人代为订立,代理人应当具备《民事诉讼法》及《民事诉讼法解释》规定的代理人条件。关于契约订立的时间,主要约束的是诉中证据契约,法院需要审查诉中证据契约是否在适当的时间内订立。同时,当事人主张适用证据契约也应当符合一定的时间段限制,一般也应当

---

[1] [美]乔恩·R.华尔兹:《刑事证据大全》,何家弘等译,中国人民公安大学出版社1993年版,第64页。

在举证时限内提出。

2. 实质性内容审查

民事诉讼的处分原则给予了当事人在诉讼过程中处分程序权利和实体权利的自由，但这种自由也并非不受任何限制。对证据契约的实质性内容审查主要包括以下几个方面：(1)证据契约的内容不得侵犯法官的自由心证。通过证据契约约束的内容应当符合上文不得侵犯法官自由心证的基本要求，对于证据之关联性、证明力和证明标准的约定应属无效。(2)不得违反国家法律、法规的禁止性规定，不得存在损害国家、社会公共利益和他人合法权益的情况。这是合同法对合同效力提出的最为基础的要求。作为合同的一种，证据契约虽然不是实体性合同，但当事人通过对证据事项的约定也可能会产生损害国家、社会公共利益或他人合法权益的可能。因此，法官应当对证据契约中是否存在危害国家、社会公共利益或他人合法权益的可能进行审查。(3)当事人订立证据契约必须在其享有处分权的范围之内，若诉讼标的不在处分权主义与辩论主义适用范围之内，则不存在证据契约适用的余地。证据契约所约定的内容不得违反诚实信用原则和公序良俗。在个案中，需要法院行使审判权，对当事人的不当处分行为加以约束和制止。例如，对于涉及人身利益的证据性事项进行约定，其效力不应当得到肯定。(4)当事人在诉讼契约中约定的事项不应当造成诉讼的拖延。当事人如果滥用诉讼规则，故意拖延诉讼，会造成诉讼效率的降低。我国民事诉讼过程中，要求一审普通程序案件的审理期限不得超过6个月，适用简易程序及二审案件的审理期限不得超过3个月。故法院有必要对当事人涉及诉讼进程推进的证据契约，如举证时限契约所约定的时间范围进行必要的审查。对于违反约定的行为，法院应当依一方当事人的申请而直接认定违约行为不发生诉讼法上的效果。如果存在需要进行训诫、罚款的应当一并采取强制措施，给对方当事人造成损害的，应当赔偿损失。

二、审判权对民事证据契约之保障

当事人达成合意的前提是对证据契约制度本身有一定了解,并且对于诉讼的发展有较为准确的把握。契约的履行、违约责任的追究也需要法官进行适度指引。审判权对民事证据契约的保障贯穿于制度适用的全过程。

(一)需要审判权加以保障的原因

多数证据契约是在诉讼中订立的,为了保障当事人的攻击防御能力大致相当,证据契约的订立和适用离不开法官的积极引导。对于纠纷发生之前订立的诉前证据契约而言,发挥作用的场域在诉讼之中,也离不开审判权的适度保障:

首先,彻底的辩论主义原则与我国民众现阶段的诉讼能力存在矛盾。民事诉讼是解决私权纠纷的过程,依照辩论主义原则的要求,作为法官裁判基础的事实主张及证据材料均由当事人提供。但我国现阶段,各地经济发展水平并不平衡,当事人的文化水平、经济实力、社会地位存在差异,导致当事人所拥有的诉讼资源并不均衡。不同当事人的诉讼能力往往差别较大,有的当事人缺乏必要的诉讼法律常识,有的当事人甚至不具备诉讼所需要的文化水平(如不识字)。彻底的辩论主义不利于真实的发现和对当事人权益的保护。"在对古典辩论主义和职权主义进行反思的基础上,产生了协作型诉讼理念,即通过对当事人与法院在诉讼中权限的合理配置并注重两者的合作来共同促进诉讼的进行。"〔1〕证据契约作为证据制度的一个方面,也需要法官对当事人的缔约行为进行适当的指引,更好地保护当事人的权益,共同推进诉讼进程。

其次,证据契约制度固有的特点决定了法院释明的重要性。第一,现行立法对民事证据契约的规定并不完善。我国现行法律仅规定了确定鉴定机

---

〔1〕 常怡主编:《民事诉讼法学》,中国法制出版社2008年版,第295页。

构契约、举证时限契约和确定证据交换时间契约，其他类型的证据契约属于法律无明文规定的制度，而且相关法律规定的具体内容较为简单，缺乏可操作性。第二，证据契约相关的法理研究缺乏深度和广度，理论研究成果匮乏。“将证据和契约联结在一起考虑问题，从而形成一个独特的证据契约范畴和制度，这对长期笼罩在超职权主义诉讼模式之下的我国民事诉讼理论界来说还是比较陌生的。”〔1〕我国大陆的理论界对证据契约的概念、种类、正当性基础等理论问题尚未达成深入的共识。对于证据契约的具体表现形态、操作规范及法律后果更是缺乏深入研究。第三，证据契约具备证据和契约的双重特点，必须符合证据法、合同法的基本原理和规定，并遵循民事诉讼法的程序性要求，普通当事人往往对这些规定无法全面、准确地把握。“意思表示真实是契约自由和契约正义在契约法上的贯彻。”〔2〕作为契约的一种，其最根本的要求是要符合当事人真实意思表示。真实意思表示作出的基础在于对契约事项、性质和内容的充分了解。当事人订立契约的基础必须是对制度本身有充分的了解，并据此结合自身情况作出意思表示，这也决定了法官对证据契约相关事项的释明具有必要性。

最后，是提高诉讼效率、节省诉讼成本的必然选择。当事人通过订立证据契约，可以提高举证、质证效率，帮助法官简化证据审查及事实查明的过程，节约司法资源。但如果当事人对此制度缺乏必要的了解，对契约本身的学习和理解就会耗费一定的时间。在订立过程中，双方当事人因理解不同也会产生分歧，解决分歧又会造成诉讼拖延。如果当事人订立的契约无效或存在瑕疵，或因未认识到法律后果的严重性而违约，也不利于诉讼效率的提高。因此，有必要由法官对此制度的优缺点、订立程序及法律后果等具体问题，向当事人进行必要的解释和说明。对契约中存在可能导致诉讼拖延的内容，及时提醒当事人进行纠正。在当事人存在违约行为时积极引导，保

---

〔1〕 汤维建：《论民事证据契约》，载《政法论坛》2006 年第 4 期。

〔2〕 李永军：《合同法》，法律出版社 2010 年版，第 200 页。

证契约的正常履行,避免不必要的诉讼拖延。

(二)审判权保障民事证据契约运行的方式

审判权对民事证据契约的保障贯穿于契约订立和履行的全过程,具体包括四个方面。

1. 向当事人介绍民事证据契约制度概况和价值

证据契约的正确运用对促进司法公正、提高诉讼效率均具有重要作用。法官应当在当事人自愿的情况下,对证据契约进行必要的介绍、说明及订立契约的必要引导,使当事人在充分掌握信息的基础上自主选择是否订立证据契约。对于法律已经有明文规定的证据契约,应当向当事人指明法律依据及当事人具有订立契约的自由。例如,案件立案后,应当告知当事人依据法律规定可以通过协商的方式确定举证时限,在协商不能的情况下,可以由法院指定举证时限。现阶段的审判实践中,直接在举证告知书上写明法院指定期限的做法剥夺了当事人订立举证时限契约的知情权及选择权。对于虽然法律没有明文规定,但案件审理确需订立的证据契约,也应当向当事人说明订立的实际需要。如当事人申请启动测谎程序,应当向当事人如实说明测谎实验并无诉讼法依据,测谎意见也非法律规定的证据类型,测谎程序的开启及结论运用的正当性只能通过订立测谎契约来解决,并告知当事人测谎契约在测谎程序中的重要意义,由当事人自主作出选择。

2. 具体程序性事项的指导和说明

首先,法官应当对证据契约的法律及理论依据、制度的优缺点进行充分阐明,并根据案件实际情况提出订立何种证据契约的可行性建议。其次,不同的证据契约往往条款并不相同,法官应当就契约需具备何种条款向当事人进行解释和说明,并结合法律及法理对契约条款的完整性和有效性进行指导。例如,在测谎契约中,告知当事人完整的测谎契约不仅包括测谎机构的选定及测谎的时间、地点,还必须包括对测谎意见证据能力的确认及明确的法律后果条款。再次,为当事人提供必要的相关专业性信息。例如,在测谎契约中,为当事人选择测谎机构、人员提供有效信息,供当事人进行选择。最后,促进当事人之间就证据契约相关内容充分平等地进行沟通。对于当事人存在疑问的内容,及时进行解答。

3. 对法律后果的提醒和说明

法官应当向当事人充分说明订立民事证据契约的法律后果,增强当事人的责任承担意识。在签订证据契约后,如果产生对己方不利的后果,当事人往往找各种理由进行推诿。例如,在测谎契约订立后,当事人反悔,拒绝参加测谎实验,或鉴定机构作出对其不利的测谎结论时,当事人往往以测谎非法律规定的程序为由不认可测谎结论的证据能力,并提出上诉。在契约订立之时,法院不仅要将法律后果作为证据契约的重要组成部分,还应当就此向当事人作出着重的提示和说明。明确的后果承担意识,对于减少当事人违约概率具有极为重要的积极作用。当事人存在违约可能时,法官应当及时对其法律后果进行提醒。当事人违约后,契约仍具有履行可能的,法官应当提示当事人及时对违约行为进行补救,减少违约损失。

4. 对契约风险进行必要提示

当事人的诉讼能力及诉讼经验往往存在差异。在当事人的经济实力、文化水平及有无律师代理人等方面存在较大差距的情况下,为避免证据契约被当事人中的强势一方用作欺诈或其他不法目的的工具,法官应当对订立契约可能带来的负面风险进行提示。如当事人甲和乙订立证据方法契约,约定甲申请出庭作证的证人丙以手机通话的形式代替出庭作证。当事人乙的文化水平较低,未多考虑便作出同意的意思表示。在此种情况下,首先,法官应当向乙说明根据《民事诉讼法》及相关司法解释的规定,证人必须出庭作证,其证言才能得到采信。防止乙因为法律知识的盲区,误以为手机通话也是我国法律规定的提供证人证言的方式。其次,在乙对法律规定有充分理解但仍然同意丙以此种方式作证的情况下,法官应当向其说明双方均明确表示同意的行为属于订立了证据方法契约,并向乙说明契约订立后,丙的证人证言将与出庭作证具备同样的证据能力。最后，法官应当核实乙是否认识证人丙，并熟悉丙的声音，如乙不熟悉丙的声音，法官应当进而建议双方改为采用视频通话的方式，避免因证据契约的采用而使案件偏离客观事实。

（三）审判权行使的限度

"当事人基于契约处分自己的相关权益，只要这一合意处分行为并未严重损害另一方当事人的权利，法院则不可对此加以限制，这正是司法权有限性在民事诉讼领域的有力展现。"〔1〕审判权在证据契约订立过程中的行使需要符合一定的限度。

1. 契约主体的限定：法院不能成为契约主体

法院在对证据契约的效力进行确认后，诉讼进程会受到证据契约的影响或约束，但法院并不因此成为契约一方主体。〔2〕有观点认为，法院对契约进行确认后，法院也要受到证据契约的约束，并认为如果契约仅对当事人有约束力，无法解释契约为何产生诉讼法上的效果。〔3〕笔者认为，诉讼契约对法院的约束力仅存在于涉及法院行为的证据契约中，即当事人合意申请法院调取证据的契约，在该契约中，法院因契约的订立而成为履约行为的主体，应当受到契约的约束，但非契约的订立主体。此种情况下，仅通过双方当事人的合意即赋予了法官进行调查取证的正当性。这一点，从行为结果上也可以得到印证，法院因故未能调取该证据的，调取该证据的主观举证责任应由原举证主体承担，如原举证义务人举证不能，则要承担对其不利的诉讼后果。除此之外，其他的证据契约，仅在双方当事人之间产生约束力，法院只是对当事人达成的证据契约予以尊重，虽然诉讼进程受到当事人证据

〔1〕 张嘉军：《诉讼契约的正当性之维》，载《郑州大学学报》（哲学社会科学版）2009年第4期。

〔2〕 Lee H. Rosenthal, *One Judge's Perspective on Procedure as Contract*, 80 Notre Dame L. Rev. 669 (2004 – 2005). Matthew LB. Lawrence, *Articles Procedure Triangle*, 84 Fordham L. Rev. 79 (2015 – 2016).

〔3〕 参见何家弘主编：《证据学论坛》（第12卷），法律出版社2007年版，第113页。

契约的影响,但非对法院构成约束。就如同法院应当尊重普通民事合同的内容,应当依照有效合同内容作出判决,但此种行为并非法院受到当事人合同的约束。

2. 审判权行使的边界:契约的被动审查原则

"就民事诉讼契约而言,当事人基于自愿处分有关权益,即使一方当事人由此而遭受损害,只要其能够忍耐而不伸张,法院所能做的仅是认可这样的行为,而不可主动去查询这样的处分是否具备正当合理性。"[1]在证据契约的制度构建中,也应当秉承这样的理念。被动审查原则主要包括以下两个方面:

一是从程序角度来看,证据契约的订立及适用具有被动性。证据契约作为证据与契约的结合体,从证据法角度来看,证据的搜集和提出应当由当事人自行决定,那么对于证据契约在诉讼程序中的适用也应当由当事人自行提出。对于诉前证据契约,如果当事人进入诉讼后不提出适用的申请,法院不应当主动审查和适用。对于诉中证据契约,法院也只是在契约订立前和订立过程中进行必要的诉讼引导和释明,达成契约的决定权仍归于当事人。证据契约在诉讼中是否适用,应依当事人的主张,即使存在证据契约,在缺乏当事人主张的情况下,法院也不可主动适用。法院在契约订立后进行的审查也是基于当事人在诉讼中对证据契约提出适用的要求。从合同法的角度来看,当事人的纠纷进入诉讼程序,当事人提出适用合同条款后,法院才对合同条款进行审查,不存在法院主动对当事人未提出的合同条款进行审查的情况;同样,证据契约作为一种涉及证据法领域的合同,法院也只能在当事人提出适用请求之后,才能对合同条款进行审查。

二是从实体角度来看,尊重当事人通过处分所能得到的事实结果。当事人对证据权利的处分,只要是合法有效的证据契约,不仅可以产生诉讼上

---

〔1〕 张嘉军:《诉讼契约的正当性之维》,载《郑州大学学报》(哲学社会科学版)2009 年第 4 期。

的效果，而且会影响到事实认定。对于当事人通过证据契约所限定的心证基础的证据材料，法院应当予以被动接受，即使通过证据契约，可能会改变法官认定的事实范围，甚至最终结果可能有悖客观公正，法院也不应加以干涉。例如，在离婚诉讼中，当事人订立证据方法限定契约，约定涉及双方隐私的照片不得作为婚姻过错要件的证据材料提供，可正是缺少这些照片，最终法院无法认定过错方的过错，但这是当事人通过价值判断和利益衡量，在隐私权保护与客观公正结果之间作出的利益衡量，法院只能被动接受，这也是程序公正应有的题中之意。

3. 法官不能利用证据契约作为逃避心证及规避风险的工具

证据契约可以限制法官的恣意裁判，但不可因此而使契约走向另外一个极端。随着我国社会经济的发展、法治进程的推进、当事人的权利意识不断增强，对法官承办案件的质量要求越来越高，不仅要求案件具有实体上的公正结果，还要求案件在程序上不能存在任何瑕疵。随着司法改革的深入发展，立案登记制和法官员额制相继落地。在司法改革的大背景下，法官人均承办的案件数量逐年增加，法官依职权确定案件结果并对案件结果终身负责，因此承受着比改革前更大的案件质量压力。将法官可以通过心证及裁量确定的案件事实交由当事人自行处分，无疑是法官规避职业风险的良策之一，而证据契约无疑是达此目的的重要工具。如上文所述，证据契约也有其适用的范围和程序，并非所有的证据事项都可以通过契约的方式加以约定和限制。法官不能因为某些证据契约缺乏立法的明确规定，就随意扩大其适用范围，在不应当订立证据契约的领域指导当事人通过契约的方式对事实问题加以确定。

三、本章小结

当事人程序主体性原则的基本内涵就在于，当事人在国家创设并由审判权运作的纠纷解决的空间内，受到尊重，并享有权利保障其自我决定的原则。[1]这种权利既要受到审判权的尊重和指引，也要受到审判权的约束和干预，当事人的积极参与和法官的有力组织应当形成一种有效的动态平衡。诉权和审判权相互制衡、相伴相生的关系在证据契约中得到了集中突出的显现，仔细剖析此种关系可知，诉权的正当行使离不开审判权的保障与约束。受审判权的制约，民事证据契约的内容不得侵犯法官心证的专属领域，故当事人不得在证明力、证明标准领域订立证据契约，不得通过订立证据的关联性契约影响法官对证据关联性的自由裁量。与普通民事合同相类似，证据契约在诉讼中适用的前提，是必须由法院对契约效力作出先决性判断。审判权对民事证据契约的保障又贯穿于契约订立和履行的全过程。诉讼中，法官应当结合双方当事人的具体诉讼能力对民事证据契约制度的概况和价值进行介绍，对适用程序进行引导，进行必要的风险提示及法律后果的说明。对审判权在证据契约制度中的地位和作用的正确认识和把握也是证据契约制度健康发展的必要因素。法院不能成为契约的主体，契约的适用需要经当事人主动提出，法院不能未经当事人申请而对证据契约加以适用，也不允许法官将证据契约作为逃避心证及规避风险的工具。

---

〔1〕 参见唐力：《当事人程序主体性原则——兼论"以当事人为本"之诉讼构造法理》，载《现代法学》2003年第5期。

第四章

民事证据契约的生效及救济

当事人订立的证据契约要达到诉讼上的效果，必须满足成立和生效要件。契约的成立应当坚决贯彻契约自由的原则，“唯一的成立条件应当是当事人的意思表示一致时，契约即应成立”。[1]因此，契约成立的核心是意思表示一致，至于主体资格、意思表示真实等问题则在所不问，只要形式上符合意思表示一致，契约便可成立。证据契约作为契约的一种，当事人达成以证据利益为内容的意思表示的一致便可成立，但成立并不等于生效。[2]“任何国家的法律都不可能规定，只要双方当事人意愿(意思表示一致)就可以毫无限制地发生其预设的效果。”[3]依法成立的证据契约需要满足哪些生效要件才具备法律效力？如果生效要件存在瑕疵，是否允许救济？如何救济？当事人违反证据契约应当承担何种法律责任？这些问题是本章讨论的重点。

---

〔1〕 李永军:《合同法》,法律出版社2010年版,第127页。

〔2〕 David Marcus, *From "Cases" to "Litigation" to "Contract": A Comment on Stability in Civil Procedure*, 56 St. Louis U. L. J., 1231 (2011-2012).

〔3〕 李永军:《合同法》,法律出版社2010年版,第184页。

一、民事证据契约的生效要件

依形成时间不同及性质差异，证据契约分为诉前证据契约和诉中证据契约。有观点认为诉前证据契约作为普通民事合同的组成条款，其生效只需要符合实体法的条件和要求即可。[1]而诉中证据契约，属于诉讼行为性质的契约，其生效应当符合诉讼行为有效性的要求。此观点对证据契约性质的理解存在偏差。诉前证据契约因订立在诉讼之前，且存在于民事合同之中，必然要符合合同法对契约生效要件的一般性要求。[2]但其实质内容为证据法事项，必须受到诉讼程序和证据规则的约束，而且依上文的分析，诉前证据契约也具有诉讼行为的性质。如当事人在诉前对举证责任分配的约定，既要符合合同法的要求，又不能与法定举证责任分配的规则相抵触。诉中证据契约的生效不仅需要具备诉讼法上的要件，对当事人意思表示真实的判断及对契约的变更和撤销又需要符合实体法上的要求。因此，可以说民事证据契约的生效要件既要满足合同法的基本要求，又要符合证据法和程序法的要求，下面就各项要件的要求具体进行分析。

（一）主体适格

缔约主体只有具备了一定的缔约能力，对其意思表示的后果存在清醒认识，能独立履行契约义务，并有能力承担相应责任，其订立的契约才能合法有效。除了要考虑合同法对主体资格的要求外，因诉讼系属后的契约还应当符合诉讼主体资格的要求，所以关于证据契约主体资格的讨论还应当根据契约订立的时间是在诉讼前还是诉讼中分别展开。有学者在讨论诉讼契约主体条件时，谈到了诉讼契约的主体应当是适格的当事人，就是未考虑

---

〔1〕 参见张嘉军：《论诉讼契约的效力》，载《法学家》2010年第2期。

〔2〕 诉讼契约的生效也是如此。“理论上，诉讼契约成立和生效要件应当依照实体法关于契约（合同）的有关规定，即使具有诉讼法上的效果，也是如此。”参见［日］三ケ月章：《民事诉讼法》，成文堂1985年版，第331页。转引自张卫平：《转换的逻辑——民事诉讼体制转型分析》，法律出版社2007年版，第321页。

到诉讼前订立的诉讼契约与诉讼中的诉讼契约对主体要求存在的差别。[1]

诉前证据契约存在于普通民事合同中。合同法对当事人缔约能力的基本要求是具备民事行为能力。无民事行为能力人和限制民事行为能力人仅在特殊情况下订立的合同有效,如此二类主体可以订立纯获利性或免除义务的合同、日常生活中的事实合同及限制行为能力人订立的与其智力、年龄等相适应的合同等。而在证据契约中,因证据契约并非实体上纯获利的合同,也非事实合同,虽然部分诉前证据契约是免除一方举证责任或确认对一方有利事实的契约(可以理解为证据方面的纯获利),但因与诉讼利益及证据事项相关,具有较强的专业性,不宜允许无民事行为能力人或限制行为能力人作为合同订立的主体。诉前证据契约生效对主体性要件的要求应为具备完全民事行为能力,无民事行为能力人和限制民事行为能力人应当由其法定代理人代为签订。

诉中证据契约具有诉讼行为的性质,订立主体应当具备诉讼行为能力,同时符合民事诉讼法规定的诉讼主体资格,是争议的法律关系主体,具备起诉或应诉的相应资格,即必须是适格的当事人。当事人的诉讼代理人也可代为订立证据契约,但因证据契约涉及当事人重大实体权利与程序权利,诉讼代理人应当具有明确具体的特别授权,"一揽子"特别授权应当被排除在外。诉前证据契约与诉中证据契约在主体性要求上的差别在于诉中证据契约的主体不仅要具备诉讼行为能力,还应当是适格当事人。

(二)意思表示真实

理想状态下,合同的订立应当是行为人内心作出订约的意思表示并外化为订立契约行为的过程。内在心理活动与外在行为表示可以完全统一,达到主客观的一致,但在实践中诸多情况下,订约人的内在心理活动与外在行为表示又呈现出分离甚至相悖的状态。因行为人的内在心理活动与外在

---

[1] 参见张嘉军:《诉讼契约的生效与救济》,载《河北法学》2010年第2期。

行为表示可以分离，根据是否要求内在心理与外在表示相一致，意思表示又可分为主观意思表示和客观意思表示。主观意思表示强调意思表示中的主观因素，意思表示的成立侧重于考察行为人的内心活动，要求作出的订约行为是内心真实意思的体现，因此被称为意思主义。客观意思表示强调意思表示中的客观因素，即只要存在外在订约行为，便推定意思表示存在，因此被称为表示主义。〔1〕随着社会经济的发展，欧洲立法对于意思表示的认定经历了由表示主义向意思主义的转变。从最初古日耳曼、罗马法追求的不管内心意思如何，只注重外在表示的绝对的表示主义，发展到现代交易中的表示主义为主，兼顾意思主义的观点。

我国《合同法》第54条规定的因当事人意思表示不真实并不导致合同无效，仅是使合同可变更、可撤销，便是表示主义为主、兼顾意思主义的体现。私法契约尚且存在此种转变，证据契约中的意思表示判断也应当遵循此种原则。"诉讼行为以采取'表示主义'为原则，即诉讼行为的有效成立以当事人的表示行为为准。这主要是基于诉讼程序的顺畅进行和安定性的考虑。"〔2〕如果允许任意宣告诉讼行为无效或变更、撤销诉讼行为，必然会造成当事人程序信赖的缺失，更会给诉讼程序带来不必要的延迟。从形式上看，证据契约作为契约的一种，应当与契约法理念的转变相契合。从性质上看，作为诉讼行为的一种，证据契约更应当遵循表示主义的原则，当事人订立契约时意思表示不真实，仅仅是其可变更、可撤销契约的理由，而非合同无效。对证据契约中意思表示真实的判断也应当遵循表示主义为主、兼顾意思主义的原则。只要不存在当事人被"欺诈"、"胁迫"或"重大误解"的情况，均应当认定为意思表示真实。〔3〕

---

〔1〕 参见李永军：《合同法》，法律出版社2010年版，第201页。

〔2〕 廖永安、崔峰：《当事人诉讼行为与民事法律行为关系考》，载《法律科学》2004年第1期。

〔3〕 类似观点如："我们认为，基于当事人意思自治，应当承认举证契约、证明负担分配契约在证据法上的应有地位，至于其无效、可撤销情形，则依《合同法》的相关规定执行。"参见陈界融：《证据法应当关注的几个理论问题》，载《证据科学》2009年第2期。

（三）属于可以订立契约的证据或证明事项

在前文中，论述了审判权对民事证据契约之限制，民事证据契约所约束的事项不得侵犯法官自由心证及自由裁量的专属领域，证据契约的内容必须属于可以订立契约的证据或证明事项。这是从证据法的角度对民事证据契约内容的限定，也是民事证据契约与普通民事合同及其他类型的民事诉讼契约最为重要的区别。从范围限制的角度看，在证据的证明力、证明标准及证据的关联性三个范畴内，排斥证据契约的应用。证明力由法官运用逻辑规则和经验法则通过自由心证来完成，证据是否达到证明标准由法官依靠内心确信作出评判，证据是否与待证事实存在关联性也属于法官通过经验及常识自由裁量的领域。如第二章在讨论民事证据契约的种类时所论述，从正面规范的角度来看，可以订立民事证据契约的证据事项和证明事项主要包括五个方面：(1)证据方法，具体包括对证据方法的限制、变更和扩充三个方面。(2)举证时限，当事人可以对举证时限的时间范围及超出时限的证据是否失权等问题达成契约。(3)举证责任分配，当事人可以通过契约的方式对举证责任的分配问题作出处分。(4)对事实的认可，也即当事人可以达成自认契约。(5)证据能力，当事人可以通过契约的方式弥补证据所存在的证据能力瑕疵。

（四）不得违反法律规定及损害国家、社会或第三人利益

社会生活涉及方方面面，法律不可能将所有情况毫无遗漏地加以规定，故《合同法》将不得损害国家、社会及第三人利益作为合同生效的最后一道防线。不得违反法律规定及不得损害社会公共利益是契约生效的基本要求，证据契约亦是如此。遵守合同的相对性原则，当事人对于证据的约定仅在双方当事人之间有效，但也存在损害国家、社会及第三人利益的风险，与此相关的约定无效。不过值得注意的是，证据契约不得违反法律规定的范围与普通民事合同有所区别。根据《合同法》及相关司法解释，不得违反的法律强制性规定，是指全国人大及其常委会制定的法律和国务院制定的行

政法规中的效力性强制规定。但在证据契约中,不仅不能违反法律的效力性强制规定,也不得违反民事诉讼法中的诉讼程序性规定。因证据契约是当事人之间对证据事项的约定,并不处分实体权益,一般不会涉及第三方的利益,但也存在例外情况,如当事人不得通过约定迫使当事人之外的第三人参与测谎,不得约定可能侵害国家、社会或第三人利益的取证方式。

(五)书面形式

从形式上看,契约分为口头契约和书面契约两种。在远古时代,合同法注重表现形式与安全,对形式的要求较为严格,要求合同必须为书面形式。合同的形式直接影响合同效力,甚至可以说方式创造效力。[1]之后随着法制发展,合同的形式呈现从重形式到重意思再到在某些领域强调形式的变化规律。“现代合同法兼顾交易安全与交易便捷两项价值,已经不同程度地将要式合同的运用范围加以扩大,对某些重要的合同、关系复杂的合同强调书面形式。”[2]商事合同中,对合同形式的要求较为严格,而普通民事合同中,为了交易的便捷,合同的形式往往并不拘泥于书面方式。与普通的民事法律行为不同,证据契约因与诉讼相关且涉及较强的专业领域,需要加以约定的程序性事项较为繁杂,宜将契约形式限定于书面形式,并将形式要件作为契约生效的要件。书面形式的最大优点在于使合同有据可查,可以更有约束力地规范当事人的诉讼行为,并在发生争议时,更好地还原双方当事人在订立契约时的真实意思表示。同时,书面形式也利于当事人及时了解并准确把握契约的内容,增强当事人对违约责任的正确认识,减少违约行为的发生。

诉前证据契约一般作为普通民事合同的组成部分存在。对于诉前证据契约的书面形式要求可以包括数据电文等具体形式,并不限于合同书。对于诉讼中的证据契约而言,单独的合同形式为最优选择。但因订立过程有

---

〔1〕 参见王泽鉴:《民法总论》,台北三民书局2000年版,第328页。
〔2〕 崔建远主编:《合同法》,法律出版社2010年版,第92页。

法官的参与,在紧急情况下,经双方当事人同意,也可以将当事人订立证据契约的意思表示及证据契约的其他必要要件记入笔录,由双方当事人签字表示认可。庭审笔录是庭审活动的如实记录,是法官裁判依据的重要材料,也是当事人陈述、证人当庭证言的重要载体。庭审笔录中可以记载与庭审相关的程序性事项,也可以记载当事人承认、放弃、变更诉讼请求等实体性事项,还可以记录举证、质证等既与程序相关又直接牵涉到实体权益的证据事项。因此,当事人达成的与证据及证明有关事项的契约,也可以存在于庭审笔录之中,只要有当事人的签字认可,便具有相应的法律效力。

(六)不得附条件或附期限

合同中的附条件或附期限,是指在合同中约定将特定的条件或期限作为合同效力发生或消灭的依据,这与证据契约诉讼行为的性质及制度目的相背离。证据契约不得附加条件。这里的条件主要是指实体性条件,对于程序性条件可以理解为附期限。双方当事人订立证据契约的目的是为确定案件事实提供辅助性手段,并不在于解决实体性问题,故当事人不应当附加实体性条件,对实体性问题的处置可以通过达成调解或者和解来解决。如在傅某与王某债务纠纷一案中,〔1〕傅某提出测谎申请,王某提出“傅某拿出50万元作为出场费方同意”,虽然王某发表了同意测谎的意见,但附加让傅某拿出50万元作为出场费的条件,这就违背了证据契约订立的基本原则,此类证据契约是无效契约。

证据契约不能附期限。作为证据契约的上位概念,诉讼契约不得附期限,“因为若以将来不确定的事实为条件或期限,则诉讼契约的效果将长期不能确定,双方当事人乃至法院都不得不等到诉讼契约所附条件成就或所附期限届满之时才可实施后续诉讼行为,这无疑会导致诉讼的迟延从而严重影响诉讼程序的顺畅进行”〔2〕。与之理由相同,当事人订立证据契约的

〔1〕 参见北京市朝阳区人民法院(2001)年朝民初字第02179号民事判决书。

〔2〕 张嘉军:《论诉讼契约的效力》,载《法学家》2010年第2期。

目的不仅在于案件事实的查明,还在于减轻当事人搜集证据的时间和经济成本,快速推进诉讼进程。证据契约发生效力必然在诉讼程序之中,以不确定的事实为条件,将导致诉讼的拖延。在等待条件成就的过程中,也会影响当事人正常取证和举证。

二、瑕疵民事证据契约之救济

德国、日本等大陆法系国家对诉讼契约瑕疵的问题涉及较少,对证据契约的瑕疵问题更是缺乏详细论述。同普通民事合同一样,民事证据契约的成立和生效属于两个不同层面的概念。已经成立的民事证据契约也可能因为存在效力上的瑕疵而无法成为有效的契约,对存在瑕疵的证据契约,主张瑕疵存在的一方是否可以获得救济的权利及如何救济的问题直接影响到契约效力的确定。从性质上看,民事证据契约属于诉讼行为,“单纯追求诉讼法的独立性,而不考虑诉讼行为作为法律行为,甚至作为社会行为的一个构成部分,以及它与主体具有的不可分割性质,势必会否认行为的实施与主体意思的关联,同样不利于行为实施者的权利保护和程序保障。因此,基于诉讼行为具有的意思属性,强调对错误诉讼行为进行救济的必要性是应该的”。〔1〕

(一)救济范围包括主体不适格和意识表示不真实

与民事证据契约生效相关的各个要件都可能因存在瑕疵而影响契约效力,但是否都属于可救济的范围?合同欠缺有效性要件有三种情况:一是完全不发生合同效力,即合同无效。通过上文的讨论,可以看出,证据契约存在违反国家、社会及第三人利益的情况,附加条件或者期限,未采用书面形式及非适格诉讼当事人订立的契约均应当属于自始无效,当事人主张契约无效即可,无须主张救济。二是不直接发生合同效力,需要补充有效性要件

〔1〕 刘荣军:《民事诉讼行为瑕疵及其处理》,载《中国法学》1999 年第 3 期。

才能生效,即合同效力待定。如非完全民事行为能力人订立的证据契约或缺乏代理权限的诉讼代理人订立的证据契约,需要由法定代理人或诉讼当事人对合同效力进行追认,不追认则无效。三是虽然合同已经生效,但这种生效的状态因主体意思表示不真实而存在被变更或被撤销的风险。[1]合同自始无效必然无须救济,对于效力待定的合同及可变更、可撤销的合同则可对其效力瑕疵进行救济。

值得注意的是,契约主体存在瑕疵的救济体现在真正的权利主体是否进行追认,救济的选择权在真正的权利主体手中。按照诉前证据契约与诉中证据契约对适格主体的不同要求,具体进行分析:对于诉前证据契约,其主体要求是完全诉讼行为能力人。无民事行为能力人和限制民事行为能力人签订的证据契约属于主体存在瑕疵,应当由其法定代理人选择是否进行追认。对于诉中证据契约,除了要求具备诉讼行为能力外,同时必须是争议的法律关系主体,具备起诉或应诉的相应资格。对于缺乏诉讼主体资格的人订立的诉中证据契约,其主体性缺陷无法补正,属于自始无效。但如果当事人的诉讼行为能力存在缺陷,则可由其选择是否进行补正。

证据契约中的意思表示存在瑕疵,必然降低意思自治的质量,应当允许作出错误表示的一方当事人请求进行救济,但是否直接认定契约无效,或者随意撤销或变更?契约作为一种意思自治的行使方式,目的在于使当事人能够按照其意志构建法律上的权利义务关系,证据契约亦是如此。在意思自治存在瑕疵时,证据契约属于无效还是通过救济实现效力上的救济,存在争议,有观点将意思表示真实作为证据契约的生效要件。[2]笔者认为,意思表示瑕疵,只是影响到当事人意思自治的正当行使,并不影响他人、社会及国家利益,不应当一概判定为无效,可以通过赋予当事人撤销、变更、追认等选择权的方式对错误表示的一方进行救济,对于欺诈、胁迫等意思表示瑕

---

〔1〕 参见杨立新等:《合同法总则》,法律出版社1999年版,第132页以下。

〔2〕 参见舒瑶芝:《民事证据契约效力探析》,载《政法论坛》2010年第6期。

疵,可以比照合同法中关于合同效力的规定进行处理。如果允许随便撤销或变更,则程序的稳定性及当事人的信赖利益便得不到保障。《美国联邦民事诉讼规则》第60条B款规定,对当事人因疏忽、误解、受到胁迫、欺诈等意思表示不真实而实施的诉讼行为,依据当事人的申请或依据正当的条件,法院可以给予终局判决或者程序上的救济。[1]这种救济是为了保护实体正义,防止诉讼欺诈的发生。当事人在诉讼中进行的意思表示也可能因受到欺诈、胁迫或重大误解、显失公平而产生偏差,处分实体权利的民事合同中的意思表示瑕疵允许救济,当事人在民事证据契约中的意思表示偏差同样应允许救济。

(二)民事证据契约瑕疵救济的具体程序

1. 主张瑕疵存在的当事人应当提供相应的证据

关于主体瑕疵的证明义务。对于证据契约的当事人是否具有诉讼行为能力的问题,只要当事人提交的手续能够证明其具有符合法律规定的诉讼行为能力即可,若相对方当事人对此存在质疑,应当提交相应的证据加以证明。关于当事人是否具有本案起诉及应诉的资格,当事人只要提出质疑并说明理由即可,由法院依职权对当事人诉讼主体资格问题进行调查和认定。

关于意思表示真实存在瑕疵的证明因证据契约在诉讼前还是诉讼中达成而有所不同,对于诉前证据契约而言,申请人的证明责任更为严格,而对于诉中证据契约,在有法官参与的情况下,可以减轻申请人的证明责任。法官是否给予当事人充分的程序保障是证据契约意思表示瑕疵具备可救济性需要考量的重要条件。这里的程序保障主要是指在法官应当向当事人充分释明证据契约的原理、法律效果、订立程序等事项,当事人也可以就其不理解之处充分提问并陈述己方意见,防止当事人因不理解契约内容而产生误

---

〔1〕《美国民事诉讼法》,白绿铉译,经济日报出版社1998年版,第158页。

解,也可以避免诉讼中的胁迫行为产生。对于诉中证据契约的内容,应当由法官进行审核,避免内容存在显失公平的情形。这一过程应当制作详细的笔录,由当事人签字确认,在完成上述工作后,当事人达成的诉中证据契约应当认定为意思表示真实。

2. 民事证据契约瑕疵救济的时间限制

证据契约存在瑕疵,当事人应当在达成证据契约的本案诉讼内提出,并且提出时间应当限定在合理的期限内,避免造成诉讼的拖延。诉前证据契约作为本案普通民事合同的一部分而存在,诉中证据契约也是为解决本案诉讼中的证据问题而订立的。因此,本案诉讼的法官对证据契约的问题更为了解,且契约内容与本案事实确定存在直接关联,从利于查明事实的角度,对契约中存在的问题应在本案中解决。同时应当在达成证据契约的诉讼阶段内提出,如证据契约在一审中达成,则瑕疵救济时间限定于一审;一审未提出的,不允许以一审中的证据契约存在瑕疵为由提出上诉。根据现行法律规定,当事人在二审中也可以提出新证据,也有达成证据契约的可能,二审达成的证据契约救济限定在二审程序中。这也是诉讼经济和便利的需求。证据契约是对证据事项的处分,主张适用证据契约一方应当在举证时限内提出;与此对应,主张证据契约存在瑕疵,也应当在举证时限内提出。

3. 民事证据契约瑕疵救济的方式

对于主体瑕疵的救济。诉前证据契约的当事人不适格,是指当事人缺乏订立契约的民事行为能力,对此瑕疵的补正需要当事人的法定代理人进行追认。诉讼中的证据契约均是诉讼当事人或者代理人订立的,如果当事人存在缔约主体不适格的问题,则不仅仅涉及证据契约,而是对整个诉讼主体的能力问题都需要重新考量;如果只是代理人缺乏代理权限擅自签订证据契约,则需要当事人的书面追认。

意思表示内容不真实的救济。对意思表示不真实的证据契约的救济是通过申请方行使撤销、变更权完成的。前者如在涉及诉前举证责任契约的诉讼中，当事人在律师的指导下发现其在诉前对举证责任的认识存在错误，该契约的订立存在重大误解，可以申请法院撤销该契约。后者如在举证时限契约中，当事人因对方当事人的欺诈而同意对方提出的举证时限，发现欺诈后，向法院提出变更举证时限申请，经法院审查后，对举证时限进行变更。当然，当事人发现证据契约存在可撤销、可变更的情况后，也可以自由行使处分权利，对证据契约瑕疵予以追认，发生契约效力补强的法律效果。这种追认既可以明确认可，也可以通过默示的方式进行。

三、违约方的法律责任承担

违反证据契约应当承担相应的法律责任，但我国现行法律与证据契约相关的规定中，对契约内容多是一笔带过，对违约责任的规范更是存在空白。证据契约虽为契约的一种，但因内容涉及证据问题，与普通民事合同有重大区别，并不能当然地适用实体法中关于违约责任的规定，必须结合证据制度与民事程序固有的特点对违约责任进行分析。

（一）违反民事证据契约之责任性质

合同法领域的违约责任是民事责任的一种，具有财产性、补偿性和惩罚性等民事责任的一般属性。民事领域的合同关系从性质上看是财产关系，内容通常可以用金钱衡量，因此，违约责任作为不履行合同的替代性责任，通常表现为财产责任，其形式主要包括赔偿损失、支付违约金等，可以说违约责任具有财产性。通过这些形式也可以达到填补守约方损失的目的，从这一角度来看，违约责任具有补偿性。违约责任的惩罚性与违约方的主观过错相关联，在违约方具有主观过错的情况下，还可以对其提起惩罚性赔偿的要求。

民事证据契约之违约责任也具有财产性、补偿性及惩罚性。民事证据契约虽然内容并不具有财产性，但一方当事人违约也可以造成守约方不必要的经济损失，如因违约方的责任造成诉讼程序的无效重复及拖延，给守约方造成误工损失、住宿损失、交通损失等，从这一角度来看，此类违约责任具有财产性。违约方对上述损失进行赔偿，也是对守约方的补偿，因此，违反证据契约的违约责任也可以具备补偿性特征。违约方因违反约定而承担证明上的不利益，也可以理解为对非违约方的补偿。虽然违反证据契约缺乏合同法上违约责任的惩罚性基础，但因违约行为势必造成诉讼拖延，法院可以依职权对其进行惩罚，这种惩罚不是对守约方的赔偿，而是法院基于维护诉讼秩序而对违约方的惩罚。

（二）违反民事证据契约之归责原则

在违约责任的构成问题上，传统民法讨论最多的问题是：债权人追究债务人的违约责任是否需要证明债务人存在过错，或者说过错是否构成违约责任的必要条件。有学者认为违约责任的追究应当采用过错原则，主张违约方承担的责任与其过错程度相关联。也有学者反对此种观点，认为合同法领域应当适用严格责任。[1]此种观点认为过错原则虽然具备法律上的逻辑性，但也会给非违约方带来极大不公。因此，只要有违约行为的存在，不论违约方是否有过错，都应当承担违约责任，只有这样才有利于保证交易安全。这两种观点均有一定的合理性，在对民事证据契约的归责原则进行讨论时，应当在对合同法中归责原则进行分析的基础上结合民事证据的特点综合考虑，笔者认为宜采取严格责任的原则。守约方不需要证明违约方存在过错，只要存在违约行为，违约方就应当承担相应的责任。对违约责任的制度设计采用严格责任还是过错责任，是对违约方与守约方利益衡量的结果。违约责任是由证据契约中的合同义务转化而来的，当事人通过订立契约的方式对证据事项加以约定，这种意思自治的行为决定了违反证据契约应当比违反法律规定的后果更为严重。当事人在订立证据契约时对契约内

---

〔1〕 参见梁慧星主编：《民商法论丛》（第9卷），法律出版社1998年版，第27~28页。

容和相关权利义务有着充分的了解,为保护守约方利益,宜采用严格责任原则。与证据契约相关的违约责任判断问题,属于诉争基础法律关系之外的纠纷争议,属于“诉讼中的诉讼”。民事诉讼所追求的价值不仅在于公正,还在于效率。对于证据契约中违约责任的判定问题,如果采取过错原则(具体往往是指过错推定原则),再给违约方证明其无过错的机会,就需要法官对与此相关的证据进行审查判断,必然不利于案件整体诉讼效率的提高。

(三)违约责任承担的方式和程序

1. 违约行为的具体形态

在我国民商法学界,关于民事合同中违约形态的观点并不统一,笔者比较赞同的观点是将违约形态分为履行不能、履行迟延、履行拒绝和履行不当。[1]这是根据违约程度进行的分类,证据契约同样具备这几种违约形态。根据是否可以替代履行,证据契约的违约行为又可以分为可替代履行的契约和不可替代履行的契约。前者如在测谎契约中,约定的违约方未按时交费,导致契约无法正常履行,守约方可以替代其交费。[2]后者如在违约方是测谎契约中的被测人的情况下,无法替代履行。根据当事人违约行为是否必然造成违约后果,可以分为后果性违约和无后果性违约。前者如当事人在举证时限契约规定的时间之外提交证据可能会造成证据失权的后果,后者如当事人违反证据种类契约的约定,在诉讼中提出契约中约定不应提出的证据。在当事人提出契约适用的请求后,法院只需依照契约的内容判定该证据不具备证据能力,不进入法庭调查程序即可。

2. 违约责任承担方式的适用

民事合同的违约救济方式有实际履行、损害赔偿、违约金责任、定金责任、惩罚性赔偿等。证据契约应当符合合同法的一般规定,以实际履行为原则,以违约责任承担为例外。结合证据法的特点,证据契约的违约责任还应

〔1〕 参见王家福主编:《民法债权》,法律出版社1991年版,第151页。

〔2〕 此部分费用可以由法院在判决中一并判令由违约方承担。

当包括证明利益的丧失。违反证据契约不仅应当承担损害赔偿等私法上的责任,还需要承担因其行为对诉讼秩序的损害而产生的相应公法责任。对证据契约应当设计双层责任体系。

(1)实际履行:对能够继续履行及可替代履行的违约行为的救济

契约订立的根本目的在于履行,对于有履行可能的证据契约,非违约方可以选择要求对方继续履行作为救济手段。因证据契约的履行与诉讼程序的顺利进行密切相关,法院应当积极向违约方释明违约责任的严重后果,并督促其尽快履行。对于可以替代履行的证据契约,法院可以在非违约方的申请下,以非违约方替代履行或者由法院按照证据契约的内容径行对证据事项作出裁判的方式推进诉讼进程。例如,余某与程某等四人生命权、健康权、身体权纠纷一案中,[1]当事人达成测谎契约,约定由程某等三人交费,但测谎时程某等三人未交纳测谎费用,此时法院可以在余某同意的情况下,由余某替代交费,推进测谎进程。当事人向法庭提出违反证据能力契约的证据,法院可以依契约而判定这些证据存在证据能力欠缺,无法进入法庭调查程序。

(2)承担证明上的不利益:无法继续履行的违约责任承担

"证据契约并不直接处分当事人的实体权利,否则当事人直接和解即可,它处分的是当事人在诉讼中的'证明利益'。"[2]当事人在诉讼中的利益包括实体利益和程序利益。[3]证据利益是两者的结合体。从损失性质上看,违反证据契约除了给当事人造成诉讼拖延的损失外,并不直接造成实体利益的损失,但对事实认定会造成影响,这种影响以损害当事人的证明利益作为表现形式。应该说,对证明利益的损害是民事证据契约最根本的损害后果,也是其与普通民事契约最主要的区别。因此,民事证据契约违约责任

---

〔1〕 参见北京市昌平区(2011)昌民初字第9668号民事判决书。

〔2〕 汤维建:《论民事证据契约》,载《政法论坛》2006年第4期。

〔3〕 参见张卫平:《管辖权异议:回归原点与制度修正》,载《法学研究》2006年第4期。

承担的一项重要内容就是让违约方失去证明利益。这种证明利益损失又分为绝对损失和相对损失。前者如根据举证时限契约的约定让超过举证时限提出的证据产生绝对失权的法律后果,产生证明利益的绝对损失。后者如在测谎契约中,在违约方为被测人,且履行不能的情况下,本应由非违约方承担举证责任的测谎事项,举证责任发生转移,由违约方承担后果;如果违约方举证不能,则承担不利甚至败诉的后果。这是证明利益的相对损失。

(3)损害赔偿:具体项目和计算方式

因违反证据契约给非违约方当事人造成损失的,应当赔偿损失。因当事人不履行合同义务,故合同之债转化为损害赔偿的债权债务关系。违反民事证据契约造成的损失主要是诉讼成本的增加。"在一般情况下,损害赔偿的确定以实际发生的损害为计算标准,而主要不是以当事人的主观过错程度作为确定赔偿的标准。"[1]正因不以当事人的主观过错作为赔偿依据,所以损害赔偿应当以填平损失为原则,不宜设定惩罚性损害赔偿。以我国法律明确规定的举证时限契约为例,《证据规定》第46条、《民事诉讼法解释》第102条第3款对违约方给非违约方造成的损失赔偿进行了规定。[2]违反证据契约的损害赔偿项目可以参照此两条规定进行设计,具体应当包括因诉讼拖延造成当事人的住宿费、交通费、误工费、就餐费、证人出庭作证费用等损失。关于损失数额的确定:一是计算标准,对于消费性支出,如住宿费、交通费、就餐费等,应当以实际支出为准,同时支出的上限不得超过同等地区国家公务人员差旅补助标准。对于收入性损失,如误工费等,则应当由损失请求方提供所在单位开具的误工证明及因误工未予发放工资的证明,工资达到纳税起征点的,应当同时提供税务机关开具的正规完税证明。

---

〔1〕 王利明、崔建远:《合同法新论·总则》,中国政法大学出版社2000年版,第642页。

〔2〕 《证据规定》第46条规定的相关费用包括:一方当事人请求提出新的证据的另一方当事人负担由此增加的差旅、误工、证人出庭作证、诉讼等合理费用以及由此扩大的直接损失。《民事诉讼法解释》第102条第3款规定的相关费用包括:因逾期提供证据致使其增加的交通、住宿、就餐、误工、证人出庭作证等必要费用。

二是计算时间，应当以当事人应当发生履行行为的时间为起点，计算至法院认定违约行为之时止。

(4)救济方式不包括违约金和定金

违约金是当事人在合同订立时明确约定的，在违约行为发生后独立于实际履行之外的金钱给付。违约金可以分为补偿性违约金和惩罚性违约金。补偿性违约金以补偿非违约方的损失为目的，通常在订立合同时，由双方当事人对违约造成的损失进行预估，然后在合同中将损失填补以违约金的形式加以约定。证据契约主要造成的是当事人证明利益的损失，对当事人实体权益的损害主要通过因诉讼拖延造成当事人诉讼成本增加的形式加以表现。与普通民事合同存在区别的是，当事人在订立证据契约时，无法预见到违约造成的诉讼拖延损失，故无法在证据契约中约定违约金条款。

惩罚性违约金则以对违约方进行惩罚为目的，数额一般高于实际损失。惩罚性违约金旨在对违约方进行惩罚，并不能代替损害赔偿的作用。当事人可以同时请求支付惩罚性赔偿金及要求损害赔偿。当事人虽然可以通过协商自由确定违约金条款，但违约金的数额也受到国家干预。我国《合同法》中的违约金的支付以填平为原则，〔1〕即主要是补偿性违约金，惩罚性赔偿金只是作为例外情况存在。惩罚性赔偿的存在虽然具有一定的必要性，但使非违约方当事人在对方违约时享有超出损失的赔偿权利，违背了合同法上的等价有偿原则，对其适用情况应当加以限制，如将其限定于商事主体订立的合同之中。〔2〕在证据契约中，当事人往往无法预见合同不能履行的风险程度，在不可预见的情况下更无法基于自身承受范围和能力作出惩罚性违约金的合理约定，故在民事证据契约的救济方式中也不宜包括惩罚性

〔1〕 具体表现为《合同法》第114条第2款的规定："约定的违约金低于造成的损失的，当事人可以请求人民法院或者仲裁机构予以增加；约定的违约金过分高于造成的损失的，当事人可以请求人民法院或者仲裁机构予以适当减少。"

〔2〕 参见张能宝：《惩罚性违约金适用问题研究》，载《人民司法(应用)》2016年第13期。

违约金内容。

“定金,是指合同当事人为了确保合同的履行,依据法律规定或当事人双方的约定,由一方当事人在合同订立时,或订立后、履行前,按合同标的额的一定比例,预先给付对方当事人的金钱或其他代替物。”[1]定金数额是依据合同标的额确定的,证据契约所涉及的是证明利益,证据利益并不是对实体利益的直接处分,且不能用金钱直接衡量,用具体数额的金钱来担保证据契约的履行与证据契约的性质不相匹配,定金责任在证据契约中亦不适用。

(5)训诫、罚款:惩罚性赔偿的替代手段

由上文分析可知,违约方的违约行为给非违约方造成误工、交通等费用的增加,应当承担赔偿责任,这是基于私法上的损害赔偿责任。同时,证据契约作为产生诉讼法效果的契约,违约行为会造成诉讼拖延,浪费司法资源,违约方还应当承担诉讼法上的责任。证据契约的违约责任中虽然不宜包括惩罚性违约金,但可以设置相关替代手段作为惩罚性赔偿和无须承担公法上责任的缓冲。这也是督促当事人积极履行契约义务的必要方式。因违反证据契约的归责原则为无过错原则,故不需要考量违约方的主观过错,且对违反证据契约本身就是“诉讼中的诉讼”,对主观过错的考量也会增加诉讼的时间成本。只要造成诉讼拖延的后果,法院便可以对其进行训诫,对严重拖延诉讼的行为,法院可以对违约方进行罚款。设计这种责任体系也是对当事人履约行为的一种督促。

3. 违约责任承担的具体程序设计

(1)违约责任追究应由当事人提出

证据契约的违约责任由当事人提出还是由法院主动适用契约进行追究?证据契约领域尚无对此问题的探讨。在诉讼契约的相关讨论中,有观点认为,应当以法官是否知晓该契约的存在为分界点进行不同分析。法官

---

〔1〕 崔建远主编:《合同法》,法律出版社2010年版,第197页。

知晓及促进达成诉讼契约的，从程序安定的角度及诉讼经济的角度考虑，法官可以行使释明权，征询当事人是否以此契约作出抗辩，甚至可以依职权径行判令违约行为无效。对于法官不知晓的诉讼契约，则应由当事人自由处分。笔者认为，无论是诉前当事人自行达成还是诉讼中由法官指导达成，证据契约的适用及对违约责任的追究均应当尊重当事人的处分权。证据契约属于契约的一种，在普通民事合同纠纷中，当事人的处分权体现为"不告不理"，即在当事人没有提出诉讼主张的情况下，法院不能主动进行审理。在证据契约的适用中，也应当遵循这一原则。处分权是支撑证据契约正当性的主要理论依据，只有在当事人主动提出违约责任的追究请求时，法院才能对契约的效力、是否存在违约行为及承担何种违约责任进行审查和处理。即使在诉讼中，在法院指导下达成的证据契约，也不能突破这一原则。

(2)追求违约责任的形式应由守约方自主选择

一方当事人违约时，守约方当事人享有选择权，可以根据自身利益衡量，要求违约方承担相应的违约责任。当前学者对违反证据契约的违约责任问题研究中，往往忽视了守约方当事人的选择权。例如，有观点认为，当因违反诉讼性质的契约造成诉讼拖延和不便利时，"法院只需依照双方约定的有关程序继续进行或者对双方约定的诉讼行为直接予以认可即可"。[1]此种观点无法周延地解决实践中遇到的问题。以实际履行为例，在测谎契约中，交款义务人未及时交纳测谎费用，导致测谎程序无法推进，在无人交费的情况下，法院也无法直接推进测谎程序，只能征询非违约方的意见，如违约方并不是被测人，非违约方又愿意替代交费，测谎程序可以继续进行。但在其他情况下，测谎契约则无法实际履行。由此可知，法院直接推动程序继续进行或对诉讼行为直接认可并不能解决所有类型的违约行为带来的履行不能问题。而且违反契约的救济方式有多种，是继续履行还是直接让违

---

〔1〕 张嘉军:《论诉讼契约的效力》，载《法学家》2010年第2期。

约方承担证明上的不利益,是否要求进行损害赔偿,这些问题都应当由非违约方来决定。法院的权限仅限于决定是否对违约行为造成的诉讼拖延进行训诫或罚款。

(3)同案处理:纠纷一次性解决及诉讼效率的必然要求

当事人之间因证据契约产生的纠纷,如该契约是诉讼前达成的,则证据契约作为诉争合同的一部分,应当在合同之诉中进行处理。如果是在诉讼中达成的证据契约,则因该契约所涉及证据与本诉具有关联性,在本诉讼中一并处理利于纠纷的解决。首先,参与契约订立过程的法官即原诉讼的承办法官,对于何方违约及违约过程天然知晓,易于违约责任的确定。其次,对于一方违约后,只需要依约推进诉讼进程的,法官可以径行推进诉讼进程。最后,对于需要弥补守约方物质损失的,法官也可以一并计算,并在原诉讼的文书中一并表述;而且违约方在违反部分证据契约时应当承担的证据法上利益减损也要通过同案解决才能实现。

四、本章小结

当事人之间达成订立证据契约的意思表示一致,民事证据契约便可成立。但契约的生效却需要满足订约主体具备民事诉讼行为能力并且是适格当事人,意思表示真实,不得违反法律规定及损害国家、社会或第三人利益,书面形式,不得附条件及附期限等五大要件。民事证据契约如果存在主体不适格和意思表示不真实的瑕疵,可以进行补正,相关补正主要采取追认的方式。违反民事证据契约,必须承担一定的法律责任,民事证据契约之违约责任也具有财产性、补偿性及惩罚性的特征。违反民事证据契约的归责原则应当确定为严格责任原则。对能够继续履行及可替代履行的违约行为,应当以继续履行为原则。无法继续履行的应当由违约方承担证明上的不利益。救济方式不包括违约金和定金。因违反证据契约的行为对诉讼程序造成拖延,耗费司法资源,法院对违约方可以进行训诫或罚款。

第五章

证据方法契约

证据方法契约是证据契约中最为常见的类型，以至于德国及我国台湾地区的学者在论述民事证据契约的概念时，常将狭义上的民事证据契约直接定义为证据方法契约。学者们在论述证据方法契约时一般会以变更证人作证方式或限制某些证人出庭作为证据方法契约的典型例子，但证据方法契约是否仅包含上述情况？是否还有其他类型？证据方法契约在实践中的应用情况如何？存在哪些问题？应当如何作出符合实践需要的证据方法契约制度设计？这些是本章要解决的重点问题。

一、证据方法契约概述

证据方法契约是当事人就证据方法相关问题达成的契约。作为静态证据契约的一种，证据方法契约是当事人通过行使处分权对证据方法进行减少、增加或者变更的表现。当事人通过契约的方式对证据方法进行约束是对证据载体的灵活变更，有利于提高诉讼效率及保护当事人或案外人合法权益，并不会影响法官的自由心证。对证据方法契约的概念和内容进行剖析，首先必须对证据方法这一概念进行准确的理解和把握。

（一）证据方法及相似概念辨析

我国台湾地区学者陈朴生认为，证据包括证据方法、证据资料、证据价值、证据原因和证据调查五方面。这里提到了证据方法及与证据方法极为相关的证据资料和证据调查。陈朴生指出，证据方法是供法院进行调查并认定事实的载体。证据方法分为人的证据方法与物的证据方法。[1]"证据方法"一词在我国大陆法学界虽未广泛使用，但现有的研究也持类似的观点："从诉讼法理上讲，所谓证据方法是指能够由法官基于五官之作用进行调查并从中获得事实认定资料的有形物。法官基于证据方法的调查结果所感知的资料，称为证据资料。"[2]由此可见，证据方法是证据概念项下的一个分支，证据由形式和内容组成，其中证据方法便是证据物质载体的形式，也是法官进行调查的对象。对证据载体进行分析可知，根据载体性质的不同，又可分为人的载体和物的载体，前者包括证人、鉴定人、专家证人、勘验人与当事人等，后者包括书证、物证和视听资料等，这些都属于证据方法的具体形式。

证据资料是指通过对证据物质载体调查所形成之资料，也可以理解为证据物质载体的内容呈现。从证据方法与证据资料的关系上看，是形式与

---

〔1〕 参见陈朴生:《刑事证据法》，台北三民书局1979年版，第71～72页。

〔2〕 占善刚:《论民事诉讼中自由心证主义的例外——兼对现行民诉法第71条之检讨》，载《法学评论》2010年第3期。

内容的关系。证据方法是证据资料的载体,证据资料是证据方法的内容,形式与内容密不可分。从本质上看,就是从不同侧面对同一证据进行剖析而得出的结论。证据调查也是诉讼程序中必不可少的一环。证据调查包含两层含义:一是形式上的调查,指的是证据的调查收集,具体又可以分为当事人调查收集证据和法院调查收集证据。二是实质上的调查,指的是证据的审查判断,是法官从证据方法中将体现案件事实的信息导出的过程。实质上的调查由法官主持,但也离不开当事人的参加,在当事人对证据进行质证之后,法官方可进行审查判断。如果说证据方法和证据资料是静态的形式和内容,那么证据调查则是动态的过程。证据调查与证据方法、证据资料三者相互联系,密不可分。证据调查的对象是证据方法,而证据调查的结果以证据资料的形式加以体现。正是由于证据调查的存在,才将证据方法与证据资料联系在一起。

(二)证据方法契约的概念和特征

证据方法契约,是指当事人协商确定限制某些证据方法在法庭调查阶段提出或以替代性方式改变既有证据方法的契约,其特点具体包括:

首先,从主体来看,订立证据方法契约的主体为双方当事人。当事人在民事诉讼中的主体地位及享有充分的处分权,才延伸出通过契约改变法定证据种类的表现形式及对类型进行扩充的权利。而且对于民事诉讼中的证据种类的规定也非强制性规定,存在当事人协商加以减少、增加或变更的空间。这点也是民事诉讼与刑事诉讼的重要区别。在刑事诉讼中,有观点认为证据种类及形式是法定的,当事人不能通过契约排除某一种证据形式,也不能将法定证据种类中不存在的某种事物约定为证据。[1]民事诉讼是当事人之间的私权纠纷,只要有利于纠纷的解决,在不影响国家、社会及第三人的利益的情况下,当事人有权对证据的载体作出变更。当然,这种权利的主

---

〔1〕 参见宋志军:《刑事证据契约论》,法律出版社2010年版,第207页。

体也仅限于当事人。

其次,从达成的时间上看,既可以在诉讼前也可以在诉讼中达成。诉讼前的证据方法契约一般以争议解决条款的形式存在于民事合同中。例如,当事人在协议中约定,如果通过诉讼的方式离婚,就不得申请某位好友作为证人。此类证据方法契约不仅具有变更证据方法的作用,还可以对当事人形成一种无形的约束,使当事人因证据方法受限而尽量减少争议的发生。诉讼中,在举证时限内,当事人也可以就证据方法相关的提出方式或者证据方法的种类进行合意。例如,双方当事人通过订立测谎契约将测谎意见作为证据方法的一种,并通过契约解决测谎具体问题。但从数量和可能性上看,此类证据方法契约的应用远不如诉前证据方法契约广泛。

再次,从内容上看,对证据方法的约束,包括限制、扩大和变更三种方式。有观点认为,证据方法契约即证据限制契约,“指当事人就限制证据的方法、证据的提出期间、证据的内容等形成的合意”。[1]笔者认为,不可否认,证据限制契约是证据法方法契约的重要种类之一。但证据方法契约不仅应当包含对证据提出方法的限制,还应当包括对证据提出方法范围的变更及扩大,比较典型的证据方法变更契约如当事人协商对证人出庭方式的变更。证据方法扩大契约,是指使原本并不属于证据方法的载体作为证据方法存在,如当事人协商通过测谎的方式确定案件事实,将测谎意见作为证据方法。因此,证据方法契约应当包括证据方法限制契约、证据法方法扩大契约与证据方法变更契约。

最后,证据方法契约的对象既包括“人”,也包括“物”。曾有文章在论述刑事证据方法契约时,将其对象限定为“人”,认为证据方法契约约束的主要是具有某种行为或特定身份、意义的人。例如,当事人通过证据方法契约变更证人作证方式及是否出庭、通过证据方法契约选定鉴定人等。[2]笔者认

---

〔1〕 牛金臣、曹志海:《民事诉讼契约化视角下的证据契约》,载《山东审判》2008 年第 2 期。

〔2〕 参见宋志军:《刑事证据契约论》,法律出版社 2010 年版,第 209 页。

为,不仅证据方法中的"人"可以作为契约的对象,与"物"有关的证据方法也可以成为契约的对象。例如,当事人可以约定书证在某种情况下以某种形式的复印件代替原件作为证据出示,当事人也可以约定以某种书证代替另外一种书证。因此,与"人"和与"物"有关的证据方法均可以作为证据方法契约指向的对象。

(三)证据方法契约的常见类型

如上文所述,与证据方法的分类相对应,证据方法契约也包括与人有关的证据方法契约和与物有关的证据方法契约。前者又具体分为证人出庭契约、鉴定人选任契约、专家证人契约等。[1]后者主要是指书证、物证的提供方式契约、鉴定契约、测谎契约。

1. 证人出庭契约及书证、物证提供方式契约

此两种契约的共同特点在于改变了证据方法的提出方式。证人出庭契约一般包括变更证人出庭的方式及限制证人出庭两种具体形式。在直接言词原则的要求下,证人应当出庭作证并接受对方当事人和法院的询问,但当事人可以通过协商变更证人作证的方式,以书面证言、语音通话或视频通话的形式代替证人出庭,以便免去证人出庭的不便及由此造成的经济及时间成本支出。这就是证人出庭方式变更契约。证人出庭制度的目的在于便于双方当事人和法官对证人进行当面质询。在科技手段不断发展的今天,视频通话的方式已不存在任何技术障碍,只要有移动通讯设备(手机、电脑),在任何有无线网络的地方,都可以轻松实现视频通话,证人在视频中签署保证书,并发表证人证言,便可以达到同当庭作证同样的效果;而这一制度因缺乏法律的明确规定,而需要当事人通过契约的方式进行授权。《美国联邦

---

[1] 关于勘验人,2015 年 2 月 4 日实施的《民事诉讼法解释》第 124 条规定了人民法院依职权进行勘验的内容,在此之前,对勘验主体并无法律规定。在我国司法实践中,勘验主体主要为法院,因此勘验契约尚无存在的必要。而作为人的证据方法之当事人,也无达成证据方法契约的可能。

民事诉讼规则》第 29 条规定了当事人可以通过书面形式约定庭外证言在何时、何地、依据何种通知、在何人参与下、以何种方式进行取证，并可以约定依此取得的庭外证言是否可以被采用。第 30 条规定当事人可以自由约定通过录音、录像或速记的方式对庭外证言加以记录。在某些情况下，双方当事人出于保护隐私或者其他因素的考虑，约定限制某些证人或者某个种类的证人出庭，前者如当事人约定在离婚案件中，双方当事人不得申请双方父母作为证人出庭作证，后者如《美国联邦民事诉讼规则》第 26 条第 1 款第 2 项规定了当事人可以约定不出示专家证言。同样，实践中当事人出于某种考虑，对书证、物证提出的方法加以限制或变更的情况也大量存在。如当事人通过合意认定产生纠纷后，某书证只能提交原件，即使与原件相一致的复印件、复制品也不具备证据能力。或者当事人在合同中约定某份具有当事人签名的复印件、复制品与原件具有同样的效力，在无法出示原件的情况下，可以代替原件作为证据提供。[1]

2. 鉴定人选任契约与鉴定契约

鉴定人选任契约，指的是当事人通过协商选定鉴定机构的契约。根据我国现有的法律规定，鉴定人选任契约表现为当事人在鉴定程序中的合意选择鉴定机构上，即我国现有的鉴定人契约为鉴定机构选定契约。《证据规定》第 26 条规定了当事人确定鉴定机构契约，《民事诉讼法》修订后，在该法的第 76 条第一次以基本法的形式确定了鉴定机构选定契约的法律地位，将当事人通过协商确定鉴定机构作为原则，由法院确定鉴定机构作为例外，之后《民事诉讼法解释》第 121 条第 2 款对此进行了解释；但这几项法律仅是赋予当事人选定鉴定机构的权利，并不包括鉴定人的选定，且对鉴定机构选定的具体程序及法律后果并没有规定。

与鉴定人选任契约不同，鉴定契约是当事人合意决定争议案件事实是

---

〔1〕 Burkhard Bastuck, Burkard Gopfert, *Admission and Presentation of Evidence in Germany*, 16 Loy. L. A. Int'l & Comp. L. J., 610, 611(1994).

否通过鉴定加以确定的契约,具体包括当事人合意进行鉴定及合意排除鉴定两种,前者是对鉴定的肯定性合意,后者为否定性合意。我国现行法律并未规定诉讼中的鉴定契约,进入诉讼程序后,鉴定程序的启动由当事人提出鉴定申请后,由法院决定。故鉴定契约的存在方式多为诉讼前当事人对鉴定方式的合意,其中肯定性合意较为常见,当事人合意进行鉴定得出的鉴定意见应当得到双方当事人的尊重。而排除鉴定的否定性合意在提高诉讼效率、节省诉讼成本方面也发挥着重要作用。例如,在张某与李某承揽合同纠纷中,张某将其在某村中房屋的建筑事项交由李某完成,后李某因张某未给付合同价款将张某诉至法院,张某提出反诉,认为房屋质量存在问题。李某认为合同履行过程中发生增项,应当进行造价鉴定,而张某主张房屋存在质量瑕疵,也应当通过鉴定予以确认。为确定案件事实,法院对上述两个鉴定予以允许。后鉴定出房屋造价为 2 万元,房屋存在瑕疵,瑕疵修理费用为 5000 元。但房屋造价鉴定的鉴定费为 8000 元,房屋质量鉴定费为 3 万元。鉴定费用远远超过当事人诉争的标的金额。此类案件不胜枚举。[1] 在此案件中,当事人在订立合同时或诉讼中可以达成鉴定排除契约,约定不得就争议事项申请鉴定,而采取邀请专家辅助人或其他更为经济的方法确定争议事实。

3. 专家咨询契约

随着社会的发展,诸多案件如医疗损害赔偿纠纷、产品质量纠纷、房屋土地纠纷等涉及专业性问题,往往需要由具有专门知识的人进行辅助才能查清案件事实。具有专门知识的人在案件审理中就专门性问题发表的意见称为专家证据。英美法系国家的诉讼制度建立在对抗制的基础之上,“当事人武器”对等的观点贯彻得较为彻底,专家证人被视为一种证据方法,由当事人自行提出。而大陆法系国家并无专家证人的说法,法官专业知识的匮

〔1〕 另案参见北京市海淀区人民法院作出的(2015)海民初字 15823 号民事判决书。

乏可以通过鉴定加以弥补。在我国,2012 年《民事诉讼法》修改后,增加了“当事人可以申请人民法院通知有专门知识的人出庭,就鉴定人作出的鉴定意见或者专业问题提出意见”。此项规定类似于专家证人制度,但因我国同时存在鉴定制度,专家出庭要达到的效果仅是对鉴定意见或专业问题提出意见,并不等同于英美法系的专家证人,因此,应当将此项制度定性为专家辅助人。专家辅助人是与英美法系意义上的专家证人及我国既存的鉴定人相独立的制度。聘请专家辅助人是当事人单方的权利,无须双方当事人达成合意。因此,我国并不存在专家辅助人契约。

我国虽无专家辅助人契约,也无专家证人契约,但审判实践中存在订立专家咨询契约的必要。在未经鉴定的案件中,或者鉴定案件中,当事人不提出通知具有专门知识的人出庭的情况下,法院获取专业知识问题的技术支持就存在障碍。例如,在傅某诉北京市某医院医疗损害赔偿纠纷中,[1]法院为查明傅某胆囊病理切片的相关专业问题,在无当事人申请具有专业知识的人出庭的情况下,邀请专家召开了论证会,并组织双方当事人参加,此举虽然有利于案件事实的查明,但该程序的启动却陷入缺乏法律依据的尴尬境地。在张某诉北京某超市有限公司产品责任纠纷一案中,[2]张某上诉认为其购买的两种产品配料表食品添加剂标注的“复合保水剂”不是国家标准中的通用名称,违反了《食品安全法》的规定,为查明“复合保水剂”的规范名称,二审承办法官前往北京市东城区质量技术监督局对涉及的专业问题进行咨询,形成咨询笔录并在再次开庭时组织双方当事人对此笔录进行质证,此程序也缺乏法律依据。当事人出于经济能力或者其他原因,不愿或者无能力申请具有专业知识的人出庭,法官通过咨询的方式可以解决专业问题困惑,但需要当事人通过达成契约的方式赋予法官进行咨询的权力。

---

〔1〕 北京市第一中级人民法院(2012)一中民终字第 9836 号民事判决书。

〔2〕 北京市第一中级人民法院(2016)京 01 民终 553 号民事判决书。

在国外,法官为调查核实证据或者案件事实进行的专业咨询是法官的法定权力。例如,《法国新民事诉讼法》第 232 条规定:“法官得委派其挑选的任何人,通过验证、咨询或鉴定,以查明应由技术人员协助才能查明的某个事实问题。”第 245 条又规定:“法官始终得提请技术人员,或以书面形式,或在开庭时,对其验证或结论加以补充,作出详细说明或解释。”〔1〕《日本民事诉讼法》第 186 条规定:“法院可以委托官厅或公署、外国的官厅或公署或者学校、工商会议所以及其他团体进行必要的调查。”〔2〕依据这些规定,当案件涉及法官并不掌握的专业领域知识时,法官可以依职权进行咨询或鉴定。在我国,通过相关立法完善是解决这一问题的良策,但在立法尚未完善的情况下,可以由当事人通过达成契约的方式,赋予法官进行咨询的权力。这种契约就是专家辅助人咨询契约。

4. 测谎契约

对于测谎契约,我国法律并无相关规定,测谎意见也非法定证据种类。虽然测谎技术本身在理论上尚存争议,但在司法实践中,测谎技术作为事实认定的手段已经被广泛应用。作为启动测谎程序的钥匙,实务中已经存在测谎契约的雏形,只是各地法院在有关此契约的订立时间、主体、违约责任等问题上看法不一,具体操作也存在诸多问题。民事测谎契约的达成符合民事诉讼中的处分原则及举证责任规则的一般原理,可以消除测谎程序可能侵犯公民基本权利的障碍,是赋予测谎技术和测谎意见应用正当性的必要条件。制定规范的测谎契约规则体系已经成为迫在眉睫的任务,完备的民事测谎契约除应具备证据契约成立和生效的一般条件外,还需要符合特殊的规制要求。对该契约的成立、生效要件及法律后果的探讨具有深刻的理论和实践意义。

---

〔1〕[法]让·文森、塞尔日·金沙尔:《法国民事诉讼法要义》(下),罗结珍译,中国法制出版社 2001 年版,第 989 页、第 996 页。

〔2〕白绿铉编译:《日本新民事诉讼法》,中国法制出版社 2000 年版,第 180 页。

鉴于本章中证据方法契约的种类较为繁杂，就各种具体类型在实践中应用的状态，制度的正当性及成立、生效要件，违反约定的法律后果等内容逐一进行分析，势必造成内容的交叉和不必要的重复，下面对各种类型的契约作一简单的说明：(1)证人出庭契约及书证、物证提供方式契约已经得到证据契约传统理论的广泛认同，并被学者认为是证据契约的典型代表，相关研究业已比较充分。(2)鉴定人选任契约是我国立法已经肯定的契约类型。我国虽未明确规定鉴定契约，但诉讼前，由当事人协商选定鉴定机构所作出的鉴定结论得到了立法的认可，也是对鉴定契约的间接肯定。(3)专家咨询契约既是证据方法契约的一种，又因其赋予法院进行咨询的权力，而可以将其归为证据能力契约，相关问题将在证据能力契约一章进行介绍。(4)测谎契约是近年来随着测谎技术的发展而新生的证据契约类型。理论界对测谎的规范程序、测谎意见的应用是否正当等问题存在争议，在笔者看来，测谎契约的应用不失为解决这些争议的一种方法。测谎契约虽然在实践中应用广泛，但理论界尚无此种规范称呼及程序设计，值得从理论和实践的角度继续深入挖掘，故本章第二节仅以测谎契约为例展开对证据方法契约的具体分析。

二、测谎契约

目前，测谎技术在我国民事审判实践中已经被广泛应用。[1]测谎意见是否可以作为证据使用，虽然在理论上存在“肯定说”“否定说”“有限采用

---

〔1〕 启动测谎的法院包括：北京西城区人民法院、北京东城区人民法院、北京海淀区人民法院、北京朝阳区人民法院、北京昌平区人民法院、北京顺义区人民法院、北京大兴区人民法院（以上法院由笔者在审判实践中梳理归纳出），此外还有上海闸北区人民法院、上海二中院、上海海事法院、苏州中院、常州新北区人民法院、南京白下区人民法院、丹东振安区人民法院、郑州管城区人民法院、厦门市思明区人民法院、青岛市北区人民法院、济南历下区人民法院、东营中院、淄博中院、徐州中院等40余家法院。参见罗飞云：《论民事诉讼中的测谎》，载《当代法学》2012年第4期。

说”等不同观点，[1]但是实践中越来越多的法院已经认可测谎意见的证据资格，且学界也普遍认为测谎程序的启动需要征得当事人的“同意”。[2]然而，当事人的“同意”是被测者单方同意还是双方当事人达成合意？合意成立和生效需要符合哪些要件？当事人违反约定将承担怎样的不利后果？对这些问题，在我国民事审判实践中各地法院看法不一，理论界也尚无专门研究。[3]作为一名民事法官，笔者在实践中对此类问题也常常困惑不解。为此，本节拟在对实践中大量案例进行分析的基础上，引入民事测谎契约的基本理论对这些问题进行初步探讨。

民事测谎契约是民事证据契约的一种，是指在民事诉讼中，各主体间达成的有关测谎意愿、测谎程序性事项及测谎意见运用等问题的协议。在测谎程序中，首先是双方当事人就同意测谎的意思表示、测谎的对象、测谎机构及人员的选定，以及测谎意见的运用等事项达成协议。此协议经法院确认后，再由被测人与测谎机构签订测谎协议，内容主要包括被测人确认同意测试、测试机构对测试程序及测试过程中权利义务的告知、测试的时间、地点、使用的设备仪器名称等内容。广义的民事测谎契约包括上述两种协议，狭义的民事测谎契约主要是指双方当事人之间签订的以测谎事项为内容的

〔1〕 虽然学术界有学者对测谎检查提出了异议，但他们也认为，测谎检查本身无所谓好与坏，关键是怎样使用。代表性文章有：何家弘：《测谎结论与证据的“有限采用规则”》，载《中国法学》2002年第2期；宋英辉：《关于测谎证据有关问题的探讨》，载《法商研究》1999年第5期；蒋石平：《测谎技术法律问题透析》，载《法学评论》2006年第1期；杨旺年：《关于测谎及其结论的争议与评析》，载《法律科学》2004年第2期；赵杰：《论测谎结论的证据适用》，载《江海学刊》2005年第4期；罗飞云：《论民事诉讼中的测谎》，载《当代法学》2012年第4期。

〔2〕 例如，汤维建教授认为只要当事人本人同意使用测谎仪，其合法性就无须怀疑。参见汤维建：《这样取得的证据是否在非法证据排除之列》，载《人民法院报》2004年2月22日，第5版。何家弘教授认为，测谎时坚持当事人自愿的原则，“有限采纳”，那么该种鉴定结论就是有效的。参见何家弘：《测谎结论可在民诉中作证据》，载《人民法院报》2007年5月17日，第5版。张卫平教授认为，如果当事人是自愿的，那么在民事诉讼中使用测谎就基本上没有合法性的障碍了。张卫平：《将测谎结论作证据应谨慎》，载《人民法院报》2007年5月17日，第5版。

〔3〕 在刑事诉讼领域，曾有学者对于测谎程序中被测试者的“同意”问题进行过探讨，但讨论范畴是刑事诉讼领域，且此“同意”仅限于被测试者单方的意思表示。参见邵劭：《论测谎程序中被测人之同意》，载《当代法学》2012年第4期。

协议。本节所指的民事测谎契约是从狭义的角度进行的理解。

（一）我国司法实践中民事测谎契约应用存在的问题

在我国审判实践中，民事测谎契约的操作并不规范。笔者以“测谎”为关键词在北京市法院审判系统中进行搜索，〔1〕共搜索到民事案件判决书109份，剔除无效及重复性案件后，〔2〕共有民事案件81件，对文书内容分析可知，司法实践中民事测谎契约的应用主要存在以下问题：

1. 民事测谎契约的表达尚待规范

实践中多以“同意”一词表达测谎契约订立的相关内容。在81个案件中，征求双方当事人意见的案件为39件，占全部案件的48.1%。双方当事人均“同意”启动测谎程序的案件为7件，占全部案件的8.6%。因一方当事人“不同意”而未启动测谎程序的有28件，占全部案件的34.6%。法院积极征询当事人的意见，但因一方当事人不同意即不启动测谎程序的做法，反映出实践中多数法院已将是否达成测谎契约作为启动测谎程序的重要考量要素，〔3〕遗憾的是，没有正式的测谎契约订立的表述，仅以简单的“同意”一词表达测谎契约订立的相关情况，契约的内容、形式、订立的程序在判决书中并无记载。此外，有23件案件的判决书上只有单方当事人对测谎程序发表意见的表述，占案件总数的28.4%。未征求对方当事人的意见，法院依职权启动测谎程序的案件有2件，占案件总数的2.5%。有17件案件对当事人的测谎申请未予以回应，占案件总数的21%（见图5-1）。这体现了实践中部分法院对测谎契约及测谎程序的忽视。

〔1〕 笔者于2016年6月20日以“测谎”为关键词在中国裁判文书网中进行搜索，共搜索到民事判决书1377份，包括一审判决书544份，二审判决书783份，再审判决书50份。其中北京市文书共15份，与笔者在北京市法院审判系统中查询到的数目相差较大，为保证数据比例的准确性，遂选取北京市法院审判系统中的案例进行数据统计，另有部分典型案例参考并引用自中国裁判文书网。

〔2〕 无效案件，是指当事人仅提到“测谎”二字，并非真正有测谎的意思表示，此类案件有4件。重复性案件是指案件有一审及二审文书，但实为一个案件，此类案件有24件。

〔3〕 参见傅胤胤、范珺莹、李业亮：《民间借贷纠纷中测谎的应用》，载《人民司法·案例》2010年第6期。

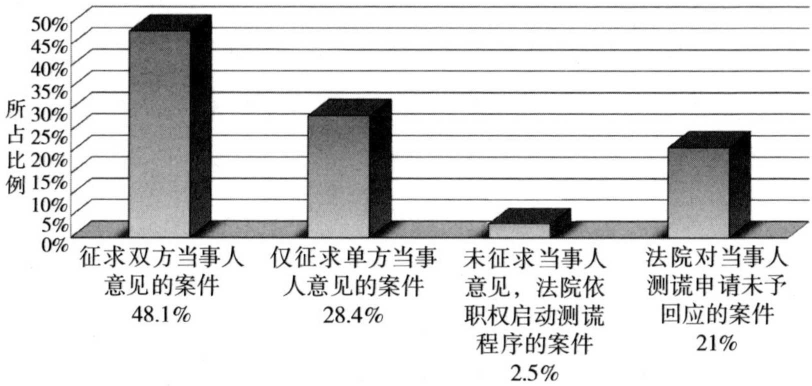

图5-1 涉及测谎的案件中,法院征求当事人“意见”的情况分布

2. 测谎契约作为测谎启动条件的普适性仍待加强

此次调研的81件案件中,启动测谎程序的案件有16件,除7件由双方当事人达成测谎契约启动测谎程序外,还存在以下几种不规范的情况:

(1)法院仅凭一方当事人申请,未征求对方当事人意见启动测谎程序。此类案件有3件,占启动案件总数的18.8%。例如,田某与田某某房屋买卖合同纠纷一案中,[1]田某某申请对田某给付房款是26万元还是12万元,以及田某给付房款时李某是否在场进行测谎,法院在未征求田某意见的情况下,根据田某某的申请委托中国人民公安大学心理测试中心进行测谎。这反映出,实践中仍有部分法院持测谎仅须征求一方当事人意见(一般为被测谎方意见)的观点。

(2)法院征求双方当事人意见,在一方当事人明确表示不同意的情况下,仍然启动测谎程序。此类案件有4件,占启动案件总数的25%,其中2件当事人对此提出上诉,但二审并未作出纠正。此种做法的理由主要是为查清案件

[1] 北京市顺义区人民法院(2008)顺民初字第7596号民事判决书。北京之外的法院也存在类似问题,如在黄某与沈某、刘某等六人房屋买卖合同纠纷一案中,因刘某未应诉,经原审法院建议,沈某对其是否交付20万元现金申请测谎。后原审法院委托司法科学技术研究所司法鉴定中心对沈某进行了测谎。参见上海市第一中级人民法院(2014)沪一中民二(民)终字第707号民事判决书,来源于中国裁判文书网。

事实,即出于对实体正义的追求而作出程序性牺牲。如石某与某建筑科技有限公司、石某某股权转让纠纷一案中,[1]石某某不同意测谎,但法院认为:"本案案情特殊,石某与石某某系父子关系,在事实真伪不明的情况下,有必要启动鉴定程序,故本院委托法大法庭科学技术鉴定研究所进行测谎鉴定。"

(3)法院在未征求当事人意见的情况下,依职权启动测谎。此类案件有2件,占启动案件总数的12.5%(见图5-2)。例如,在霍某与李某、张某道路交通事故人身损害赔偿纠纷一案中,[2]就双方争议的住院押金和已经给付现金的数额问题,在未征得双方当事人同意的情况下,法院委托法大法庭科学技术鉴定研究所进行测谎鉴定,并将测谎意见作为定案依据使用。

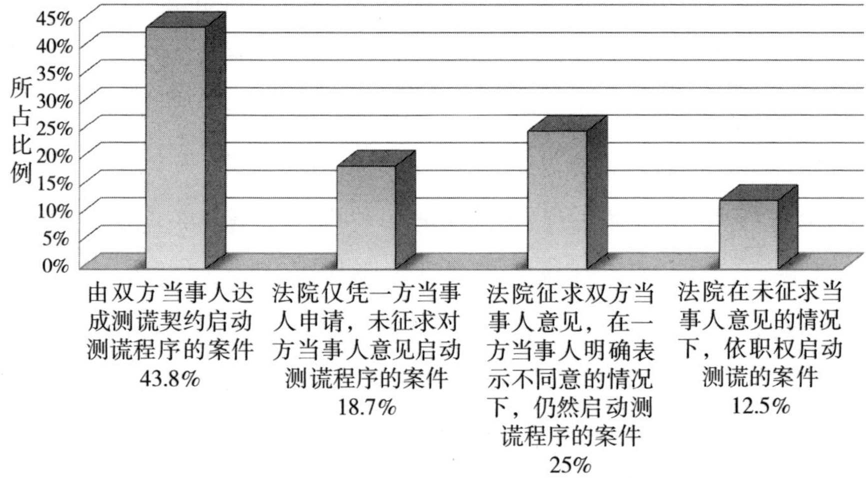

图5-2　16个启动测谎程序的案件中,当事人达成测谎契约启动测谎与其他三种不规范情况的比例情况

3.部分法院并未正确认识测谎契约在解决测谎程序及测谎意见正当性

---

〔1〕北京市昌平区人民法院(2011)昌民初字第2234号民事判决书。

〔2〕北京市顺义区人民法院(2008)顺民初字第7858号民事判决书。相似案例:在刘某与上海黄兴医院因劳动合同纠纷中,为验证刘某、路某关于劳动合同相关事实陈述的真伪,杨浦法院委托上海市公安局物证鉴定中心对刘某、路某进行心理测试。参见上海市第二中级人民法院(2015)沪二中民三(民)再字第1号民事判决书。

问题上的重要作用

实践中主要体现为:一是未赋予当事人通过契约解决测谎程序中所遇问题的决定权。有的法院因测谎鉴定机构未在法院摇号鉴定机构范围内,驳回当事人的测谎申请。如在刘某与周某民间借贷纠纷一案中,[1]周某就其是否向刘某借款15万元一事申请测谎,法院"因该份申请不属于高级人民法院入围鉴定机构鉴定范围,故本院不予接受该份申请"。由于鉴定意见并非法定证据种类,法院鉴定机构摇号系统内缺乏测谎试验相关机构也在情理之中,由双方当事人在测谎契约中自由约定鉴定机构便可解决这一问题,因鉴定机构无法摇号就驳回当事人申请的做法有失妥当。二是有的法院认为,测谎意见不具有证据属性,故驳回当事人的测谎申请。如张某与尚某、北京某都市有限公司借款合同纠纷一案中,[2]法院认为在没有法律明确规定的情况下,测谎鉴定意见不能作为定案的直接证据,故对测谎申请予以驳回。本案中,可以由双方当事人通过约定的方式赋予测谎意见一定的证据能力,但由于该法院并未有效运用测谎契约,导致测谎意见无法应用。

4. 测谎契约的达成时间限定在一审举证时限内

在此次调研的案例中,所有案件的测谎程序均存在于一审阶段,即法院普遍认为当事人测谎申请应当在一审举证时限内提出,当事人在二审中提出的测谎申请均被驳回。例如,耿某与李某民间借贷纠纷一案中,[3]二审期间,耿某向二审法院提出测谎申请,要求对借款过程相关事宜进行测谎,

---

[1] 北京市大兴区人民法院(2013)大民初字第3189号民事判决书。

[2] 北京市第一中级人民法院(2007)一中民终字第13697号民事判决书。相似案例:陈某与黄某民间借贷纠纷一案中,法院认为,测谎结论不能直接作为认定案件事实的依据,需结合其他证据才能发挥效力,故对于测谎申请不予允许。参见上海市第二中级人民法院(2014)沪二中民一(民)终字第2340号民事判决书。

[3] 北京市第二中级人民法院(2007)二中民终字第09618号民事判决书。相似案例:在林某、华某因与植某等三人民间借贷纠纷一案中,二审期间,林某等三人分别向二审法院提出测谎申请,要求对涉讼借款的合法性相关事宜进行测谎,法院认为测谎申请应在一审举证期限届满前提出,至二审再提出该申请已超出证据规则的规定,故对该申请不予采纳。参见广东省高级人民法院(2014)粤高法审监民提字第68号民事判决书,来源于中国裁判文书网。

法院认为二审提出该申请不符合证据规则中关于举证时限的规定，故对该申请不予采纳。《民事诉讼法》修改后，增加了对“逾期举证”的证据附条件予以采纳的条款，[1]根据此条款，在举证期届满后，当事人提交证据，法院可以采纳，只是视情况对当事人进行训诫或罚款。故当事人提出测谎申请及对方当事人同意的情况下，测谎契约的订立时间是否限定在一审举证期限内，值得商榷。

5. 测谎契约内容不规范导致当事人对测谎契约的拘束力缺乏正确认识

测谎契约内容不规范在实践中表现为对诸多重要问题如测谎意见的证据能力并无明确约定，导致当事人不能形成正确认识。当事人因存在侥幸心理，明确表示同意达成测谎契约，但并未意识到由此带来的法律后果。测谎意见作出后，因结果对其不利，又主张测谎机构和人员资质存在问题、测谎意见欠缺“客观公正”或法院运用测谎意见缺乏法律依据，不认可测谎意见。如在许某与严某买卖合同纠纷一案中，[2]许某与严某均同意对双方之间的交易过程及欠条等进行测谎。但当一审法院将测谎意见作为证据使用，认定许某所述不实，结合案件的其他证据，判决许某败诉后，许某提出上诉，上诉理由之一就是：“测谎鉴定仅是查明案件事实的辅助手段，不属于民事诉讼法规定的证据种类，一审法院不应当将其作为认定案件事实的证据。”这也从一个侧面反映了法院对于达成测谎契约的法律后果的释明并不充分。

6. 当事人违反测谎契约均未承担不利后果

当事人达成测谎契约后，因一方的违约行为导致测谎契约无法履行，实践中主要有以下几种情况：

---

[1] 《民事诉讼法》第65条规定：“当事人对自己提出的主张应当及时提供证据。人民法院根据当事人的主张和案件审理情况，确定当事人应当提供的证据及其期限。当事人在该期限内提供证据确有困难的，可以向人民法院申请延长期限，人民法院根据当事人的申请适当延长。当事人逾期提供证据的，人民法院应当责令其说明理由；拒不说明理由或者理由不成立的，人民法院根据不同情形可以不予采纳该证据，或者采纳该证据但予以训诫、罚款。”

[2] 山东省高级人民法院（2015）鲁商终字第41号民事判决书。

(1)约定的交费义务人未按时交费,导致测谎程序启动失败。如余某与程某等四人生命权、健康权、身体权纠纷一案中,[1]当事人达成测谎契约,约定由程某等三人交费,但测谎时程某等三人未交纳测谎费用,导致测谎程序无法启动。

(2)因当事人的特定行为导致测谎实验不具备继续进行的条件。如管某与孙某、公某等五人民间借贷纠纷一案中,[2]管某提出要求对其本人及孙某就书写借条时孙某是否在场等内容进行测谎鉴定,双方当事人均同意测谎,并选定法大法庭科学技术鉴定研究所就上述事项进行测谎。后在检测前当事人情绪激动,并产生躯体冲突,不符合测试条件,导致测谎鉴定无法进行。

(3)当事人明确表示反悔。具体又分为两种情况:一是言语性明示,如闻某与史某健康权、身体权纠纷一案中,[3]双方达成测谎契约后,闻某以其患有精神疾病和抑郁症不适宜作测谎鉴定为由,不同意进行测谎。二是用行为表示。如霍某与李某、张某道路交通事故人身损害赔偿纠纷一案中,[4]当事人达成测谎契约后,被测人李某未到达测谎现场导致测谎无法进行。

在上述案例中,双方当事人已达成测谎契约,因存在当事人违约的情况,测谎契约无法履行,法院并未对测谎程序的推进采取任何措施。而且从这几个案件的判决结果进行推理分析可知,违约方当事人并未因其违约行为而承担任何不利后果。

(二)测谎契约在民事诉讼中应用的理论基础

世界上已有50多个国家在不同程度上使用着测谎技术。[5]早在1962

---

[1] 北京市昌平区(2011)昌民初字第9668号民事判决书。
[2] 北京市通州区(2010)通民初字第2889号民事判决书。
[3] 北京市顺义区(2011)顺民初字第3301号民事判决书。
[4] 北京市顺义区(2008)顺民初字第7858号民事判决书。
[5] 参见何家弘:《测谎结论与证据的"有限采用规则"》,载《中国法学》2002年第2期。

年美国亚利桑那州诉瓦尔德斯一案中，亚利桑那州最高法院裁定认为，虽然测谎技术作为一项新兴的技术手段的应用尚待实践的检验，但该技术的准确度已经有了大幅度的提高。双方当事人在诉讼中达成了应用测谎技术的契约，一致同意在诉讼中采用测谎技术来认定事实，那么相关的测谎意见便获得了可采性。[1]“目前，测谎结果如同许多的证据标准一样，反对接纳测谎检查结果的规则也有例外，如果测谎双方签有协议，那么测谎结果不被接受的障碍就被打破。”[2]我国将测谎契约应用于司法实践也具备理论上的正当性和必要性。

1. 测谎契约在民事诉讼中应用的正当性论证

测谎契约的达成符合民事诉讼中的处分原则。意思自治是民法的基本理念，在民事诉讼中体现为当事人的处分原则，这一原则也是民事诉讼的基本原则之一。当事人在诉讼中的处分，包含对诉讼过程中实体权利及诉讼权利的处分。为了尽可能使案件符合客观真实，双方当事人自愿达成程序上的一致，通过契约的方式启动测谎程序，是当事人对其诉讼权利进行处分的正当方式。民事纠纷为私权之间的纠纷，只要当事人积极或者消极处分权利的合意不违反法律的强制性规定，未损害他人合法权益及国家、社会公共利益，均应认定为有效。现行法律对于测谎程序并未强制性禁止，当事人进行测谎的目的仅限于查清本案事实，测谎的对象往往就是案件的当事人，不存在侵害他人合法权益和社会公共利益的情况。同时，在学术界已经达成共识的是，如果一方当事人不同意测谎，法官不得据此认定对其不利的事实，这也从消极方面反映了对当事人处分权的尊重。

测谎契约符合举证责任规则的一般原理。举证责任分为主观举证责任和客观举证责任，主观举证责任是行为责任，即当事人对于自己的主张有提

〔1〕 参见黄维智：《测谎鉴定问题——从高检的批复谈起》，载《中国刑事法杂志》2004年第2期。

〔2〕 郑高键、刘国庆：《比较法视野中测谎之证据能力及省思》，载《甘肃政法学院学报》2015年第6期。

出证据加以证明的义务。客观举证责任是结果责任,是在当事人穷尽一切证明手段,待证事实仍然陷入真伪不明时,由负有举证责任的当事人承担败诉的后果。有学者认为,法官运用测谎意见作出裁判是一种逃避举证责任适用的做法,并认为即使在法律未明确分配举证责任的情况下,法官仍可以根据诚实信用原则综合当事人的举证能力分配举证责任进而作出裁判。〔1〕其实这种观点是对举证责任分配理论的误解。"法官在适用证明责任作出裁判时,应按照下列顺序分配证明责任:法律规定→司法解释→证明责任契约→法律要件分类说→利益衡量说。"〔2〕法律不可能直接对某类确认案件事实的举证责任分配规则加以确定,在制定法对举证责任分配具有局限性的情况下,应当优先运用举证责任契约进行裁判,而非适用举证责任规则。

测谎契约在域外司法实践中也存在广泛的适用。在美国,随着科学技术的进步,测谎的准确性大大提高,美国现在每年都有数以万计的公民接受测谎。〔3〕测谎前也需要订立测谎契约,只是测谎契约的内容因司法辖区的不同而存在不同,在有的司法辖区,测谎契约的内容主要包括:(1)测谎程序的开启问题。即当事人作出同意测谎的意思表示。(2)测谎结论的证据能力问题,当事人是否同意将测谎结论作为证据使用。(3)测谎实验的具体程序问题,如测谎机构、人员的选定,与待证事项相关的问题,测谎的时间、地点等。〔4〕而在一些州测谎契约的内容中,当事人并不能协商决定测谎结论是否可以作为证据使用。〔5〕大陆法系的德国和意大利认为测谎侵犯公民的人格自由,在民事诉讼中排斥一切形式的测谎,即使被测试者同意,也不能

---

〔1〕 参见吴丹红:《民事诉讼中的测谎——基于证据法角度的分析》,载《中外法学》2008年第6期。

〔2〕 陈刚:《证明责任法与实定法秩序的维护——合同法上证明责任问题研究》,载《现代法学》2001年第4期。

〔3〕 参见陈波等编著:《刑事错案探究与判解》,工商出版社1999年版,第119~120页。

〔4〕 参见邵劭:《论测谎程序中被测人之同意》,载《当代法学》2012年第4期。

〔5〕 参见[美]约翰·W.斯特龙:《麦考密克论证据》,汤维建等译,中国政法大学出版社2004年版,第412页。

将测谎结论作为证据使用。但在日本,“对于测谎鉴定之证据能力,日本最高裁判所昭和四十三年(西元一九六八年)二月八日第一小法庭判决指出,该案中所为之测谎经受测者之同意,并审酌其作成当时之情况等,认为适当,而肯定其证据能力”。[1]此案例是日本最高裁判所首次对测谎结论持肯定态度的判决,并收录于最高裁判所判例集,对日本司法实践影响深远。该案例中虽没有关于测谎契约的表述,但肯定了测谎的启动应当以受测者同意为前提条件。我国台湾地区“最高法院”对于测谎结果是否具有证据能力并没有予以否定,只是为测谎设置了比较严格的条件,其中受测人真挚的同意就是重要条件之一。[2]

2. 测谎契约在民事诉讼中应用的必要性分析

(1)测谎契约可以消除测谎程序中可能存在的侵犯公民基本权利的障碍

“测谎原理的核心在于心理刺激与生理反应的对应伴生关系,即只要有某种心理刺激,就会有相应的生理反应出现。”[3]基于此种工作原理,有观点认为,测谎程序可能侵犯到人身基本权利,如人身自由权、隐私权等。“因为测谎的原理是借由受测人不可支配、无法控制的生理反应来探知其可能不欲人知的讯息,德国法院曾认为此举侵害人格自由,后更否定其作为适格之证据方法。”[4]而在民事诉讼中,当事人通过达成契约的形式明确表示对基本权利的抛弃可以使测谎程序获得正当性。从人格自由的角度来看,如果说测试仪窥探到当事人不想为外人知晓的内容,属于对人格自由的侵犯;那么当事人通过自由意志选择,作出将内心想法公开的肯定性意思表示,也

---

〔1〕 陈宗贤:《测谎鉴定——日本最高裁判所昭和四十三年二月八日第一小法庭判决》,载《法令月刊》2008 年第 3 期。

〔2〕 参见郑高键、刘国庆:《比较法视野中测谎之证据能力及省思》,载《甘肃政法学院学报》2015 年第 6 期。

〔3〕 邹积超:《论测谎结论在民事诉讼中的运用》,载《中国司法鉴定》2004 年第 3 期。

〔4〕 林钰雄:《刑事诉讼法》(上),台北元照出版有限公司 2013 年版,第 194 页。

是人格自由的重要内容和体现，应当受到尊重。同样，对于隐私权而言，当事人通过达成测谎契约的行为，作出同意外界干预自己隐私的表示，消除了测谎可能侵犯隐私权的障碍，使测谎技术的运用具备了正当性。

(2)测谎契约可以弥补测谎技术可能存在误差的不足

测谎技术反对者最主要的理由是对该技术准确性存在质疑。“虽然有许多实证研究声称测谎结论的准确率在90%以上，甚至高达99%，但也有研究证实测谎结论的假阳性错误率是20%，假阴性错误率是15%。在具体到某个个案和受测人时，即使是1%的误差也可能导致100%的错案。”〔1〕尽管现代测谎技术准确率已经较高，但作为一项需要测试人员根据测试数据作出主观判断的技术，也难免存在误差。这种情况下，由双方当事人达成测谎契约就是弥合测谎技术缺陷的最好方法。当事人基于对测谎技术原理及准确性的了解，自愿选择该技术用于待证事实的确定，即使测谎技术存在误差的可能，但当事人自愿承受此种误差，在此基础上作出的合意应当得到尊重。就如同审判活动本身作为一种人的主观意识参与的社会活动，同样不能保证完全还原案件事实，存在错案的可能，但还是存在大量当事人通过行使程序选择权，将纠纷交给法院处理的情况。

(3)测谎契约是测谎意见的运用具备正当性的必要条件

“美国有36个州的州法院明确规定可以将测谎意见作为证据，只是在采纳时有限制性规定：要求诉讼双方必须事先签订同意测谎的协议，测试的结论对双方都有约束力。”〔2〕可见，在美国的司法实践中，双方当事人达成测谎契约是测谎意见具备证据能力的重要条件。在我国，测谎意见不属于法定的证据种类，其证据能力存在重大缺陷。而且有学者认为法院运用测谎意见缺乏正当性的一个重要原因是，运用测谎意见并不是公民的权利，而

---

〔1〕 李力：《测谎结论的误差来源及对其应用策略》，载《中国人民公安大学学报》（自然科学版）2003年第4期。

〔2〕 赵杰：《论测谎结论的证据适用》，载《江海学刊》2005年第4期。

是法院作为审判机关的权力。公权力主体，“法无明文规定即禁止”，根据我国现行法规范，测谎意见并不属于法定证据种类，法院在审判中的运用缺乏正当性。[1]这种分析存在的理论误区是将法院作为测谎程序启动和测谎意见运用的决策者，忽视了当事人对于测谎意见运用的决定权。法律规范对于公权力主体确实有进行约束的必要，但对于公民个人而言，法无明文禁止即自由。公民可以自由处分自己的权利，公民通过行使处分权达成测谎契约，并且在契约中明确表示同意测谎意见作为证据使用或者作为定案的参考依据，是当事人主动决定测谎意见的适用，而非法官要依赖测谎意见查清事实，此时测谎意见的应用应当具有正当性。

(三)测谎契约构成要件的合理规制

“因为测谎的目的是追求实体公正，但测谎作为手段或工具，因属于新的技术应用，如果没有法定的、科学的程序规则予以规制，测谎会很容易越过法律的底线。”[2]测谎契约同样需要详尽的制度设计，以便更好地保障双方当事人平等的诉讼权利。同其他民事证据契约一样，测谎契约的成立需要由当事人达成以进行测谎为目的的合意，其生效基本要件包括当事人具有民事诉讼行为能力，意思表示真实，不违反法律法规的强制性规定，不损害第三人及社会公共利益等。本书不再一一赘述，仅就测谎契约的特殊要件规制要求展开讨论。

1. 测谎契约须由双方当事人达成，法院不得作为契约主体

测谎意见的性质接近鉴定意见，但测谎程序的启动主体与鉴定程序的启动主体存在质的差别，法院不能成为测谎契约的主体。从我国《民事诉讼

---

〔1〕参见吴丹红：《民事诉讼中的测谎——基于证据法角度的分析》，载《中外法学》2008年第6期。

〔2〕潘志玉：《论测谎证据在民事诉讼中的可采性》，载《政法论丛》2012年第6期。

法》及相关司法解释的修改可以看出,[1]当事人申请是启动鉴定程序的主要途径,法院也有鉴定程序启动权。国内有学者认为测谎鉴定也应由法院启动。[2]因无明确法律规定,法院作为启动测谎主体缺乏权力来源,且测谎与公民的人身权利联系紧密,在测谎程序运行过程中,即使法院启动了测谎程序,如果缺乏被测试人的同意,程序也无法顺利进行,法院作为测谎契约订立的主体缺乏实际意义。

测谎契约必须由双方当事人达成,实践中部分法院仅征得单方当事人同意的做法有失妥当。第一,测谎比鉴定程序有更强的人身性特点,更加需要尊重人的意志。双方当事人都发表同意意见才能排除测谎程序可能涉及的侵犯公民基本权利的障碍。第二,民事诉讼中,双方当事人具有平等的诉讼地位,在法律对测谎技术的应用没有明确规定的情况下,需要双方当事人通过行使处分权的方式使测谎技术的应用具备正当性。第三,双方当事人同意才能解决测谎意见可采性的问题。法院采信测谎意见,即使是如何家弘教授认为的"有限采纳原则",也需要当事人双方的同意,仅被测试人同意即赋予测谎意见证据资格有失公允。第四,双方当事人协商利于解决测谎费用承担问题。测谎程序并非法律明确规定的程序,因测谎而产生的费用比照鉴定程序由败诉的当事人承担缺乏法律依据,此类费用的性质应当归为当事人在诉讼中为搜集证据而产生的支出,由双方当事人对费用承担自由约定最为合理。

---

[1] 对于鉴定程序的启动,根据我国1991年《民事诉讼法》第72条第1款规定,鉴定程序应当由法院启动。2007年《民事诉讼法》修改过程中,对此条文予以保留,未作修改。2002年实施的《证据规定》第25条第2款从举证责任的角度,认定鉴定程序的启动应当由当事人提出申请,如未申请,则应当承担举证不能的后果。2012年《民事诉讼法》修改后,以基本法的形式规定了当事人可以申请鉴定,并在一定程度上保留了法院启动鉴定的权力。2017年《民事诉讼法》对此部分未再作修改。从修改历程可以看出法院对鉴定启动权的让渡,更加尊重当事人的意志,当事人申请成为鉴定启动的主要途径。

[2] 参见黄维智:《测谎鉴定问题——从高检的批复谈起》,载《中国刑事法杂志》2004年第2期。

2. 意思表示真实的判断应遵循表示主义为主、兼顾意思主义的原则

意思表示真实是契约自由的核心价值体现。因人存在内在心理活动与外在行为表示的区别，意思表示又分为主观意思表示和客观意思表示，“强调主观因素者为意思主义，强调客观因素者为表示主义”。〔1〕从中古日耳曼到罗马法，都追求的是绝对的表示主义，即无论内心意思如何，只注重外在表示，即使是欺诈、胁迫达成的契约依然有效。后来随着社会和经济的发展，欧洲契约立法经历了由表示主义向意思主义的转变。现代交易中，一般倾向于表示主义为主、兼顾意思主义，如我国《合同法》第54条规定的因当事人意思表示不真实并不导致合同无效，仅使合同可变更、可撤销。在测谎契约中，也应遵循这一契约法原则，当事人订立契约时意思表示不真实，仅仅是其可变更、可撤销契约的理由，而非合同无效。

在测谎契约达成的过程中，对意思表示真实的判断也应当遵循表示主义为主、兼顾意思主义的原则。只要不存在当事人受“欺诈”、“胁迫”或“重大误解”的情况，均应当认定为意思表示真实。有学者认为当事人是因担心不同意测谎会给法官造成不利的心证影响，才勉强同意，故此“同意”并非真实意思表示。〔2〕笔者不同意此种观点。根据上述对契约中意思表示的分析，当事人如果存在发表否定性意见会对法官心证造成影响的担心，属于主观意思表示的范畴，且只是一种担心，并非因“重大误解”、“欺诈”或者“胁迫”产生，故因产生此种担心而作出的同意测谎的意思表示并非契约法上的意思表示不真实，对测谎契约的效力不会产生任何负面影响。实践中还存在一方当事人明知自己所述不符合事实真相，但为了向法官证明自己，故同意测谎，这时发表的“同意”意见并未受到勉强，而是抱有对测谎意见可能存在偏差的侥幸，也属于意思表示真实的范畴。“客观事实只有一个，隐瞒、歪

---

〔1〕 李永军：《合同法》（第3版），法律出版社2010年版，第201页。

〔2〕 吴丹红：《民事诉讼中的测谎——基于证据法角度的分析》，载《中外法学》2008年第6期。

曲事实的一方永远不会心甘情愿同意有导致败诉可能的事情发生。”[1]在审判实践中，当事人主观上不愿意参加测谎很大程度上是因为自己所述确实与客观事实不一致。[2]在此种情况下，担心对法官造成不利影响，故而勉强同意测谎只是一种借口，真实的情况是自己在诉讼中存在违反真实义务的行为。审判实践中还存在迫于测谎压力而承认案件事实的情况。如在王某与兰某民间借贷纠纷一案中，[3]被告兰某称因案件中所涉及的55万元借款原告王某并未实际给付，对此事实申请测谎，原告王某同意测谎后，向法院申请撤回起诉。王某以其撤诉的行为表明了对案件事实的认可。

法官在测谎契约订立的过程中，应当对测谎的细节性问题进行释明，打消当事人的疑虑，消除意思表示上可能存在的障碍。“在当事人对测谎的原理、测谎程序的科学性、测谎意见的可靠性以及对法官如何运用测谎意见等相关信息尚存疑问时，当事人是不可能有完全而真实的同意的。”[4]所以需要法官在测谎契约达成的过程中对测谎的原理、科学性等问题进行充分释明，告知当事人契约达成前可以自由选择同意或者不同意测谎，拒绝测谎不会影响法官心证，但契约达成后如存在违约行为则应当承担相应的责任。这种释明可以打消当事人的疑虑，尊重当事人的自由选择，防止因不了解测谎的基本问题而作出错误的意思表示。同时，告知的过程应形成详细的笔录，由当事人签字认可。在法官完成上述工作后，当事人所作出的意思表示应当推定为真实。

---

[1] 汤鸣：《民事诉讼中的测谎问题——以41个案例为样本的分析》，载《学习与探索》2010年第5期。

[2] 通过对笔者审理的大量民事案件进行分析可以发现，民事案件的当事人均属于事实的亲历者，故对于案件事实在主观认识上大多属“明知”，也即总有一方或者双方当事人对于事实刻意隐瞒，在民间借贷案件中，这种“明知”尤为明显，在其他类型的侵权案件中，也常有体现，如“南京彭宇案”“天津许云鹤案件”。

[3] 北京市通州区人民法院(2012)通民初字第12697号民事判决书。

[4] 吴丹红：《民事诉讼中的测谎——基于证据法角度的分析》，载《中外法学》2008年第6期。

3. 测谎契约所约定的测谎事项应与待证法律要件事实具有关联性

这里的关联性，是指通过测谎程序得出的测谎意见能够直接或者间接地反映出案件的基本法律事实。《美国联邦证据规则》第 401 条曾对证据的关联性这样进行描述："证据具有某种倾向，使决定某项在诉讼中待确定的争议事实的存在比没有该项证据时更有可能或者更无可能。"〔1〕测谎意见必须具有关联性才有可能作为证据进入法庭审查程序，而这种关联性在测谎契约订立时表现为契约所约定的测谎事项须与案件待证事实相关。对于当事人提出的与案件事实无关的测谎申请，法院均应予以驳回。如于某与中国中医科学院等机动车交通事故责任纠纷一案中，〔2〕法院认为当事人申请测谎的内容与案件需要查明的事实缺乏关联性，驳回当事人的申请。

同时，这里的待证事实是案件的法律要件事实。"要件事实是原告或控方提出事实主张的法律基础，并通过原告或控方的证明活动而影响裁判事实的形成机制。要件事实通过立法和法律解释可以进一步细化为一系列的构成要件。"〔3〕通过要件法律事实的查明可以证明当事人所主张的法律关系是否存在。而对于要件法律事实之外的事实，则不宜通过启动测谎程序查明。测谎程序毕竟是法律没有明确规定的程序，且与当事人的人身权利具有较强的关联性，测谎程序的启动应尽量限定在法律要件事实的查明范围内。例如，在北京某橡胶制品有限公司与王某民间借贷纠纷一案中，〔4〕橡胶制品公司在二审期间申请对王某的资金来源进行测谎，因王某的资金来源并非本案的法律要件事实，法院对橡胶制品公司的申请予以驳回。

4. 严格控制测谎契约达成的程序性要件

从性质上看，测谎契约是诉讼契约的一种，"属于诉讼行为的诉讼契约

---

〔1〕 徐昕：《英国民事诉讼与民事司法改革》，中国政法大学出版社 2002 年版，第 243 页。

〔2〕 参见北京市第一中级人民法院(2011)一中民终字第 15164 号民事判决书。

〔3〕 宋显忠、肖凯提·阿布力米提：《法律事实的实证探究》，载《法学论坛》2008 年第 2 期。

〔4〕 参见北京市第一中级人民法院(2009)一中民终字第 2451 号民事判决书。

须具备诉讼法上的要件,属于私法行为的诉讼契约须具备实体法上的要件”。[1]因不涉及实体性内容,测谎契约为诉讼性质的诉讼契约,故其生效还应当符合一定的诉讼法规定。

首先,测谎契约的达成时间应符合我国法律关于举证时限的规定。《民事诉讼法》修改后,在第65条增加了对“逾期举证”证据有条件采纳的规定,《民事诉讼法解释》第99条规定了二审当事人提供新证据的举证时限,并在第102条对《民事诉讼法》第65条进行了解释。根据这些条文规定,测谎契约的达成时间并不限于一审举证时限之内,在二审程序中,双方当事人也可达成测谎契约。非因申请人的故意或重大过失未在一审提出申请的,法院应当在认可测谎契约的同时对申请人进行训诫。申请人存在故意或重大过失的,待证事项又属于案件基本事实的,法院亦应当允许开启测谎程序,但对申请人进行训诫、罚款;待证事项不属于案件基本事实的,法院应当驳回当事人的申请。

其次,对证明同一待证事实而达成测谎契约的次数,应当以一次为原则。如在一审进行过测谎,二审就不应当重新测谎。根据《证据规定》第27条,[2]当事人可以申请重新鉴定,但对于测谎程序,因其具有较强的人身性特点,不宜多次进行。如果当事人能够对测谎程序存在违法性事由进行举证,只宜构成法官不采信测谎意见的事由,而不应当引起测谎程序的重新提起。

最后,测谎契约的内容和形式。测谎契约的基本内容应包括:(1)测谎程序的开启问题,即需要当事人作出明确的同意测谎的意思表示。(2)测谎

---

〔1〕 陈桂明:《程序理念与程序规则》,中国法制出版社1999年版,第105页。

〔2〕 《证据规定》第27条:“当事人对人民法院委托的鉴定部门作出的鉴定结论有异议申请重新鉴定,提出证据证明存在下列情形之一的,人民法院应予准许:(一)鉴定机构或者鉴定人员不具备相关的鉴定资格的;(二)鉴定程序严重违法的;(三)鉴定结论明显依据不足的;(四)经过质证认定不能作为证据使用的其他情形。对有缺陷的鉴定结论,可以通过补充鉴定、重新质证或者补充质证等方法解决的,不予重新鉴定。”

意见的证据能力问题，当事人是否同意将测谎意见作为证据使用。(3)测谎实验的具体程序问题，如测谎机构、人员的选定，与待证事项相关的问题，测谎的时间、地点、费用承担等。(4)违约责任条款。明确双方当事人在违约时应承担的违约责任。从形式上看，测谎契约应当是书面形式，并一式三份，由双方当事人各持一份，法院入卷保存一份。书面形式可以帮助当事人更加明确测谎的具体程序，同时形式的严谨也能够增强当事人对测谎契约约束力的感知。

5. 测谎契约不得附条件

在笔者调研的案例中，还发现存在附条件的“同意”。如在傅某与王某债务纠纷一案中，[1]傅某提出测谎申请，王某提出“傅某拿出50万元作为出场费方同意”，也即王某也发表了同意测谎的意见，但附加让傅某拿出50万元作为出场费的条件。如上文所述，测谎契约属于诉讼性质的诉讼契约，测谎的目的是为确定案件事实提供辅助性手段。测谎契约具有与人身联系密切之特定属性，为避免对人身权利的侵犯，保障当事人对是否进行测谎意见的自由表达，不应当允许测谎契约附加实体性条件。测谎契约也不得附加程序性条件，通过测谎的方式确定事实的重要目的之一在于免除一方当事人的举证责任，提高诉讼效率。附加不确定的事实为条件，则程序各方主体需要等到条件事实成就方可启动测谎程序。这种做法无疑会导致诉讼拖延，与订立测谎契约以求提高诉讼效率的目的背道而驰。

(四)测谎契约的约束力及违约方的法律责任

达成测谎契约是当事人的自由，法院不应因当事人拒绝达成测谎契约而形成对其不利的心证。但在契约达成后，该契约就应当具有一定的约束力，双方当事人均应按照契约内容履行相应义务，当事人违反约定需承担相应法律责任。

---

〔1〕 参见北京市朝阳区人民法院(2001)朝民初字第02179号民事判决书。

1. 测谎契约使测谎程序及结论具有正当性且不能随意推翻

双方当事人达成测谎契约，产生的最重要的法律后果就是使测谎程序和测谎意见具有正当性。在实践中，不乏当事人对测谎存在侥幸心理，测谎前双方当事人达成测谎契约，但测谎结论作出后，对其不利的一方当事人又主张测谎结论欠缺"客观公正"或法院运用测谎结论缺乏法律依据，继而不认可测谎结论。美国加利福尼亚州上诉法院在1948年豪泽案的裁决书中指出："法庭很难作出这样的裁定，即仅因为测谎意见表明被告说谎就支持被告该测谎证据不该采纳的上诉请求。"〔1〕我国测谎制度的构建也应当存在相关设计。

首先，针对测谎机构和人员的资质问题提出的抗辩不应得到支持。因测谎机关是由双方当事人选定，测谎人员亦可由双方当事人在协议中明确约定，当事人对通过自己意愿表达选定的机构和人员资质进行质疑违反了契约内容，故对于测谎机关和人员的资质的抗辩应当予以驳回。如在冯某与李某民间借贷纠纷一案中，〔2〕经双方一致同意，原审法院委托南京东南司法鉴定中心对李某申请事项进行了多道心理、生理测试。后冯某认为测谎机构及人员存在资质问题、测谎报告不规范，测谎报告未附测谎人员资格证书及测谎机构的业务登记范围，故对测谎意见的真实性有异议。在本案中，法院应当对冯某的异议予以驳回。

其次，针对测谎技术本身提出质疑，不认可其真实性的主张不应当得到支持。"美国学者进行的一项对1909起真实测谎案例的调查表明，检测结果认定被测人说真话的结论的准确率为97%，认定被测人说谎话的结论的准确率为98%。"〔3〕不可否认，测谎技术虽准确率较高，但也不能保证绝对无误。其实，即使法律明确规定的鉴定程序也不能保证其结论100%准确。

---

〔1〕 黄维智：《测谎鉴定问题——从高检的批复谈起》，载《中国刑事法杂志》2004年第2期。

〔2〕 参见江苏省苏州市中级人民法院(2014)苏中民终字第1568号民事判决书。

〔3〕 黄维智：《测谎鉴定问题——从高检的批复谈起》，载《中国刑事法杂志》2004年第2期。

当事人同意测谎，是双方公平选择的结果，契约的达成是建立在对测谎技术有充分了解的基础之上，代表了当事人对测谎技术本身的认可，不能随意推翻。

最后，当事人不得以测谎意见非法律规定的证据种类为由，反对测谎意见在案件事实认定中的合理适用。双方当事人签订测谎契约的目的不仅在于启动测谎程序，更在于在法无明文规定的情况下，赋予测谎意见在事实认定中适用的正当性。法无明确禁止的情况下，当事人的此种处分行为是合法有效，并应受到法律保护的。因测谎意见与己有利便认可，与己不利就不认可其证据能力，也与诉讼公平原则相悖。

2. 违反测谎契约的一方应承担相应的违约责任

针对本书第一部分所述的三种违约行为，违约方应当承担违约责任，这是契约法的基本要求。下面结合具体案例对测谎契约的相关违约责任进行说明：在张某与梁某民间借贷纠纷中，张某主张梁某向其借款 10 万元，时间是 2015 年 10 月 3 日，地点是北京市海淀区某茶楼，给付方式是现金给付。张某能够提供的主要证据为梁某亲笔出具的欠条。梁某认可欠条的真实性，但认为因两人是男女朋友关系，因感情纠葛才给张某写的欠条，10 万元并未实际给付。张某无法提供其他证据对金钱给付过程加以证明，遂申请测谎，梁某同意测谎。后测谎开始前，梁某反悔，拒绝测谎。因梁某后续行为的不同，其违约责任的承担分为以下两种：

(1)能够继续履行的，应以履行为原则，并对违约方进行训诫或罚款

依我国《合同法》之规定，违约责任的承担方式有：继续履行、支付违约金、赔偿损失、定金罚则等。因测谎契约属于诉讼性质的契约，其内容主要涉及测谎技术的运用及测谎意见的采信等程序性问题，违约并不会造成直接物质性损失。故与实体法上的违约责任承担并不完全相同，支付违约金、赔偿损失及定金罚则等物质性赔偿均不适用。

对于可以通过继续履行进行补救的违约行为，应以继续履行为原则。

违约会造成诉讼程序的迟延,对此,守约方可申请法院尽快依照约定组织测谎程序。如梁某是测谎费用交费义务人,用拒绝交费的形式表明其拒绝测谎的态度,为了积极推进测谎程序,也可由守约方预交费用,最后由法院判令违约方为最终费用承担主体。在被测人为非违约方的情况下,如双方约定被测人仅为张某的情况下,法院可依据测谎契约径行组织张某进行测谎。但在被测人为梁某的情况下,法官应当及时向其释明可能承担的违约责任,积极引导其履行契约义务。上述案例中,经法官释明,如梁某为了避免承担违约责任,同意继续测谎,法官应当及时组织测谎程序,但也应当对梁某进行适当的训诫,在违约情节严重的情况下,可以对梁某进行罚款。

(2)在因违约方的根本违约造成测谎协议履行不能的情况下,发生待证事项的举证责任由违约方承担的不利后果

测谎契约存在与一般的诉讼行为性质的诉讼契约不同的特点。对于一般的诉讼契约,如双方当事人达成的管辖契约,一方当事人向协议约定之外的法院提起诉讼,只要有另外一方当事人提起管辖权异议,法院就可以对双方当事人约定予以认可从而驳回起诉。测谎契约的人身依附性较强,在被测人违约,在经法院释明后仍拒不履行协议时,法院无法依职权继续组织测谎程序的进行。“违反证据契约最好的惩罚是让违约方因此失去相应的证明利益而使得相对方获得相对的证明利益。”[1]因违反测谎契约,直接作出对违约者不利的事实认定与民事诉讼追求案件真实的目的相悖。而举证责任转移恰好是一个适当的缓冲。虽然按照举证责任分配的一般理论,在不存在举证责任契约时,应当按照法律要件分类说分配举证责任。但当达成测谎契约后,一方当事人违约,可以阻却法律要件分类说的适用,法院应当将举证责任分配给违约方。

由违约方承担主观举证责任意味着其必须对所主张事实提供证据加以

---

〔1〕 宋志军:《刑事证据契约论》,法律出版社2010年版,第159页。

证明;由违约方承担客观举证责任意味着如果其无法提供证据,则承担举证不能的不利后果。上述案件中,按照举证责任的一般原则,张某主张梁某欠钱,应当提供欠条并对款项交付过程进行证明,如果不能证明则应当由张某承担败诉的后果。但在双方达成测谎契约后,梁某违反测谎契约导致测谎无法进行的情况下,法官应当将举证责任转移给梁某,要求梁某对金钱给付过程进行举证。比如,梁某可以提供证人证言或调取茶楼的监控录像,证明当天只是写下欠条,张某并未给付款项,张某所述不实。如梁某举证不能,则应当判令其偿还张某借款 10 万元。

三、本章小结

证据方法是法官进行法庭调查的对象,是证据的物质载体。在当事人主义诉讼模式下,由当事人负责证据搜集及提交,当事人有权决定证据提交的方式方法。证据方法契约,是指当事人协商确定限制某些证据方法在法庭调查阶段提出或以替代性方式改变既有证据方法的契约,包括书证与物证的提供方式契约、证人出庭契约、专家证人契约、鉴定契约、鉴定人选任契约、测谎契约等。证据方法契约可以为举证方式提供便利,是法律无明文规定的证据方法加以适用的正当性条件,即使是限制性证据契约也是当事人行使处分权的表现,应当得到尊重。

第六章

举证责任分配契约

"当事人主义诉讼体制在我国代表着诉讼制度发展的基本走势和发展规律,证据契约这一理论课题因此也有旺盛的生命力。"〔1〕作为证据契约的一种,举证责任分配契约逐渐得到关注。〔2〕遗憾的是,理论界对于举证责任分配契约在实务中的具体表现形式缺乏探讨,对部分理论问题也未作出深入回答。"实务中已经存在当事人在合同中约定证明责任分配的情形,只是没有作为一种有意识的契约行为来考虑。"〔3〕那么实践中,举证责任分配契约以何种形式存在?其存在的理论基础何在?对于诉讼前当事人达成的举证责任分配契约,法院如何审查处理?在诉讼中,当事人又该如何达成举证责任分配契约?本章拟结合典型案例对这些问题作出初步回答。

〔1〕 汤维建:《论民事证据契约》,载《政法论坛》2006 年第 4 期。

〔2〕 例如,陈刚教授认为:"法官在适用证明责任作出裁判时,应按照下列顺序分配证明责任:法律规定—司法解释—证明责任契约—法律要件分类说—利益衡量说。"在举证责任分配的顺位中,将举证责任分配契约排在法律要件分类说之前,参见陈刚:《证明责任法与实定法秩序的维护——合同法上证明责任问题研究》,载《现代法学》2001 年第 4 期。张卫平教授提出应当允许当事人根据本案的具体情况约定举证责任的承担,参见张卫平:《论民事诉讼的契约化——完善我国民事诉讼法的基本作业》,载《中国法学》2004 年第 3 期。另有文章对举证责任契约进行了专门的探讨,参见胡忠惠:《证明责任分配契约探讨》,载《法学论坛》2008 年第 1 期。

〔3〕 张卫平:《〈民事诉讼法〉的修改与程序正义的提升》(下),载《中国司法》2006 年第 2 期。

一、举证责任分配契约的概念、特征和类型

举证责任是一个“两栖”问题，既包含实体法内容，也包含程序法内容，在当事人之间分配举证责任，是民事实体法与民事程序法在诉讼中的适用问题。〔1〕理论界关于民事举证责任分配契约的研究多将该契约限定于合同中的举证责任分配条款，“从国外的情况来看，当事人协议分配证明责任的情形一般发生在合同案件的场合”，〔2〕对民事举证责任分配契约缺乏类型化分析。而对举证责任分配契约种类和特点的认识不足又直接影响对其定义的准确性，因此，有必要重新厘清对举证责任分配契约的概念、特征和种类的认识。

（一）举证责任分配契约的概念和特征

德国学者鲍姆巴赫认为，举证责任分配契约系指依该证据契约将使某当事人于事实不明时负担其不利益者。〔3〕我国台湾地区学者持同样观点，“所谓举证责任契约，乃指以举证责任为契约之内容者，其乃为解决某待证事实呈现事态不明情况时之法律适用问题，即事态不明之不利益归属问题”。〔4〕上述观点将举证责任分配契约的范围限定于客观举证责任分配的范围。德国学者罗森贝克则从更加概括的角度对举证责任分配契约进行了定义，他认为举证责任分配契约系指当事人以法律行为规定举证责任之分配，〔5〕并未特别指明是对客观举证责任的分配，还是对主观举证责任的分配，抑或是两者兼有之。我国大陆也有文章从类似角度进行定义：“证明责任契约，即当事人在诉前或诉中达成的关于如何分配证明责任的合意，与举

---

〔1〕参见李浩：《民事举证责任分配的法哲学思考》，载《政法论坛》1996 年第 1 期。

〔2〕张卫平：《论民事诉讼的契约化——完善我国民事诉讼法的基本作业》，载《中国法学》2004 年第 3 期。

〔3〕参见姜世明：《新民事证据法论》，厦门大学出版社 2017 年版，第 84 页。

〔4〕姜世明：《民事诉讼法》（下册），台北新学林出版股份有限公司 2014 年版，第 49 页。

〔5〕参见姜世明：《新民事证据法论》，厦门大学出版社 2017 年版，第 82 页。

证契约、质证契约、认证契约同属于动态诉讼契约。"[1]上述对于举证责任分配契约的概念描述并未涵盖举证责任分配契约的全部特点，缺乏准确性。实践中，举证责任分配契约呈现出以下特点：

首先，达成契约的主体为当事人，法院不能成为契约的主体。当事人是举证责任分配契约的主体，在理论上不存在争议。有观点认为法院是民事证据契约的主体之一，法院对契约进行确认后，也要受到证据契约的约束，并认为如果契约仅对当事人有约束力，无法解释契约为何产生诉讼法上的效果。[2]笔者认为，法院不能成为订立举证责任分配契约的主体，即使在当事人合意申请法院调取证据的契约中，当事人通过约定转换了取证的主体，法院承担了行为意义上的举证责任。但法院仅是因为同意了当事人的申请而成为履约行为主体，并非契约订立的主体，如果取证不能，法院并不因此而承担客观意义上的举证责任。

其次，合意的内容是举证责任分配，既包括对主观举证责任分配的合意，也包括对客观举证责任分配的合意。罗森贝克等学者在对举证责任分配契约进行定义时对此项内容未予明确。鲍姆巴赫等学者认为举证责任分配契约仅指当事人对客观举证责任的约定，这种理解具有片面性。举证责任分配契约可以同时包括主客观举证责任，实践中当事人也多半如此作出约定。另外，当事人对主客观举证责任分配的约定是可以分离的，存在当事人只约定主观举证责任分配的情况，如当事人约定由法院调取某项证据。"依据通说，一般只有在以辩论原则为基础的程序中才存在主观证明责任，而在法官职权探知主义原则主导的领域则不存在。"[3]这一观点，也说明了主客观证明责任的可分割性，印证了仅对主观证明责任进行约定的合理性。

再次，契约的内容不能违背现行法律规定，对现行法规定的重复性约定

---

〔1〕 陈浩：《再论民事诉讼证明责任的转移》，载《政法论丛》2011 年第 4 期。

〔2〕 参见许建添：《证据契约初探》，载《证据学论坛》2007 年第 1 期。

〔3〕 [德]汉斯·普维庭：《现代证明责任问题》，吴越译，法律出版社 2006 年版，第 36 页。

不属于举证责任分配契约。“立法并没有规定举证责任分配的证据契约，但举证责任的分配完全是当事人之间诉讼负担的比例性负担，当事人完全有权利对其进行符合其基本判断的约定，这种约定是符合其实体权益和程序权益的目标追求的，法院一般没有干预的必要。”〔1〕虽然举证责任契约是现行立法之外的证据契约形式，但也不得违背法律规定。有学者认为举证责任分配契约主要是指双方当事人在举证责任分配方面达成的与法律规定不一致的合意。〔2〕这里用的“不一致”描述并不准确，举证责任分配契约不能与现行法律相抵触。对于已经由实体法或程序法明文作出规定的举证责任规范属于法定的举证责任规范，其不属于当事人可以自由处分的范畴，不能订立举证责任分配契约。这也是法的强制性和安定性的要求。需要注意的是，对法律的重复性约定不属于举证责任分配契约。如保险事故发生后，被保险人提供材料的约定属于对《保险法》关于举证责任分配规定的确认，不属于真正意义上的举证责任分配契约。

最后，契约的达成时间既包括诉讼前，也包括诉讼过程中。学界研究举证责任分配契约的主流观点认为，举证责任分配契约应当达成于诉讼之前，甚至仅限定于纠纷发生之前，〔3〕江伟教授主编的《中国证据法草案（建议稿）及立法理由书》一书“证明负担分配”一节中写道，“当事人可以在纠纷发生前，以书面形式订立证据契约”，并指出证据契约可以对“某一特定事实由何方当事人承担证明责任”。〔4〕毕玉谦教授认为举证责任分配契约只能达

〔1〕　汤维建：《论民事证据契约》，载《政法论坛》2006年第4期。

〔2〕　证明责任分配的规则一般能够体现实体正义和程序正义的结合，但我们也应当允许当事人双方根据本案的具体情况约定证明责任的负担，也就是说，当事人双方的约定可以改变关于证明责任分配的已有规则，与规则的分配有所不同。参见张卫平：《论民事诉讼的契约化——完善我国民事诉讼法的基本作业》，载《中国法学》2004年第3期。

〔3〕　参见胡忠惠：《证明责任分配契约探讨》，载《法学论坛》2008年第1期。

〔4〕　江伟主编：《中国证据法草案（建议稿）及立法理由书》，中国人民大学出版社2004年版，第18页。

成于诉讼之前。[1]这些皆是对举证责任分配契约的误解。当事人申请法院调取证据契约和测谎契约就是典型的诉讼中举证责任分配契约的存在形式。当然,诉讼结束后,没有举证责任分配契约存在的必要。

综上所述,举证责任分配契约是指在诉讼前或者诉讼中,当事人对如何分配主观举证责任和客观举证责任达成的对现行法律的补充性合意。从更广义的角度,姜世明教授认为,举证责任分配契约包括自认契约与推定契约。[2]自认和推定是间接影响举证责任分配的因素,故举证责任分配契约包含这两部分内容并无不妥,但为了使研究更具有针对性,本书仅讨论狭义上的举证责任分配契约。

(二)举证责任分配契约的类型

对民事举证责任分配契约的类型化讨论可以加深对该制度的认识,便于今后立法和司法部门的理解和适用,具体分析如下:

首先,按照达成时间的不同,可以分为诉前举证责任分配契约和诉中举证责任分配契约。此两种契约存在的纠纷种类有所不同。诉前举证责任分配契约是诉讼前双方当事人对举证责任分配的约定,表现形式如本书第一部分案例一所述,契约作为民事合同的一部分而存在,在侵权纠纷、无因管理、不当得利等案件中,因与事实行为存在直接关联,无法在纠纷发生前就举证责任分配问题达成合意。诉讼中的举证责任分配契约也大量存在,主要是指申请法院调查取证契约、测谎契约等,此类举证责任分配契约对纠纷的种类并无特别限制,各种债权纠纷及物权纠纷中均可达成。

其次,按照性质的不同,可以分为肯定性举证责任分配契约和否定性举证责任分配契约。肯定性的举证责任分配契约是当事人从肯定性的角度对于举证责任如何在当事人之间如何分配达成的合意。民事合同中的举证责任分配条款多具备肯定性内容。否定性的举证责任分配契约是指排除举证

[1] 参见毕玉谦:《民事证明责任研究》,法律出版社2007年版,第277页。
[2] 参见姜世明:《新民事证据法论》,厦门大学出版社2017年版,第86页。

责任适用的契约,如在案件审理过程中,出现某事实真伪不明的情况,法官本应按照举证责任规则,判令承担举证责任一方当事人败诉。但此时,双方当事人达成测谎契约,合意通过测谎的形式查明事实,排除了举证责任规则的适用。

最后,按照内容的不同,可以分为完全举证责任分配契约与不完全举证责任分配契约。完全的举证责任分配契约是指对主客观举证责任均进行约定的契约。笔者认为,约定了客观举证责任就隐含了对主观举证责任的约定,而只约定主观举证责任,并不能影响客观举证责任的分配。不完全举证责任分配契约主要是指仅约定客观举证责任,即行为责任的契约。如在当事人申请法院调取证据契约中,双方当事人仅通过约定确定了提取证据的主体由一方当事人转变为法院,此种契约并不能免除当事人的主观举证责任。而主观举证责任是结果责任,必然与一定的客观举证责任相关联,并不能单独通过契约的形式加以处分。

二、举证责任分配契约在实践中的表现形式

(一)理论界对举证责任分配契约表现形式的典型误解

以往的文章在论证举证责任分配契约的表现形式时皆以保险合同中关于申请人提供理赔材料为例进行说明。“在我们的社会生活中也存在着大量的证据契约或证明责任契约,如保险合同中有关申请理赔条件的规定等。具体言之,申请人身伤害保险的理赔时,申请人必须提供事前在保险合同中约定的有关文件,如果申请人提供的相关文件在诉讼中处于真伪不明,法院则应当按照保险合同的约定,让申请人承担证明责任。”[1]笔者认为,保险合同中的此类约定并不皆属于举证责任分配契约的范畴。我国《保险法》对

---

〔1〕 陈刚:《证明责任法与实定法秩序的维护——合同法上证明责任问题研究》,载《现代法学》2001年第4期。

此类问题有着明确规定,[1]如果当事人的约定与《保险法》规定一致,属于对于法定举证责任分配的一种确认,并非独立的举证责任分配契约,下面试举一例进行说明:

王某与保险公司达成保险合同,为其所有的小轿车投保了商业险。[2]双方在保险合同中约定被保险人在索赔时,除了按照《保险法》第22条的规定提供有关资料外,还应当提供公安机关出具的事故证明,但对不能提供该证明的后果并未约定。合同生效期间,王某向保险公司报案,称其驾驶车辆在高速公路行驶时碰擦了道路护栏,在拍下几张事故照片后离开现场。后王某根据保险公司的要求拨打电话报警。交警因王某曾离开过现场,拒绝出具事故认定书。王某向保险公司索赔修车损失未果后,向法院提起诉讼。诉讼中,王某提供的证据为三张照片及车辆维修票据。一审法院认为王某未依约提供证明事故原因的交通事故认定书,驳回了其诉讼请求。后王某提出上诉,二审法院认为:王某事故后及时告知了保险公司,对事故现场进行拍照并向公安部门报案,虽未能提供公安部门出具的事故证明,但合同中对被保险人未能提供此证明的后果未作规定,故改判撤销一审判决,支持了王某的全部诉讼请求。

本案中,王某不能提供公安机关出具的事故证明,未完成合同约定的举证责任,但一审法院和二审法院对于此条款是否包括客观举证责任的认定存在分歧。深入分析可以发现,分歧的根本原因在于是否将王某与保险公司关于提供公安机关出具的责任认定书作为举证责任分配契约来对待。一审认为此约定是对法律规定的重复性约定,即使没有明确客观举证责任,根

---

〔1〕《保险法》第22条第1款规定:"保险事故发生后,按照保险合同请求保险人赔偿或者给付保险金时,投保人、被保险人或者受益人应当向保险人提供其所能提供的与确认保险事故的性质、原因、损失程度等有关的证明和资料。"

〔2〕王某与中国大地财产保险股份有限公司苏州中心支公司(以下简称大地公司)保险合同纠纷一案,出自《北大法宝》的《司法案例数据库》,载 http://pkulaw.cn/case/,最后访问日期:2016年6月25日。

据法律规定也应当由王某承担客观举证责任；而二审法院认为这是独立的举证责任分配契约，应当明确约定主客观举证责任，本案未明确约定客观举证责任，所以王某不需要承担举证不能的不利后果。笔者赞同一审法院的处理结果，王某与保险公司约定提供公安机关的事故认定书其实就是对理赔需要提供事故原因资料的细化约定，属于对《保险法》相关规定的重复性约定，不属于举证责任分配契约的范畴。而《保险法》对于被保险人理赔时提供证据的规定，内容包含主观和客观举证责任，并不能如二审法院判决中只认定为主观举证责任。

（二）举证责任分配契约在实践中的正确表现

举证责任分配契约在实践中以何种形式存在？笔者通过自身审判经验的积累和对大量的案例分析，发现主要有三种。

1. 案例一：合同中的举证责任分配条款——诉前举证责任分配契约

民事合同中对于举证责任分配的约定属于合同的一部分，是双方当事人在友好关系的基础上，结合举证的难易程度和便利性对举证责任分配的约定，其内容既包括主观举证责任，也包括客观举证责任。此类约定利于纠纷的避免和纠纷产生后事实的合理认定。在某物业公司与费某物业服务合同纠纷一案中，[1]一审期间，费某以物业公司未对其进行书面催交，超过诉讼时效为由进行抗辩。[2]为证明其催交行为，物业公司提交了催交通知打印件，但一审法院以打印件无法确认催交事实为由判决物业公司败诉。二审中，物业公司又提交了交费通知单的照片和催交通话录音详单，但费某对真实性并不认可，法院的认证意见是："物业公司未能就照片拍摄时间提供

---

〔1〕 参见北京市第一中级人民法院（2012）一中民终字第12320号民事判决书。

〔2〕《最高人民法院关于审理物业服务纠纷案件具体应用法律若干问题的解释》第6条规定："经书面催交，业主无正当理由拒绝交纳或者在催告的合理期限内仍未交纳物业费，物业服务企业请求业主支付物业费的，人民法院应予支持。物业服务企业已经按照合同约定以及相关规定提供服务，业主仅以未享受或者无需接受相关物业服务为抗辩理由的，人民法院不予支持。"物业费收取的前提之一是物业公司需对物业费进行书面催交，物业公司对进行催交的事实负有举证责任。

充分证据,证明其是在两年诉讼时效内拍摄的,费某对此证据的真实性明确否认,本院对其真实性亦无法确认。"最终判决物业公司败诉。

物业服务纠纷案件中,未收到催交通知是最常见的抗辩理由。在此类合同中引入举证责任分配契约,是解决物业服务企业对催交行为证明尴尬的良策。上述案例中,物业公司在与业主签订物业服务合同时,可以在合同中对于物业费书面催交的方式作出明确约定,如在业主负担邮费的情况下,由物业公司通过邮寄方式送达催交通知,通知合同约定地址寄出视为完成催交。业主不愿承担邮费的情况下,物业公司在小区公示栏中张贴催交通知并进行显示时间的拍照,视为完成催交。物业公司完成上述工作后,对未催交事实的举证责任转移给业主。普通的买卖合同中也存在举证责任契约适用的空间,如双方当事人约定货物通过邮寄方式送达,发货方只要提交按照约定发货的证据,未按照合同时间收到货物的举证责任就由收货方承担。

2. 案例二:申请法院调取证据契约——诉讼中的主观举证责任分配契约

当事人的纠纷进入诉讼程序后,客观举证责任无论是由法律直接规定,还是由当事人诉讼前合同中约定,均具有不变性,但主观举证责任(行为意义上的举证责任)存在因当事人约定而转移的情况。如曹某诉黄某合同纠纷中,[1]就曹某签订合同时是否受到胁迫,双方当事人存在争议。该合同签订处有监控摄像头,调取监控录像并提供给法庭,应由该案件原告曹某来完成,并不属于当事人可以申请法院调取证据的范围。但该案件中,被告黄某认为,曹某调取监控录像存在修改剪辑的可能,而法院调取录像具有客观性。曹某也认为其以个人名义调取录像存在难度,同意法院调取。法院查明案件事实,也认为应当调取录像,但因不属于法院调取证据的范围,由法院直接调取存在障碍。后曹某与黄某达成契约,约定由法院调取该录像。

〔1〕 为了讨论的便利,根据北京市海淀区人民法院(2014)海民初字第12303号民事判决书略加改编。

在民事案件审理过程中,此种案例不胜枚举,只是当事人之间如何达成此种证据契约尚待立法规范。

根据我国《民事诉讼法》第64条的规定,法官调查取证仅出现在两种情况中:一是当事人及其代理人因客观原因无法自行收集证据,向法院提出申请。二是人民法院认为审理案件确有需要自行收集。对于何为"客观原因"及何为"需要",司法解释又分别作了非常具体的规定。[1]按照这些规定,当事人申请法院调取证据的权利限定在一定的范围之内,对于本应由当事人自行调取的证据,属于当事人的主观举证责任范畴;但双方当事人通过协商一致,共同申请法院调取的情况下,法院如同意调取,则调取此证据的责任主体就由一方当事人转为法院,即是主观举证责任转移的一种表现形式,此类契约就是主观举证责任分配契约。

3.案例三:测谎契约——诉讼中的举证责任免除契约

在张某与梁某民间借贷纠纷一案中,[2]张某向法院提交借条一张,用以证明梁某向其借款的事实,同时认为款项已经以现金方式交付梁某。为查明借款事实是否存在,法院在征得双方当事人同意的情况下,组织双方当事人进行测谎。测试前,张某拒绝进行测试。2010年5月25日法大法庭科学技术鉴定研究所对梁某进行了测试,并出具测谎结论:倾向于梁某在2007年3月末向张某借过50万元钱。法院依据生活经验及本案中测谎结论驳回了张某的诉讼请求,张某不服提出上诉,二审法院维持了一审判决。在这个案例中,当事人通过订立测谎契约,同意法院依据测谎结论进行事实认定。

双方订立测谎契约,约定本应当由法官适用举证责任裁判的案件,通过测谎的方式确认案件中真伪不明的事实。有学者认为,法官运用测谎意见作出裁判是一种逃避举证责任适用的做法,并认为即使在法律未明确分配

---

〔1〕相关法条:在2015年2月4日之前,《证据规定》第15条、第17条对此问题进行了解释。2015年2月4日《民事诉讼法解释》实施后,相关规定为该解释的第94条、第96条。

〔2〕参见北京市第二中级人民法院(2010)二中民终字第3944号民事判决书。

举证责任的情况下,法官仍可以根据诚实信用原则综合当事人的举证能力分配举证责任进而作出裁判。[1]其实这种观点是对举证责任分配理论的误解。法律不可能涵盖生活中的所有模型,在制定法对举证责任分配具有局限性的情况下,应当优先运用举证责任分配契约进行裁判,而非适用举证责任规则。这不仅是尊重当事人处分权的表现,同时也便于矛盾的充分化解。当事人达成的测谎契约是举证责任分配契约的一种。通过契约的方式阻断了举证责任规则的适用,引入测谎意见的运用,是双方当事人对举证责任分配的合法处分,从本质上看,属于否定性举证责任分配契约。

三、举证责任分配契约的优势

审判实践中,民事纠纷多种多样,各种具体类型纠纷所对应的举证责任分配规范不可避免地存在不规范、不明确或者缺失的情况。在待证事实真伪不明的情况下,适用举证责任分配规则对事实进行认定一向是诉讼进行中法官需要解决的一大难题,而且举证责任分配的结果极易引发当事人的不满,影响程序安定。与传统举证责任规范和规则相比,举证责任分配契约具备如下优点:

(一)可以突破制定法对举证责任分配的局限性

德国诉讼法学家汉斯·普维庭指出,"客观证明责任不过是实体法上的风险分配。因为立法者已经预先对损害的风险和责任风险的承担和免除做出了分配,也对真伪不明情况下的风险做出了分配"。[2]"将这种不利益的诉讼后果分配给一方当事人承担的理由,应是由立法者在实体法中预先规定的。"[3]我国现行法关于举证责任的实体法条文散见于《民法总则》《合

---

〔1〕 吴丹红:《民事诉讼中的测谎——基于证据法角度的分析》,载《中外法学》2008年第6期。
〔2〕 [德]汉斯·普维庭:《现代证明责任问题》,吴越译,法律出版社2000年版,第30页。
〔3〕 韩艳:《我国民事证明责任分配规则之正本清源——以"规范说"为理论基础》,载《政治与法律》2014年第1期。

同法》等法律法规之中,但实体法条文不可能涵盖所有类型的社会纠纷。为了解决实体法的漏洞,程序法对举证责任作出了原则性规定。[1]从这些规定可以看出立法者对举证责任分配相关法律完善的不懈努力,但法律不可避免地存在漏洞,仅凭这些条文远远无法满足审判实践中千变万化事实的需要。即使《证据规定》已经按照纠纷种类对举证责任的适用作出规范,但其他种类的纠纷仍需要法官结合实体法规范及当事人主张作出举证责任分配的推断,此时实体法关于举证责任分配的缺陷便又一次无法规避。举证责任在某些情况下需要转移和重新分配,在法无明文规定的情况下,举证责任分配契约是解决举证责任分配问题的必要路径。[2]

(二)可以弥补规范说存在的不足

近代以来,规范说成为举证责任分配理论的经典学说。由德国学者罗

---

[1] 相关法条:《民事诉讼法》第64条第1款:"当事人对自己提出的主张,有责任提供证据。"《证据规定》第2条:"当事人对自己提出的诉讼请求所依据的事实或者反驳对方诉讼请求所依据的事实有责任提供证据加以证明。没有证据或者证据不足以证明当事人的事实主张的,由负有举证责任的当事人承担不利后果。"第4条:"下列侵权诉讼,按照以下规定承担举证责任:(一)因新产品制造方法发明专利引起的专利侵权诉讼,由制造同样产品的单位或者个人对其产品制造方法不同于专利方法承担举证责任;(二)高度危险作业致人损害的侵权诉讼,由加害人就受害人故意造成损害的事实承担举证责任;(三)因环境污染引起的损害赔偿诉讼,由加害人就法律规定的免责事由及其行为与损害结果之间不存在因果关系承担举证责任;(四)建筑物或者其他设施以及建筑物上的搁置物、悬挂物发生倒塌、脱落、坠落致人损害的侵权诉讼,由所有人或者管理人对其无过错承担举证责任;(五)饲养动物致人损害的侵权诉讼,由动物饲养人或者管理人就受害人有过错或者第三人有过错承担举证责任;(六)因缺陷产品致人损害的侵权诉讼,由产品的生产者就法律规定的免责事由承担举证责任;(七)因共同危险行为致人损害的侵权诉讼,由实施危险行为的人就其行为与损害结果之间不存在因果关系承担举证责任;(八)因医疗行为引起的侵权诉讼,由医疗机构就医疗行为与损害结果之间不存在因果关系及不存在医疗过错承担举证责任。有关法律对侵权诉讼的举证责任有特殊规定的,从其规定。"第6条:"在劳动争议纠纷案件中,因用人单位作出开除、除名、辞退、解除劳动合同、减少劳动报酬、计算劳动者工作年限等决定而发生劳动争议的,由用人单位负举证责任。"《民事诉讼法解释》第91条:"人民法院应当依照下列原则确定举证证明责任的承担,但法律另有规定的除外:(一)主张法律关系存在的当事人,应当对产生该法律关系的基本事实承担举证证明责任;(二)主张法律关系变更、消灭或者权利受到妨害的当事人,应当对该法律关系变更、消灭或者权利受到妨害的基本事实承担举证证明责任。"

[2] J. D. Dooley, *Causation and the Evidential Gap: the Shifting the Onus of Proof*, 5 The Advocates' Quarterly, 1986, p. 22.

森贝克提出的此学说属于法律要件分类说的一种,其内容是从法律规范要件分类出发,在对实体法律规范进行分析的基础上,要求当事人对主张权利发生或者权利妨碍的事实负有举证责任,在事实真伪不明时,由负有举证责任的当事人承担不利后果。此学说的设计看似完善,但面对纷繁复杂的民事纠纷,法律要件往往无法作出如规范说所要求的精准把握。例如,《合同法》第94条规定了当事人的法定解除权,其中第3款规定的情形是,"当事人一方迟延履行主要债务,经催告后在合理期限内仍未履行"。这条属于权利发生要件的规范,主张法定解除权的当事人应就"一方迟延履行主要债务""其曾经进行过催告""经过了合理的期限对方仍未履行"进行举证,但该条文对于"催告"的方式并未明确规定。对于规范说存在的种种漏洞,法官面对真伪不明的事实,往往感到无所适从。双方当事人达成举证责任分配契约,可以达到很好的补充和完善效果。

(三)可以解决法官自由裁量存在的不足

《证据规定》第7条规定:"在法律没有具体规定,依本规定及其他司法解释无法确定举证责任承担时,人民法院可以根据公平原则和诚实信用原则,综合当事人举证能力等因素确定举证责任的承担。"此条文赋予了在法律未对举证责任分配作出规定的情况下,法官所享有的自由裁量权。"事实上,法官的自由裁量几乎是在每一个案件审判实践过程中都会发生的事情。因为诉讼中的每一个案件呈现在法官面前,是一些复杂的社会关系和用以证明这些关系状况的证据。"[1]法官在对证据的审查、判断过程中进行自由裁量无可厚非,但不可否认的是,自由裁量与法官的专业素养、道德水平等密切相关,实践中大量案件的同案不同判也反映出我国法官队伍的专业素质尚待提高。而且于举证责任分配制度本身而言,因其直接关系到当事人诉讼后果的承担,法官依自由裁量对案件结果作出评判,当事人对此种做法

[1] 杨翔:《我国法官自由裁量权:存在、运行及规制》,载《湘潭大学学报》(哲学社会科学版)2016年第1期。

争议一般较大,往往难以接受,也很难得到社会公众的理解和支持。而由当事人通过达成举证责任分配契约的方式分配举证责任则免去了法官自由裁量的尴尬。

(四)可以弥补传统举证责任规范无法规避纠纷的漏洞

根据本书第一部分的分析,举证责任分配契约在实践中已经以多种形式存在,而且对于很多纠纷而言,如果当事人在事前已经对举证责任分配问题作出约定,将有利于纠纷的避免和解决。2016 年 6 月,北京市第四中级人民法院在全市率先发出《关于有效维护金融债权解决"送达难"在合同中约定送达地址的司法建议》,建议银行、金融机构以合同约定送达地址、明确法律责任的方式解决"送达难"问题,送达责任方依照送达地址发送了文件,就视为这些文件的有效送达,使债务人丧失了不诚信履约、恶意逃避送达的机会。其实这也是举证责任分配契约的一种表现形式,双方当事人在合同中明确约定送达地址,按照送达地址寄出,即完成了文件送达,证明文件没有送达的举证责任则由被送达人承担。此类举证责任分配契约的订立,使当事人无法利用举证责任的漏洞逃避法律责任。即使纠纷进入诉讼程序,法官也可按照举证责任分配契约对事实加以认定,使缺乏诚实信用理念的当事人承担应有的法律责任。

四、举证责任分配契约的制度构建

诉讼中,当事人主张按照举证责任分配契约分配举证责任,法官该以何种程序、何种方式作出处理?当事人要求达成测谎契约等否定举证责任分配规则适用的契约,法院在契约订立过程中起到何种作用?这些问题的解答有赖于举证责任分配契约相关制度的构建。

(一)诉前举证责任分配契约的适用规则

1. 适用前提:诉前举证责任分配契约的适用应由当事人提出

诉前举证责任分配契约的存在形式一般为合同的组成部分。从民事诉讼的基本理论来看,当事人主义诉讼模式下,诉讼程序的启动和推进,诉讼请求的提出、事实主张的确定及证据材料的搜集和提供均由当事人决定。举证责任分配契约的适用也应当遵循当事人主义的一般原则,适用与否应当由当事人自主决定、自行提出。从合同法角度来看,诉前举证责任分配契约作为争议解决条款,是合同的一部分,依照私法意思自治的基本原则,当事人引用合同条款进行主张或者抗辩是当事人行使处分权的重要方式,公权力无权进行干预。当事人在诉讼中,未提出举证责任分配契约适用的相关主张或抗辩,同样属于当事人进行的正当处分。因此,是否适用举证责任分配契约的条款进行举证责任分配,应当由当事人提出。同合同中其他实体性条款一样,法院没有主动对此条款进行释明的义务,是否以此条约定为理由抗辩完全取决于举证义务人自身。

2. 提出时间:原则上应当在一审举证时限内提出

诉前举证责任分配契约一般包含主客观双重举证责任,其中,主观举证责任直接影响证据的收集,当事人应当在一审举证期限届满前提出适用此条款的意见。一旦有当事人提出此类条款的适用,也免去了当事人对证据搜集和提出的不必要的时间和经济支出。在一审未提出适用请求,二审审理期间提出的,法院原则上不予支持。但因修改后的《民事诉讼法》及其司法解释〔1〕规定当事人超过举证时限提供的证据,如果直接关系到案件基本事实的认定,法院可以在对当事人进行训诫或罚款的前提下采纳该证据。因此,对于当事人超过一审举证时限或二审中提出的适用举证责任分配契约的主张或者抗辩,如果所涉及的证据关系到案件主要事实的认定,则应当有条件地加以允许。

3. 格式条款:对于格式性诉前举证责任分配契约的特殊规定

对于属于格式条款的举证责任分配契约,“不得以格式合同的形式,免

〔1〕 相关法条包括《民事诉讼法》第65条,《民事诉讼法解释》第99条、第102条。

除格式合同提供方的证明负担、举证负担或者加重、限制非格式合同提供方的举证负担、证据提出方法或有导致该方举证不能的其他情形”。[1]这一要求符合《合同法》及其司法解释关于格式条款的规定。[2]提供格式合同的一方应当采用足以引起对方注意的文字、符号等特别标识，并应当加重提供条款一方对该条款进行提示及说明的义务。举证责任分配契约作为合同中的争议解决条款，具有一定的专业性和复杂性，应尽量由双方当事人协商确定，避免通过格式合同加以规制，以便规避条款无效的风险及进行提示说明行为的证明负担。

4. 效力判断：应当符合合同法和诉讼法的双重要求

当事人提出此类条款的适用后，同其他合同条款一样，对其合法性及有效性的判断，应由法院在本案诉讼中依职权为之。诉前举证责任分配契约生效应当符合《合同法》关于合同效力的一般规定。“当事人对举证责任的分配有明确约定的，只要该约定不违反法律禁止性规定，属当事人真实意思表示，就应尊重当事人的约定进行分配。”[3]因该约定会产生诉讼法上的法

---

〔1〕 江伟主编：《中国证据法草案（建议稿）及立法理由书》，中国人民大学出版社2004年版，第559页。

〔2〕 《合同法》第39条：“采用格式条款订立合同的，提供格式条款的一方应当遵循公平原则确定当事人之间的权利和义务，并采取合理的方式提请对方注意免除或者限制其责任的条款，按照对方的要求，对该条款予以说明。格式条款是当事人为了重复使用而预先拟定，并在订立合同时未与对方协商的条款。”第40条：“格式条款具有本法第五十二条和第五十三条规定情形的，或者提供格式条款一方免除其责任、加重对方责任、排除对方主要权利的，该条款无效。”《最高人民法院关于适用〈中华人民共和国合同法〉若干问题的解释（二）》第6条：“提供格式条款的一方对格式条款中免除或者限制其责任的内容，在合同订立时采用足以引起对方注意的文字、符号、字体等特别标识，并按照对方的要求对该格式条款予以说明的，人民法院应当认定符合合同法第三十九条所称‘采取合理的方式’。提供格式条款一方对已尽合理提示及说明义务承担举证责任。”第9条：“提供格式条款的一方当事人违反合同法第三十九条第一款关于提示和说明义务的规定，导致对方没有注意免除或者限制其责任的条款，对方当事人申请撤销该格式条款的，人民法院应当支持。”第10条：“提供格式条款的一方当事人违反合同法第三十九条第一款的规定，并具有合同法第四十条规定的情形之一的，人民法院应当认定该格式条款无效。”

〔3〕 最高人民法院民事诉讼法调研小组编：《民事诉讼程序改革报告》，法律出版社2003年版，第92页。

律效果，又不得违反《民事诉讼法》等程序性法规对于举证责任分配的明确规定，如《证据规定》第 5 条关于合同纠纷举证责任分配的一般规定。关于诉前举证责任分配契约的变更和撤销，因诉讼法领域并无类似规定，故应遵循《合同法》第 54 条关于民事合同可变更、可撤销的规定。值得注意的是，作为主合同组成部分的举证责任分配条款的效力具有独立性，该条款的效力变化与主合同的效力互不影响。进入诉讼程序后，如双方当事人协商一致，也可以解除举证责任分配条款的适用。

（二）诉中举证责任分配契约的适用规则

1. 法官应积极发挥释明作用

法庭辩论结束后，法官如果发现事实处于真伪不明状态，接下来的步骤是适用举证责任分配规则。但通过举证责任分配规则对案件事实的认定，是以维护程序正义为出发点的价值选择，就此认定的事实往往与案件客观事实相去甚远，必须慎重适用。诉讼中如果能达成举证责任分配契约，可以避免法官适用举证责任规则的尴尬。同诉前举证责任分配契约存在本质区别的是，诉中举证责任分配规则从性质上看，属于诉讼行为，并不涉及当事人实体权益的处分，对诉讼进程的引导是法官诉讼指挥权的重要组成部分。

2. 程序性事宜及违约责任

完整的诉中举证责任分配契约应当包含以下内容：(1) 当事人通过达成契约分配举证责任的明确意思表示。以案例三的测谎契约为例，应当有当事人同意开启测谎程序，通过测谎结论认定案件事实，排除举证责任规则适用的条款。(2) 举证事项的程序性内容。如案例二的当事人申请法院调查取证契约，应当对法院调取证据的名称、地点、时间、方式等具体内容指向明确。案例三测谎契约中应当约定实验的具体程序问题，如测谎机构、人员的选定，测谎的时间、地点、费用承担等。(3) 通过契约所获取证据的证据能力问题，如当事人是否同意将测谎意见作为认定案件事实的证据使用。(4) 违约责任条款。明确双方当事人在违约时应承担的违约责任。

3. 书面形式及时间限定

就举证责任而言,由于其本身涉及当事人的实体和诉讼权益,应当审慎对待,对此达成的举证责任分配契约,书面形式更为适宜,从方便当事人主张、法院审查的角度,应当一式三份,由双方当事人各持一份,法院入卷保存一份。在双方当事人均同意的情况下,也可以直接记入庭审笔录,并由双方当事人和审判员、书记员签名予以确认。同诉前举证责任分配契约一样,诉中举证责任分配契约以一审举证期间内达成为原则,以举证时限外或二审期间达成为例外。非因申请人的故意或重大过失未在一审提出申请的,法院应当在认可此类契约的同时对申请人进行训诫。申请人存在故意或重大过失的,待证事项又属于案件基本事实的,法院在认可此类契约的同时,应当对申请人进行训诫、罚款;待证事项不属于案件基本事实的,法院应当驳回当事人的申请。

4. 对当事人及法院的约束力

当事人申请法院调取证据契约,经法院审查确认后,对双方当事人和法院均产生拘束力。契约达成后,法院应依照契约内容调取当事人申请调取的证据,并组织当事人对此证据进行质证。法院并非契约责任主体,因故未能调取该证据的,调取该证据的主观举证责任应由原举证主体承担,如举证不能,则还要承担相应的客观举证责任。当事人达成测谎契约后,双方当事人均受契约效力约束,被测人应当积极配合测谎实验的进行。测谎契约的达成使测谎程序及结论具有正当性且不能随意推翻。在一方当事人存在违反约定的情况下,具有履行可能的,应以继续履行为原则,并对违约方进行训诫或罚款。因违约方的根本违约造成测谎协议履行不能的情况下,发生待证事项的举证责任由违约方承担不利后果。这里的举证责任既包括主观举证责任,也包括客观举证责任。从行为上看,应当由违约方对其主张的反驳性事项提供证据加以证明;从结果上看,如果违约方无法提供证据,则应承担于其不利的证明后果。

五、本章小结

从实体法的角度来看,客观举证责任是当事人承担的实体法上的后果。当事人对其实体权利具有自由处分的权利,以契约的方式分配客观举证责任不存在理论上的障碍。在现代法治国家,民事诉讼证据原则上应由当事人自行采集自立提出。当事人对行为意义上的举证责任承担也可以自由约定。“如果举证责任的分担缺乏一个公正的、合理的标准,将直接影响到当事人的情绪,影响到当事人对我国诉讼制度的信任度,影响到诉讼的进程,甚至威胁到判决能否顺利执行。”[1]举证责任分配契约作为一项新型证据契约,是解决举证责任分配制度缺陷和漏洞的最优选择,但该制度的完善并非一时一事。实践的需要是制度发展的最大动力,同时,实践也是最丰富的课堂,需要在审判实践的发展中不断丰富举证责任分配契约的类型和适用程序。

---

〔1〕 叶自强:《举证责任及其分配标准》,法律出版社2005年版,第155页。

第七章

自认契约

对于证据契约的具体种类包括自认还是自认契约，学界尚存在争议。我国台湾地区学者姜世明、大陆学者陈桂明认为证据契约的种类中包括自认。而德国学者巴姆盖特、日本学者高桥宏志、我国台湾地区学者陈荣宗等认为自认契约才是证据契约的具体类型之一，而非自认。还有的学者如江伟教授虽然没有直接指出证据契约中应当包括自认或自认契约，但也认为证据契约的内容应当包括“某一特定事实，约定其为真实或者不真实”。[1]那么何为自认？何为自认契约？两者是否等同？哪个才是证据契约的类型？自认契约具备哪些效力？缘何具备这些效力？自认契约与生效判决确定的事实产生矛盾，该如何解决？如何作出具体的契约内容设计？法院对自认契约的效力需要进行哪些方面的审查？这些问题理论界尚无专门研究。本章拟结合证据契约的基本理论对上述些问题进行初步解答。

---

〔1〕 江伟主编：《中国证据法草案（建议稿）及立法理由书》，中国人民大学出版社2004年版，第18页。

一、对自认和对证据承认的基本认识

自认契约是当事人在诉讼外作出的承认,考察自认契约的内涵、效力、存在的意义并作出准确的制度设计,要以对诉讼中各种承认或认可的考察为逻辑起点。在民事诉讼过程中,当事人作出承认的意思表示,从作出的对象来看,包括对事实的承认(自认)、对请求的承认(认诺)和对证据的承认。对诉讼请求的承认,因属于当事人对实体权利的直接认可,与事实认定和证据无关,因此不在本书的讨论范畴,本书主要讨论对事实的承认(自认)和对证据的承认。

(一)自认的基本范畴

1. 自认的概念、对象和类型

"诉的构造可以分为请求、法律上的主张、事实上的主张以及举证四个方面。诉讼上自认属于事实主张的层面。"[1]自认是当事人对对方当事人所提出事实的认可。按照我国理论界的通说,自认的对象为案件事实,更进一步来看,是案件主要事实。对证据的承认不属于自认的内容。当事人在诉讼中对证据的承认仅可产生使法院直接认定该证据之证明力的效力,并不能直接认定证据所要证明的事实。法院在处理对证据的承认时,要考虑该证据能够证明的事实与案件待证事实的关联性,并结合其他证据共同作出对待证事实的认定。

根据作出时间以及作出场合的不同,自认可以分为诉讼中的自认和诉讼外的自认。诉讼中的自认,是指当事人在诉讼过程中对相对方当事人主张的事实的承认或视为承认。[2]诉讼外的自认是指在本诉进行之外,当事人对相对方当事人所主张事实的承认。诉讼外的自认又依作出承认的时间、场合之不同,分为诉讼尚未开始时的自认、诉讼开始后当事人在非诉讼

〔1〕 吴杰:《论民事诉讼自认的辨识》,载《甘肃政法学院学报》2009年第2期。
〔2〕 参见宋朝武:《论民事诉讼中的自认》,载《中国法学》2003年第2期。

场合进行的自认和当事人在其他诉讼中对本诉事实进行的认可。诉讼中自认作出的方式可以是明示或者默示,而诉讼外的自认只能以明示的方式作出。

2. 自认的性质

诉讼中的自认是一方当事人在诉讼中的陈述,从性质上看可以将其归为证据方法,具体应当属于当事人陈述。诉讼外的自认是一方当事人对某项事实的认可,也是证据方法的一种。[1]但与诉讼中自认相比,诉讼外自认的载体更为多元。因载体的不同,从证据种类的角度来看,其表现形式可能是书证、视听资料等。例如,在张某与高某民间借贷纠纷中,[2]张某提供的证据为高某书写的借条一张,借条就是高某在诉讼前对借款事实进行的自认。这里诉讼外的自认以书证的方式出现。再如,在史某与舒某等健康权纠纷一案中,[3]史某认为自己脚踝受伤是舒某造成的,在与舒某交涉过程中,史某将两人的通话进行了录音,通话中舒某认可史某受伤与自己有关。诉讼中,史某向法庭提供了录音,用以证明舒某承认了因工作失误造成史某脚部受伤的事实。这时诉讼外的自认又以视听资料的形式呈现。上述欠条及录音资料均可以作为认定案件事实所需的证据,这里的自认从性质上看也属于证据方式。

3. 自认的效力

诉讼中的自认与诉讼外的自认之差异主要在效力的差异。诉讼中的自认可以起到免除举证责任的法律效果,法院应当根据当事人的自认直接对待证事实作出确认。对于诉讼外的自认,各国的诉讼理论和审判实践中一般认为其不具有免除举证责任的效力,但可以作为证据加以使用。诉讼外

---

〔1〕 参见沈达明:《比较民事诉讼法初论》,中信出版社 1991 年版,第 313 页。

〔2〕 参见北京市昌平区人民法院(2015)昌民初字第 16132 号民事判决书。

〔3〕 为讨论的便利,参考北京市海淀区人民法院(2016)京 0108 民初 25119 号民事判决书略加改编。

的自认,由当事人通过若干证据方法加以固定,并在诉讼中提出。"当事人在诉讼中否认诉讼外自认的,应当提供相应的证明,如果自认一方当事人在诉讼中提供不出否认自认事实的优势证据的,该自认就成为主张事实一方当事人证据的一个组成部分,承担不利于自认方的法律责任。"〔1〕诉讼外自认的证据能力及证明力同其他证据一样,需要由法官结合其他证据和案件情况加以确定。〔2〕例如,在上述史某与舒某健康权纠纷一案中,史某提交的舒某的录音,只能作为判断舒某侵权事实的证据之一,是否存在侵权事实还需要法官结合案件其他证据综合认定。

根据《证据规定》第74条之内容,在诉讼中,当事人在起诉状、答辩状、当庭陈述或者代理词中对己方不利事实的承认以及对证据的认可,人民法院必须据此对相关事实及证据予以确认。如果当事人反悔,需要提供足以推翻该事实的相反证据。从效力对象上看,诉讼中自认的效力不仅约束当事人,还可以对法院产生约束力,自认的效力分为对当事人的效力和对法院的效力两个方面。对当事人的效力主要是指当事人要受到其自认事实的约束,原则上不可推翻自认事实。对于法院的效力是指当事人通过诉讼中自认确认的事实,法院应当予以认可和尊重。自认对法院的约束具体包括:一是排除辩论原则的适用。二是法院不能再依职权调查事实。三是法院只能依据当事人自认的事实作出事实认定。〔3〕自认对法院的约束不仅及于一审法院,对同一案件的二审和再审程序中的事实认定亦形成约束。

（二）当事人对证据的承认

当事人在诉讼中对证据的承认并不构成自认。诉讼中当事人对对方当事人提交证据的认可,根据《证据规定》第74条的相关规定,法院对该份证据的证明力应当予以确认。当事人在诉讼中对证据的承认并不能产生免除

---

〔1〕曹忠、刘耀国:《论自认规则在民事诉讼中的适用》,载《政治与法律》2004年第3期。

〔2〕参见赵钢、刘学在:《试论民事诉讼中的自认》,载《中外法学》1999年第3期。

〔3〕参见陈界融:《论自认的效力》,载《政治与法律》2003年第4期。

对方当事人举证责任的法律后果。“对证据的认可表明该项证据具有证明力，它可能导致提出证据方所主张案件事实的成立，但也有可能所主张的案件事实需要多个证据加以证明，仅对一项证据的承认并不必然能得出所主张案件事实的成立。”〔1〕某一事实的认定往往需要多个证据加以证明，仅是对某一证据证明力的认定，并不能直接得出待证事实成立的结论，因而不能免除对方当事人对事实的举证责任。但当事人在诉讼前对证据效力的认可，并不能产生较高的证明力，甚至无法据此直接确认证据的真实性。如甲公司与乙公司合同纠纷发生之前，乙公司的代理人张某拿着合同询问甲公司法定代表人刘某在合同中加盖的甲公司的印章是否为真？刘某回答印章是真实的。张某对这一过程进行了录音录像。后在诉讼中，甲公司的委托诉讼代理人认为合同上加盖的印章是假的。法院不能依据诉讼前当事人对证据的认可直接对合同真实性加以认定。

二、自认契约的内涵及效力内容

自认契约制度起源于德国，早在1888年《德国民法草案》第563条、第564条就对当事人在法院外（诉讼外）达成的有关事实问题的契约作出了规定，认为当事人在诉讼外以契约方式对事实作出的确认具有固定案件事实的效力。之后相关规定为《德国民法典》所沿袭。〔2〕对自认契约的内涵和表现形式的掌握应当从理论和实践两个方面展开，从理论上厘清自认契约的概念是对此问题进行分析的起点，而结合案例对其表现形式进行分析，以一种形象的方式对概念进行直观展现，更加具备说服力，便于理解。

（一）自认契约的含义

自认契约是指在诉讼之外，当事人之间达成的对事实或对证据的真实性不加争执的契约。对这一定义的准确理解应当包含以下几个方面：

---

〔1〕 陈锦红：《论民事诉讼自认规则的完善》，载《华东政法学院学报》2004年第6期。

〔2〕 参见姜世明：《证据契约之研究》，载《军法专刊》2001年第8期。

第一,从主体看,自认契约是当事人之间达成的。自认契约虽然对法院认定事实和证据起到约束作用,但订立契约的主体为当事人。自认是单方主体作出的,而自认契约的订立主体必须是双方当事人。自认是一种证据或者说是一种证据方式,其对主体性的要求限于自认人有与所述事实相对应的认知能力和表达能力即可。但自认契约是当事人通过意思表示的一致,使双方在诉讼外对事实的认可达到诉讼中自认的效果,是双方达成的与法律效果相关的协议,要求缔约人有一定的缔约能力,并对其意思表示的后果存在清醒的认识。

第二,从存在的时间和场合看,自认契约存在于诉讼之外。具体包括纠纷发生之前、纠纷发生后诉讼之前以及在诉讼中本诉之外的其他场合。诉讼过程中,对事实的认可可以依靠自认制度完成,对证据认可的效果也有法律的明确规定,因此不需要订立相关契约。只有在诉讼外才需要通过自认契约来实现对某一事实或证据进行确认的目的。对于诉讼外的自认及对证据的承认,因缺乏法律对其效力的明确规定,诉讼外的自认只能作为证据使用,达不到免除当事人举证责任的法律效果,诉讼外对证据的认可的效力也较低。如果当事人希望诉讼外的自认或证据的承认达到同诉讼中相同的效果,则需要通过订立自认契约来实现,这正是自认契约存在的意义。

第三,从订立目的看,是对事实及证据真实性的确定。当事人之间不仅对事实或证据的认识达成一致,而且存在通过订立契约将对事实或证据的一致认识加以固定的意愿。日本的高桥宏志教授认为承认某一事实而不加争执的契约就是自认契约。[1]通过自认契约对事实加以固定,这个方面并不难理解。但只将自认契约的范围限定于事实显然过窄,对证据不加争执也需要通过契约来实现。根据《证据规定》第72条的规定,诉讼中的当事人

---

〔1〕 参见[日]高桥宏志:《重点讲义民事诉讼法》,张卫平、许可译,法律出版社2007年版,第55页。

作出的承认还包括对证据的承认。[1]当事人在诉讼中对对方当事人证据的认可,因有法律的规定,一方当事人作出认可对方所提证据的意思表示,便可认定该证据的证明力,无须当事人订立契约。但对于诉讼外,当事人对证据真实性的承认,如果未订立契约,则此种承认只能在诉讼中作为证据使用,属于认定证据能力或证明力的证据,而通过契约的订立,则可对该种证据加以固定。

(二)自认契约在实践中的具体类型和效力困惑

在现阶段我国司法实践中,虽然不存在严谨规范的自认契约,但从当事人订立相关契约的意思表示内容来看,自认契约的应用已经初具雏形。实践中,自认契约并不是单独存在的,极少情况下,当事人会为了确定事实单独订立一个契约。自认契约一般以实体权利义务分配协议组成部分的形式存在,具体包括:备忘录、对账单或普通民事合同中的自认契约、[2]和解协议中(诉讼前、诉讼中、诉讼后)的自认契约。[3]存在于备忘录、对账单或普通民事合同中的自认契约的效力与诉讼前和解协议中自认契约的效力相

---

〔1〕《证据规定》第72条:“一方当事人提出的证据,另一方当事人认可或者提出的相反证据不足以反驳的,人民法院可以确认其证明力。一方当事人提出的证据,另一方当事人有异议并提出反驳证据,对方当事人对反驳证据认可的,可以确认反驳证据的证明力。”

〔2〕当事人签订对账单时,为确保对方今后能够诚信履约,且一旦发生诉讼时,能够不因款项性质问题发生争议,遂在该对账单中注明对事实的确认。那么,这一对账单中对事实确认的部分应当属于自认契约的性质。此类自认契约在建设工程施工合同纠纷或者设备租赁合同纠纷等存在结算的案件中应用十分广泛。在日常生活中的普通民事合同中,也存在自认契约发挥作用的空间。例如,在张某与某家具销售企业订立的家具销售合同中,双方确认家具销售企业交给张某的家具为外观完好、使用功能完好的家具,并在合同中注明双方在进行上述确认后不得再就交付商品质量进行争执。如果张某因家具外观有损坏的问题向法院提起诉讼,因张某的主张的事实是通过自认契约确定的无争执的事实,故无法得到法院的支持。此类契约在物品交付类合同,如买卖合同、房屋租赁合同等合同中具有广泛的应用空间。如果不确认该类契约具备同诉讼中自认相同的效力,则将有损交易的稳定性和交易的便捷性,不利于市场经济的健康发展。

〔3〕2011年12月,最高人民法院发布了第一批指导性案例,其中“吴梅诉四川省眉山西城纸业有限公司买卖合同纠纷案”着重解决的是诉讼外和解确定的权利义务与判决确定的权利义务之间的关系问题。此案例出台后,学界就此问题展开了广泛深入的探讨。值得注意的是,和解协议中往往不仅包含权利义务分配的内容,还包含事实确定的内容。和解协议中的事实确认条款属于民事诉讼中的自认契约。

同,可以说和解协议中自认契约的效力可以涵盖所有自认契约的效力类型。因此,为了讨论的便利,本章以和解协议中的自认契约为例对此类证据契约的效力问题进行论述。司法实践中,对自认契约的效力认定主要存在以下困惑:

1. 困惑一:自认契约的效力等同于诉讼中的自认还是诉讼外的自认

案例一:张某、李某与王某交通事故责任纠纷案〔1〕

张某与李某驾驶摩托车将行人王某撞伤,其中张某是驾驶人,李某坐在后座。事故发生后,交警队到现场处理事故,经交警队认定,张某对此次事故负有全部责任。后张某、李某与王某达成协议,确定张某赔偿王某10万元,并在协议中确认如下事实:(1)涉案摩托车属于机动车。(2)摩托车的所有权人为李某。(3)张某不具备驾驶资格。后王某伤情不断恶化,赔偿金额远远不能满足治疗需要,故将张某和李某诉至法院。王某诉李某的理由是李某未尽到车辆所有人的管理义务,将车辆借给了无驾驶资格的张某驾驶。此类案件中,当事人经常发生争议的焦点问题包括:一是涉案摩托车属于机动车还是非机动车。二是车辆所有权人的确定。因摩托车的登记并无国家强制性要求,车辆所有权人的确定往往存在争议。诉讼中,李某提出自己并非摩托车的所有权人,并提交与张某的谈话录音一份,录音中,张某承认自己是车辆所有权人,为了帮助自己减轻刑事责任才要求李某承认自己是摩托车的所有权人。张某在庭审中对录音的真实性和证明目的予以确认,承认自己是车辆所有人。

正如上文所述,诉讼中的自认可以起到免除举证责任的法律效果,法院应当根据当事人的自认对待证事实作出确认。诉讼外的自认性质应属证据,其证据能力及证明力同普通证据一样,需要由法官通过自由裁量加以判断。将自认契约的效力等同于诉讼中的自认还是诉讼外的自认会导致判决

〔1〕 为了讨论的便利,根据(2016)京01民终5495号案件略加改编。

过程和结果的不同:(1)如果法官将自认契约的效力等同于诉讼中的自认,可以免除举证责任方的举证责任。法院可以直接认定李某是摩托车的所有权人,其将车辆交给无驾驶资格的张某使用,存在管理上的过错,应承担相应的赔偿责任。(2)如果法院将自认契约的效力等同于诉讼外的自认,则只能为证据的一种。在诉讼中,李某提供证据证明其并非摩托车的所有权人,法院应当对其证明力进行判断,并与自认契约的证明力进行比较,进而对李某是否为车辆所有权人作出认定。再加之张某在诉讼中承认车是自己的,就属于诉讼中的自认,具有较高的确定事实的效力,法官可以判定车辆归张某所有,李某无须承担赔偿责任。[1]

2. 困惑二:自认契约的效力是否等同于当事人为达成和解(调解)而认可事实的效力

案例二:赵某与艾某家属、某保险公司机动车交通事故责任纠纷案[2]

赵某驾驶车辆不慎将行人艾某碾压致死,交警队认定赵某负事故全部责任。在交通队主持下,赵某、艾某家属、保险公司达成协议,在协议中确认了赵某将艾某碾压致死并逃逸的事实,由赵某赔偿50万元。后赵某将保险公司诉至法院,要求给付商业保险部分的理赔金。保险公司认为在和解协议中载明了赵某逃逸的事实,构成商业三者险的免责事由,不应当承担赔偿责任。赵某在一审期间对其逃逸的事实予以否认。法院审理后认为当事人达成和解协议时对案件事实的确认,不得在本次诉讼中作为对其不利的证据,无法认定赵某系逃逸,故判令保险公司在商业险范围内进行赔偿。

---

〔1〕 审判实践中这种情况也并非罕见,在李某具备偿付能力而张某缺乏偿付能力的情况下,二人基于利益交换或者亲属关系,很有可能会协商由张某承认是车辆所有人。

〔2〕 参见毛建梅:《调解协议中的自认事实≠案件事实》,载乌鲁木齐铁路运输中级法院网:http://wlmqtlzy.xjcourt.org/public/detail.php?id=1555,最后访问日期:2017年5月20日。另有仲裁机构也持此类观点,参见周建明:《和解协议的证据效力如何认定》,载《中国劳动保障报》2013年3月26日,第3版。

在调解或和解过程中，当事人为了解决纠纷，作出的妥协所确认的事实应排除在有效自认之外，已经成为学术界的共识。实践中，有法院认为自认契约的效力等同于当事人为达成和解（调解）而对事实作出的认可，进而径行否认自认契约的效力。当事人在和解过程中通过自认契约的形式将对事实的一致意见进行确定，是否可以将自认契约的效力等同于当事人为达成和解（调解）而认可事实的效力？当事人在事发后第一时间订立的契约中对案件事实的描述是否应当具备相应的效力？上述案例中法院的判决是否恰当？

3. 困惑三：自认契约的效力是否受到主协议效力的影响

（1）诉讼前达成的和解协议被撤销，其中自认契约的效力问题

案例三：邵某与刘某、某养殖中心生命权、健康权、身体权纠纷案〔1〕

邵某是养殖中心员工，刘某为外单位送货人员，某养殖中心让无驾驶资质的外单位送货人员刘某帮忙挪动货车，致使车上人员邵某从车上跌下受伤。在事发后订立的《事故处理协议书》中，各方确认了养殖中心让刘某挪动车辆的事实、邵某当天在车上搬东西前曾大量饮酒的事实以及刘某无证驾驶的事实，并约定各方一旦发生纠纷，不得对这些已经确定的事实进行争执，同时约定了刘某及养殖中心的赔偿数额。后因邵某伤势加重，将刘某、养殖中心诉至法院，要求撤销协议，并赔偿损失。在案件审理过程中，因显失公平，和解协议面临被撤销的情况下，法院并未考虑事实确认条款的效力，仍旧要求当事人对相关事实进行举证。在案件审理过程中，在协议效力面临被撤销的情况下，和解协议中的自认契约的效力是否应受到和解协议效力的影响？自认契约的效力是否具有独立性？法院的处理是否恰当？

---

〔1〕 参见北京市昌平区人民法院（2014）昌民初字第8285号民事判决书。

(2)诉讼中达成的和解协议遭反悔,其中自认契约的效力问题[1]

案例四:吴某与刘某不当得利纠纷案[2]

吴某向刘某主张不当得利款项100万元。二审审理期间,刘某与吴某达成案外和解,双方确认为解决网络教育学员问题,吴某支付资金情况如下:"1. 2008年6月15日吴某给付刘某工行卡汇10万元,购买办公车辆。2. 2008年6月26日吴某让手下陈某汇刘某工行卡办学费用15万元,用于购买办公用品。3. 2008年6月26日吴某让手下陈某汇刘某工行卡办学费用5万元。"在协议中同时约定了刘某需返还吴某款项25万元,吴某撤回起诉。协议签订后,刘某并未给付吴某款项,吴某也拒绝撤回起诉。因为协议没有履行,案件继续审理。[3]对于协议中确认的事实能否直接认定?还是需要当事人重新对其主张的事实加以举证证明?这些疑问成为案件审理中不可逾越的问题。

案例五:魏某与某物业公司物业服务合同纠纷案[4]

物业公司向魏某主张自2008年至2015年物业欠费共计11,350元,魏某提出如下抗辩:(1)自己2008年至2010年物业费已经交纳。(2)魏某提出物业服务合同中虽然写明物业费标准为每月每平方米3.8元,但物业公司

---

[1] 在本书写作过程中,曾有学者提出这样的疑问:"在诉讼中,双方当事人通过达成和解协议并撤回起诉或者撤回上诉的方式处理纠纷,为什么不直接达成调解协议?"审判实践中,当事人有时出于对名誉的保护或其他考虑不希望以调解书等法律文书固定纠纷。而且,当事人在诉讼中达成调解协议需要各方当事人在场签署,在存在当事人拒不到庭的情况下无法调解结案,实践中往往采用到场当事人和解,并由上诉人撤回起诉或上诉的方式解决纠纷。

[2] 参见北京市第一中级人民法院(2016)京01民终2385号民事裁定书,此案二审结果为发回重审。

[3] 对于当事人在诉讼过程中达成和解协议后反悔,协议未完全履行,诉讼进程如何进行的问题尚存在争议。有观点认为,作为基础的实体法律关系发生变化,原告对法院作出裁判不享有任何利益,应当驳回起诉。参见赵秀举:《论民事和解协议的纠纷解决机制》,载《现代法学》2017年第1期。还有一种观点认为,因一方反悔,双方就和解协议的效力及履行可以另案解决,本案的诉讼进行可以继续进行。参见张海洋、潘蓉:《请求确认诉讼和解协议效力之诉应坚持"一事不再理"原则》,载《人民法院报》2015年7月9日,第3版。笔者在本书中采纳第二种观点。

[4] 为了讨论的便利,根据北京市第一中级人民法院(2017)京01民终601号案件略加改编。

一直以来按照每月每平方米2.86元的标准向其他业主主张物业费。在物业公司的账本中并没有交纳记录，魏某亦无法出具相关收据。在一审审理期间，魏某与物业公司达成和解，在和解协议中确认了魏某已经交纳了2008年至2010年物业费的事实，并确认了物业公司的物业费标准应为每月每平方米2.86元，双方不得对此两项事实进行争议。协议中，双方同时协商确定由魏某缴纳物业费6600元，物业公司撤回起诉。协议签订后，魏某并未缴纳物业费，物业公司也拒绝撤回起诉。因为协议没有履行，案件继续审理，但对于协议中确认的事实如何认定就涉及自认契约的适用问题。

4. 困惑四：与生效判决矛盾的自认契约效力如何确定

当事人在二审期间达成和解协议，因纠纷得以解决，会撤回上诉。当事人一旦撤回上诉，一审判决便发生效力，一审判决确定的事实便成为生效判决认定的事实。如何处理和解协议中自认契约确定的事实与一审判决认定事实的关系。

案例六：魏某与某餐饮公司提供劳务者受害责任纠纷案〔1〕

魏某在为某餐饮公司工作期间手部受伤，将餐饮公司总公司及其所在的分公司诉至法院，一审认定魏某在受伤过程中不存在过错，故由总公司承担全部赔偿责任10万余元。总公司和魏某均提出上诉。二审期间，分公司未到庭，魏某与总公司达成和解，在协议中确认由总公司给付魏某医疗费等费用9万余元，同时双方就魏某受伤事实经过达成一致意见，魏某未完全按照规程操作，应当承担20%的责任。后双方均撤回上诉，一审判决生效。二审期间的和解协议与撤回上诉密切相关，当事人达成和解协议后，因权利义务已通过和解协议确定，上诉人会撤回上诉。当事人一旦撤回上诉，一审判决便发生效力，一审判决确定的事实便成为生效判决确定的事实，要推翻这一事实需要证明力极强的证据。如果和解协议中确认的事实与一审判决确

〔1〕 为了讨论的便利，根据北京市第一中级人民法院（2017）京01民终2010号案件略加改编。

认的事实产生矛盾，在后续涉及此事实的关联案件中，对相关事实如何认定和处理？本案中，在今后魏某主张后续治疗费的案件中，对双方在该事件中的责任比例如何确定？

（三）自认契约的效力分析

订立和解协议的目的是终结纠纷，但是否真正能够终结纠纷，还取决于协议的履行情况及损害事实是否发生变化。一旦协议不能履行，双方当事人要通过诉讼解决纠纷时，在和解协议中关于事实的确定效力如何？上述四种困惑在我国司法实践中具有一定的代表性。困惑一和困惑二中的诉讼外的自认及当事人为达成和解（调解）而对事实的认可与自认契约十分接近，在区分上存在一定的困难。困惑三涉及自认契约的效力是否具有独立性的问题，困惑四是自认契约与生效判决矛盾的解决问题。本部分拟在厘清自认契约效力内容的基础上，对上述困惑进行解答。

1. 解答一：自认契约的效力内容为固定案件事实

自认契约是当事人通过合意的方式对争议的事实进行固定。无论是出于对事实的尊重，还是为了尽快化解矛盾，既然当事人达成了对事实的一致意见并用契约形式加以固定，就应当得到法院的尊重。即使这里的事实并非客观事实，但因当事人对此事实的确认，此类事实也应当具有约束法院认定事实的效力。根据德国民法理论，自认契约具备同诉讼中自认相同的效力，法院应当根据自认契约的内容直接对待证事实作出确认。[1]具体而言，自认契约的效力分为两个方面：(1)对当事人的效力主要是免除了当事人的举证责任。(2)对法院的效力是法院应当对自认契约确认的事实予以认可和尊重。具体包含三层效果：一是法院必须排除辩论原则的适用，对相关事实不再组织或允许当事人进行辩论。二是排除依职权进行的调查。法官不需要再对该事实进行查明。三是法官必须免除举证方的举证责任，据此自

---

〔1〕 参见姜世明：《新民事证据法论》，厦门大学出版社2017年版，第91页。

认契约对案件事实作出判断。即使法官认为该事实虚假,在该自认契约未被撤销或确认无效的情况下,也必须以其中确认的事实为基础作出法律适用。从消极方面来看,如果有当事人公然违背自认契约,主张与自认契约相反的事实,法官应当径行不予采信。

自认契约不同于诉讼外的自认。虽然自认契约与诉讼外的自认均存在于诉讼之外的场合,但两者存在以下区别:(1)订立主体和行为性质不同。诉讼外自认是单方主体作出的,性质属于事实行为;而自认契约的订立主体是双方当事人,性质属于法律行为。(2)作出的意思表示不同。诉讼外的自认是单方当事人对事实的描述;而自认契约是各方当事人对事实达成的一致意见,并且愿意为此达成契约将事实加以固定。案例一中张某、李某和王某就是经过考虑,共同选择用契约的方式对事实加以固定。(3)载体存在区别。自认契约比诉讼外自认的形式更为严谨,为书面形式。诉讼外的自认,往往是未经对方同意,由单方当事人自行提取并固定。例如,在史某与舒某等健康权纠纷一案中,[1]史某将舒某认可己方责任的通话进行了录音,此录音的内容即是舒某的诉讼外自认。自认契约与诉讼外自认的上述区别决定了两者的效力存在差异。

案例一中,因当事人的和解协议中包含自认契约的条款,故无须当事人进行举证,法院可以直接认定李某是摩托车的所有权人,应承担相应的赔偿责任。本案中,如果张某没有偿付能力,而李某有偿付能力,那么在诉讼前订立自认契约,王某可以据此向李某主张管理人未尽到管理义务而产生的赔偿责任。而在未订立自认契约的情况下,王某的权益则存在风险。如果诉讼中,因张某和李某的朋友关系或者其他私下的利益交换,李某推翻自己在公安机关的陈述,而张某亦承认自己为车辆所有权人,王某便无法向李某主张权利。而且当事人的偿付能力,并非法院对案件进行审理时的审查范

---

〔1〕 详见北京市海淀区人民法院(2016)京0108民初25119号民事判决书。

围,也很难加以查询和证明,王某可能对此都无从知晓,其权益的保障存在潜在的风险。而且对王某而言,赔偿总额并未发生变化,因此也无法主张李某和张某是串通损害自己的利益。订立自认契约可以切实保障当事人的合法权益。自认契约是当事人自由行使处分权的表现,当事人各方在诉讼前如果均愿意对事实加以确定,那么法院应当对此事实予以尊重。

2. 解答二:自认契约的效力不同于无效自认

调解或和解过程中当事人对事实的认可属于无效自认的原因之一在于此种认可存在于法庭调查与法庭辩论程序之外,将此类对事实的认可加以排除,有助于消除当事人对调解与和解结果的顾虑,促进调解及和解结果的达成。但自认契约与此种无效自认存在区别:(1)在无效自认中,一方为了促成协议的达成而作出让步,并不存在订立契约对事实加以固定的意思表示。自认契约是双方当事人达成的,不仅包含了双方当事人对事实的相同意见,而且在达成之时就存在订立契约的一致意思表示。(2)从内容上看,无效自认一般是指为达成和解而对歪曲的事实的认可,和解协议中的自认契约则往往是对客观事实的固定。当事人通过和解协议中的权利义务条款就能达到争取实体权利的目的,再附加事实退让条款的必要性不大。例如,在案例二中,已经约定了由赵某承担赔偿责任,对逃逸相关事实的描述并非为了达成和解协议而进行的退让。事实上,审判实践中的多数情况下,和解协议中确认的事实较为接近客观事实。退一步来看,既然在和解协议中实体权利都可以退让,当事人通过协商的方式将对事实问题确认的退让固定在协议当中,也应当具有相应的效力。(3)从形式上看,无效自认并不存在书面形式,而自认契约只能以书面的方式作出。无效自认是当事人为达成调解协议作出的让步,存在于双方协商的过程中,不具备书面形式。而自认契约因是诉讼前达成,又属于涉及证据的法律行为,只能以书面的方式作出。正是由于这些本质区别,才使自认契约不存在类似无效自认的理论障碍。自认契约的这一效力在《民事诉讼法解释》第 107 条也得到了认可和体现。根据该条文,当事人均同意的当事人为达成调解协议或和解协议而认可的事实可以作为后续诉讼中的根据。[1]因此,案例二中,法院应当依据当事人之间的协议认定赵某系逃逸,免除保险公司在商业险范围内的赔偿责任。

3. 解答三:自认契约的效力具有独立性

民事和解协议与普通的民事合同一样,缺乏终局性及执行力,一方拒绝履行和解协议,需要通过新的诉讼来解决。但从和解协议的内容来看,上述缺陷仅存在于权利义务分配条款,对于其中的事实确认条款而言,因不涉及执行力,与权利义务分配条款相互独立,具有效力上的独立性。而且作为纠纷解决条款,订立自认契约的目的就是防止纠纷发生后无法对事实进行确定,只有在当事人对和解协议中的权利义务分配条款发生争议时,才是自认契约发挥效力的场域,故与其他诉讼契约一样,自认契约应当具备效力上的独立性。和解协议中的权利义务条款无效或发生被撤销等效力变动并不影响其中自认契约的效力。在案例三中,即使和解协议被撤销,法院还是可以按照事故处理协议书中确认的事实,对养殖中心、刘某、邵某各自的责任进行认定。案例四中,法院可以对吴某的资金给付情况直接确认。案例五中,法官可以对魏某交费的事实进行确认。不可否认,与自认的撤销及变更一样,因程序方面的原因,自认契约的效力也可能会发生变动,只是这种变动与权利义务条款效力的变动相区别、相独立。

4. 解答四:自认契约具备阻却生效判决认定事实的效力

和解协议与生效判决并存的情况,属于“私法方案”与“公法方案”的竞合。[2]民事纠纷所具有私权利争议的属性,“私法方案”与“公法方案”均是

---

[1] 《民事诉讼法解释》第107条:“在诉讼中,当事人为达成调解协议或者和解协议作出妥协而认可的事实,不得在后续的诉讼中作为对其不利的根据,但法律另有规定或者当事人均同意的除外。”

[2] 参见王亚新:《一审判决效力与二审中的诉讼外和解协议——最高人民法院公布的2号指导案例评析》,载《法学研究》2012年第4期。

解决纠纷的适当途径,并不存在孰优孰劣的差别。在事实认定方面,解决二者的竞合问题还要从诉讼制度入手加以分析:(1)和解协议中自认契约确定的事实属于新的事实。根据辩论原则的要求,权利发生或消灭的要件事实由当事人提出,认定事实所需要的证据应当由当事人搜集和提供。法院裁判认定的事实是依据法庭辩论终结前当事人提供的证据和事实作出的。但在言词辩论终结后,仍有可能出现新的事实或新的证据,当事人在判决生效后达成的自认契约便属于新的事实,应当承认既判力基准时后发生的事实变动效力。(2)生效判决认定的事实是法律事实,而非客观事实,并非没有推翻的可能。法院通过判决确认的事实只能是通过法律程序查明的法律事实,此类事实与客观事实的重合存在或然性,某些情况下,法律事实并不等同于客观事实。而作为纠纷的直接参与者,当事人对事实有着最为准确的把握,双方当事人共同确定的事实比法院确定的法律事实更为接近客观事实。(3)一审判决之后,双方当事人在知晓一审判决认定事实的情况下,仍然愿意就事实问题的确认达成协议,虽然当事人未据此要求法院出具调解书予以确认,属于私法上的契约,但此种处分也应当得到法院的尊重。当事人在和解协议中对事实进行约定,意味着当事人对事实作出了不同于生效判决的重新确认,此种对事实的确认应当产生覆盖在先判决确认事实的效力。在案例六中,在魏某后续的治疗费赔偿纠纷中,应当认定魏某自身承担一定的过错责任。

(四)承认自认契约效力的程序法基础

和解协议中当事人约定的实体权利义务关系应当归属于实体法调整,而自认契约属于和解协议中的程序性条款,应当符合程序法基本理论的要求。

1. 承认自认契约效力之正当性

(1)符合辩论原则和处分原则的要求

辩论原则又称辩论主义,是指在诉讼中只有由当事人提出并经过充分辩论的事实和证据才能作为法官判决依据的诉讼原则。“辩论主义内容包括三个方面:一是当事人没有主张的事实法院不能作为判决的资料加以采用;二是当事人之间无争议的事实,必须作为判决的资料加以采用;三是就当事人之间有争议的事实在认定上,必须依据当事人所主张的证据。辩论主义内容的第二个方面是诉讼上自认拘束力的理论依据。”[1]辩论原则是当代多数国家民事诉讼的基本原则,反映了当事人的辩论对法官裁判的制约。自认契约符合辩论原则的基本要求:其一,根据辩论原则的要求,案件审理事实的范围由当事人决定。决定法律关系发生或消灭的事实应当由当事人提出主张,法官必须以当事人确定的事实范围为基础作出裁判,对当事人无争议的事实必须予以确认,不得作出相反认定。当事人以对事实的一致意见为基础达成契约,确定哪些事实直接可以确认,哪些事实仍旧存在争议,在当事人对事实作出自认并就此自认达成契约的情况下,法院应当尊重当事人诉讼外自认的事实,而无须对事实再进行调查。其二,法官确定事实依据的证据由当事人提供。当事人有提出和撤回证据的自由,即当事人具有证据提出程序的控制权,也可以决定就哪些事项免除对方的举证责任,而自认契约就是当事人协商免除举证责任的方式之一。自认契约之所以具有约束当事人和法院的作用,其效力来源于辩论原则的诉讼法理。

契约的本质是当事人基于处分而达成的合意,体现的是当事人对权利的处分。而证据契约作为契约的一种,也是当事人表达其处分意志的重要形式。处分原则是民事诉讼的基本原则之一,是意思自治在民事诉讼领域存在和发展的具体表现。处分原则的基本内容为自认契约的存在提供了基础。根据传统民事诉讼理论,当事人可以处分的范围包括程序性事项和实体性事项。诉讼程序的启动、推进及结束由当事人决定。当事人可以自行决定实体权利的变更与放弃,审理事实范围也应当由当事人自行决定。作

---

〔1〕 吴杰:《论民事诉讼自认的辨识》,载《甘肃政法学院学报》2009年第2期。

为私权利主体,既然当事人订立协议处分实体权利义务都不存在障碍,那么当事人对程序权利的处分也应当受到尊重。

(2)符合诚实信用原则的要求

《民事诉讼法》修改后,诚实信用原则作为一项基本原则体现在立法之中。当事人应当诚实守信,负有陈述上的真实义务。“所谓的真实义务,是要求当事人在诉讼上,不能主张已知的不真实事实或自己认为不真实的事实,而且不能在明知对方提出的主张与事实相符,或认为与事实相符时,仍进行争执。”[1]在纠纷发生后的短时间内,当事人对事实的了解是最为客观的,此时达成的对事实的共识更接近客观真实。而一旦进入诉讼,经过反复斟酌,为了自己的利益,当事人往往会掩盖甚至篡改事实。如果对己方在诉讼外已经确认的事实可以轻易推翻,那么必然不利于诚实信用原则的遵守。自认契约使当事人在诉讼外想要将无争议的事实加以固定,具备了相关制度保障。在诉讼外,当事人以固定客观事实为目的订立契约,并共同认可这些事实具备与诉讼中自认相同的法律效果,应当得到法院的尊重,是对诉讼外自认效力的必要补强。在对事实加以确认和固定之后,不允许当事人到诉讼中再对此事实进行相反陈述,契合了诚实信用原则的基本要求。

(3)符合程序安定性的要求

和解协议作为实体法与程序法交叉的领域,当事人处分其实体权利属于实体法规范的范畴;同时,作为一种纠纷解决方式,和解协议中的自认契约是程序法内容的体现。“当事人之间的争议事项(请求)将消灭于和解协议中。受和解协议实体法效力的拘束,当事人将不得再主张先前不确定乃至发生争议的法律后果,以此缔造法的和平与法的安定。”[2]不仅实体法具有安定性,程序法也具有安定性,和解协议中的自认契约也不应当允许当事人直接进行争议。当事人一旦对实体权利义务内容达成的合意产生争议,

---

〔1〕 肖建华:《构建协同主义的民事诉讼模式》,载《政法论坛》2006 年第 5 期。
〔2〕 赵秀举:《论民事和解协议的纠纷解决机制》,载《现代法学》2017 年第 1 期。

只能通过和解协议之诉来解决，而不允许再就初始纠纷直接诉至法院，只有在和解协议的效力通过司法程序撤销或宣告无效后，当事人才能就初始纠纷要求法院进行审理。同样，和解协议中有关事实认定达成的一致意见也应当对法院和当事人具有相应的拘束力，程序各方主体应当尊重自认契约的效力。如果仍旧允许当事人对已经确定的事实进行争议，则又会陷入一种纷争状态，与程序的安定性和法的和平理念相违背。就对案件事实的确认而言，自认契约与法院裁判相互排斥，一旦通过自认契约确定的事实，在自认契约效力未发生更改期间，法院不可再通过对证据的审查、判断对相关事实作出确认。

2. 承认和解协议中的自认契约效力之必要性

首先，认可自认契约的效力有利于保护实体公正。自认契约的适用可以减轻当事人的举证负担，减少守约一方的败诉风险。和解协议虽然是当事人为解决纠纷而订立的，但因其欠缺法定的终局性与强制性，在和解协议存在不能彻底解决纠纷风险的情况下，在其中对相关事实问题作出确认，也就具有了更为深远的意义。民事案件中，诸多事实属于一过性事实，具有不可重复和再现性，当事人存在举证上的困难。当案件事实陷入“真伪不明”时，法官一般会应用举证责任规则，径行判定事实“不存在”。[1]民事案件中，承担举证责任的一方承担着更大的败诉可能已是不争的事实。而自认契约则成为当事人寻求救济的最后一根稻草。承认自认契约具有固定案件事实的效力，而非仅仅将其作为证据，从根本上免除当事人的举证责任，对保护当事人合法的权益具有不可估量的重要作用。例如，在案例一中，因我国对摩托车登记制度管理的漏洞，在摩托车缺少相关登记的情况下，受害一方当事人根本无法完成对摩托车主体的举证。当事人在和解协议中对摩托车主体加以确定，免除了当事人的举证责任，从根本上实现了对当事人利益

---

〔1〕 参见曹志勋：《“真伪不明”在我国民事证明制度中确实存在么？》，载《法学家》2013 年第 2 期。

的保护。

其次,认可自认契约的效力有助于提高诉讼效率、减少诉讼成本。当事人在自认契约中确认的事实往往是存在取证困难的事实,只有事件的亲历者才知道事实真相。例如,在案例二中,如果没有摄像头且赵某在逃逸后又返回现场,就很难对其是否逃逸作出认定。案例三中是养殖中心让刘某挪动车辆,还是刘某擅自挪动车辆,以及邵某当天是否曾饮酒等事实也不易确定。如果对自认契约的效力加以否认,或者认定自认契约的效力等同于诉讼外的自认,当事人为完成举证责任,必须搜集证据,法院也不得不对证据的证据能力和证明力进行审查,有时还需要依照当事人的申请而调取一定的证据。当事人的取证行为和法院组织质证、认证的过程均需要耗费人力、物力、财力,造成当事人资源和法院司法资源的损耗。而通过确认自认契约的效力,法官可以直接对争议事实加以确认,免除了当事人举证、质证的过程,也减轻了法官认证的负担,减少了诉讼成本,提高了诉讼效率。

最后,自认契约是弥补自认功能缺陷的必要制度。自认制度以辩论原则为基础,是将双方当事人无争议的事实直接加以固定的技术手段,但自认制度的功能在一定程度上欠缺周延性,需要当事人通过订立自认契约来加以弥补。在诉讼中,遵循辩论原则,自认可以起到免除对方当事人证明责任并约束法院事实认定的作用。“这种观点将免除当事人证明责任的原因归于自认本身是一种完善的证据方式,即当事人一旦对某一事实予以自认,该事实就成为没有争议的事实,由于法院裁判的基础只能是当事人无争议的事实,因此自认就对法院产生了约束力。”[1]但诉讼外的自认只能作为证据使用,而不能达到固定事实及免除举证责任的效果。诉讼外的自认对法院并无约束力。如果当事人在诉讼之外要达成对事实及证据的确认,并均同

---

〔1〕 宋朝武:《论民事诉讼中的自认》,载《中国法学》2003年第2期。

意以此来约束法院对事实和证据的认定,就需要在自认之外创设一种法律制度,通过这种制度使诉讼外的自认具备与诉讼中自认同样的效力。这便是自认契约。自认契约可以很好地解决诉讼外自认的制度缺憾。当事人对事实或证据的主张虽然是在诉讼之外作出的,但得到了对方当事人的确认,双方当事人可以通过契约的形式对这种确认加以固定。

三、自认契约的制度设计

自认契约的成立应当坚决贯彻契约自由的原则,符合何种要件的自认契约才能具备相应的效力?法官在自认契约的适用过程中如何对其效力进行审查?自认契约与自认存在制度上的关联性,但也存在本质区别。自认契约的生效要件设计可以参考自认的相关规定,又需结合自认契约本身的特点。

(一)缔约主体应当具备民事行为能力

订立自认契约的主体应当具备民事行为能力。合同法对当事人缔约能力的基本要求是具备民事行为能力。无民事行为能力人和限制民事行为能力人订立的合同仅在特殊情况下有效,如此二类主体可以订立纯获利性或免除义务的合同、日常生活中的事实合同等。与普通民事合同相区别,作为证据契约的一种,自认契约并非实体上纯获利的合同,也非事实合同。虽然自认契约能够免除一方举证责任(可以理解为证据方面的纯获利),但因与诉讼利益及证据事项相关,具有较强的专业性,各方主体对其意思表示的后果必须存在清醒的认识,并能独立承担契约责任,不宜允许无民事行为能力人或限制行为能力人作为契约订立的主体。从与自认的区别来看,自认是一种证据或者说是一种证据方式,作为事实行为,对作出自认的主体资格条件比照证人的要求即可,具有与所述事实相对应的认知能力和表达能力的人均可作出自认。而自认契约是双方主体作出的法律行为,是双方主体对案件事实的确认,对主体资格要求更为严格。

因民事代理制度的存在,对事实进行确认的主体不仅有当事人,还有代理人。诉讼中的代理人为代为进行诉讼的诉讼委托代理人(以下简称诉讼代理人),诉讼外的代理人为代为从事民事活动的委托代理人。根据《证据规定》第74条的规定,诉讼代理人的代理词中承认的对己方不利的事实和认可的证据,人民法院应当予以确认,因此,诉讼代理人对对方当事人主张的事实明确加以承认,可以产生等同于当事人自认的效力。作出自认的代理人并不需要特别授权,一般授权即可。这是基于现代代理制度的内容及诉讼效率的考虑而作出的制度设计。与诉讼中的自认不同,自认契约既可存在于诉讼前,又可存在于诉讼中的诉讼之外的场合,诉讼前的委托代理人和诉讼中的诉讼代理人均可能成为订立自认契约的主体。法律关系涉及的事实往往错综复杂,在确定一个事实的过程中,对事实的细节性和准确性的要求较高。代理人一般并非事件的亲历者,对事实的了解多来源于当事人对事实的描述。当事人自认的事实与客观事实的相符性一般较高,而代理人自认的事实与客观事实相符的可能性要小于当事人自认。订立合同的委托代理人可以依照当事人的授权处分当事人的实体权利义务,但对于事件细节性事实,当事人未必交代得详细准确,如果赋予委托代理人订立自认契约的代理权,会导致自认契约所确定事实与客观事实相符性大大降低,故委托代理人不宜具有订立自认契约的权利。对于诉讼代理人来说,其取得代理权是在纠纷发生之后,被代理人将纠纷主动(原告)或被动(被告)交由法院处理之时。因此,诉讼代理人的代理权仅存在于诉讼之中,即使是诉讼中的诉讼之外的场合,诉讼代理人并不具有代理权限,故其不应具有订立自认契约的权利。综上所述,订立自认契约的主体只能是当事人,代理人不具备订立自认契约的资格。

(二)契约内容为实体法事实和部分证据事实

和解协议中自认契约的客体是双方当事人达成一致认识的事实。在民事诉讼中,事实可以分为实体法事实、证据事实和程序法事实。自认契约的对象应当包括实体法事实和部分证据事实，下面分别进行分析：

1. 实体法事实

实体法事实可以分为直接事实和间接事实。直接事实是对实体权利产生、变更或者消灭起到直接影响的事实，即实体法要件事实。间接事实是借助逻辑规则或者经验法则判断主要事实是否真实的基础事实。〔1〕辩论主义的适用范围为直接事实，以辩论主义为基础的自认契约制度，其契约内容毫无疑问应当包括直接事实。应当注意的是，直接事实可以由当事人通过协议的方式加以确定，但涉及身份关系的事实除外。《证据规定》第8条规定，涉及身份关系的案件不适用自认。身份关系事项涉及公益性，内容多为家庭伦常相关事项，关涉整个社会体系中的公序良俗及不特定第三人的利益，此类事实不得由当事人通过契约的方式加以处分。这也与对身份关系作出的自认不具备相应效力的规定相契合。

关于间接事实是否能够成为自认契约的内容，应当参考学界对间接事实的承认是否能够构成自认来讨论。相关的主要学说包括"肯定说"、"否定说"及"修正肯定说"。自认制度是辩论主义与自由心证交叉作用的制度，相关的制度设计应当遵循辩论主义与自由心证的共同要求。因绝对地肯定间接事实的效力有损害法官自由心证之嫌，故"肯定说"已被学界大多数学者否定。"否定说"否定了间接事实作为自认对象的效力，维护了法官的自由心证，但当事人自愿确认的事实，法院却要绝对地依职权进行调查，会损害当事人对事实的辩论和处分权利，与当事人程序主体性原则的要求相悖。因此，日本的新堂幸司教授为代表的"修正肯定说"提出，不同于对直接事实自认效力的认定，对于间接事实自认的效力是附条件的，法官可以对其他间接事实进行认定，在以推翻自认间接事实的其他间接事实获得认定时，对该

---

〔1〕 这是结合证明对象的范畴的分类讨论对民事诉讼中事实进行的区分。参见倪静、程春华：《民事诉讼证明对象范围澄清与内容审视》，载《甘肃社会科学》2008年第4期。

间接事实的自认不产生效力。[1]这样既维护了法官自由心证的权威,又保障了当事人意思表示的顺利表达。关于间接事实是否能够作为自认契约内容的确定,应当参考"修正肯定说"的观点,对于当事人约定的间接事实效力的认定应当与约定直接事实的效力相区别:如果当事人约定的间接事实与其他间接事实或证据相结合,能够直接导致直接事实得以确认,那么此种证明力较强的间接事实应当具备与直接事实相同的效力,直接得到法官的确认。而对于此类型之外的间接事实,则由法官结合其他间接事实与证据加以确认。因此,当事人在自认契约中约定的有效的间接事实应当是证明力较强的间接事实,对其他类型的间接事实不宜在自认契约中加以约定。

2. 证据事实和程序法事实

证据事实又称辅助事实,是用来确定证据之证据能力及证明力的事实。关于当事人是否能够就证据事实进行自认,多数学者认为证据事实应当由法官判断,如有学者提出:"辅助事实是判断主要事实的手段,处于与证据同等的地位,其存在与否、真实与否,应由法官依自由心证加以判断。"[2]"了解证据之证据能力、证据力有关的证人性格、证人与举证人的利害关系等事实的自认,也不应有拘束法院的效力。"[3]那证据事实是否能够由当事人自由约定呢？笔者认为,当事人可以通过订立契约固定对证据真实性的共识。因自认契约为诉讼外达成的契约,并无明确指向的待证事实,因此对于证据的关联性及证明目的,双方当事人无法进行约定。对于证据的证明力,虽然根据我国现行立法,诉讼中当事人对证据的承认直接导致的后果是法院应当对证据的证明力加以确认,但这是关于诉讼中对证据承认的规定,其效力并不及于诉讼外的自认契约。在对自认契约进行设计时,也因待证事实的

---

〔1〕 参见[日]高桥宏志:《民事诉讼法制度与理论的深层分析》,林剑锋译,法律出版社2003年版,第397~398页。

〔2〕 宋朝武:《论民事诉讼中的自认》,载《中国法学》2003年第2期。

〔3〕 陈界融:《论自认的效力》,载《政治与法律》2003年第4期。

不明确及证明力属于法官自由心证的领域，而不宜由当事人通过自认契约加以确定，当事人对证据相关事实的约定应当是对证据真实性的认可。例如，学界通常认为对与文书真伪有关的辅助事实的确认具有自认的效力。[1]文书真伪就属于证据真实性相关的事实，当事人可以通过契约的方式对此类证据事实加以确认。

程序法事实不宜成为自认契约的内容。程序法事实是涉及当事人程序权利的事实，又可具体分为由当事人主张的程序法事实和法院依职权调查的程序法事实，前者如申请回避、财产和证据保全、延期审理依据的事实等，后者包括当事人行为能力、管辖权、诉讼中止或终结等事实。自认契约是存在于诉讼之外的契约，而程序事项是诉讼中发生的事项。而且程序事项与实体性事项相比，其与法院公权力的行使具有更为紧密的联系，不仅涉及当事人的利益，还涉及审理秩序的规范，故其相关的事实不宜由当事人通过自认契约加以确定。

（三）意思表示明确真实及具备合法性

当事人的意思表示必须真实，自认契约才能具备有效性。根据是否要求内在心理与外在表示相一致，意思表示分为主观意思表示和客观意思表示。主观意思表示侧重于考察行为人的内心活动，客观意思表示侧重于考察行为。现代立法中，对合同有效性的要求一般倾向于客观意思表示真实为主，兼顾主观意思表示。对自认契约中意思表示真实的考察也应当沿袭合同法中的基本要求，侧重于考察缔约人是否作出真实的订立自认契约的行为。在和解协议中，当事人作出订立自认契约固定事实的意思表示一般存在如下表述：(1)载明要确认的事实。对事实的描述应当准确完整，避免产生歧义。(2)载明双方在之后的纠纷中不得再就确定的事实进行争执。通过上述表述，便可推知意思表示真实。

---

〔1〕 参见邱星美、张红娇：《论民事诉讼自认制度之限制性规则》，载《法律适用》2013年第3期。

社会生活涉及方方面面，法律不可能将所有情况毫无遗漏地加以规定，故《合同法》将不得损害国家、社会及第三人利益作为合同生效的最后一道防线。不得损害国家、社会及第三人利益是合同生效的基本要求，自认契约亦如此。遵守合同的相对性原则，当事人对于事实认定的约定仅在双方当事人之间有效，一般不会涉及第三方的利益；但在特殊情况下，也存在损害国家、社会及第三人利益的风险。例如，当事人为恶意转移财产而对财产内容相关事实作出的约定，此类约定应属于无效。

（四）明示且为书面形式

根据我国现行法的相关规定，诉讼中的自认存在拟制自认，其基本法理在于自认是确定案件事实的司法制度，不需要当事人具备法律专业知识，只要对事实有己方的认识便可作出判断。当事人作为争议事件的直接参与人，对于事实的判断必然可以给出“是”或者“否”的答案，如果当事人对法官询问的事实不作表示，依据诚实信用原则，可以推定为真实。自认存在于诉讼之中，在法官的主持和询问下，当事人必然会为争取己方利益而进行争执，如果当事人在法官的询问下，对事实不发表相关意见，也不进行需要反驳的意思表示，足以证明其通过默示的方式对该事实的承认。但自认契约并不存在拟制自认的理论和实践基础。自认契约存在于诉讼之外，属于当事人自愿作出的意思表示，如果当事人对某一事实采取沉默的态度，不愿作出意思表示，就缺少了当事人订立自认契约的基础。因此，同其他民事合同一样，自认契约必须以明示的方式作出。

这种明示的方式又必须限于书面形式，自认契约存在于诉讼之外，作为通过当事人合意对自认制度的补充，涉及案件事实或证据真实性的确定，应当符合证据契约对形式的一般性要求。自认契约的订立缺少法官的主持和见证，只有书面形式才能避免双方当事人对契约内容的争议，是固定其内容的最佳选择。同时，该契约的作用发生在诉讼之中，口头形式需要当事人采取证据加以证明，也有违自认契约制度设立的初衷。从这一角度来看，要达到使法官直接认定自认契约所涉事实的存在，进而免除一方的举证责任的目的，自认契约也必须采用书面形式。但值得注意的是，对于书面方式的具体形式不应过于拘泥于严谨的自认契约名义。如上文所述，实践中，已经存在各种以书面方式存在的自认契约，具体包括普通民事合同的事实确认条款、独立的备忘录、对账单、和解协议或者是国家机关的相关笔录等形式。

形式上的不拘泥不代表内容上的不完整，完整的自认契约应当包括以下几个方面内容：(1)当事人有明确的通过协商确定某一事实或证据的意思表示。即当事人存在订立契约的表示，是双方当事人作出的法律行为，而非一方确认的事实行为。(2)载明双方在之后的纠纷中不得再就确定的事实或证据进行争执，也不能提出相反的事实。最好能够采用表达订立自认契约意思的缔约用语，如“各方对上述事实不再发生争议”“各方不在发生纠纷时提出相反的事实”等。这是自认契约订立的重要标志。即双方当事人确认达成的是自认契约，所要达到的法律效果等同于诉讼中的自认或者对证据真实性的认可。姜世明教授曾举过一个例子对此进行过说明：在某不动产租赁契约中，当事人在租赁合同中对房屋情况及附属物情况进行了记载，并且该租赁契约附加一手书条款：“契约当事人如果发生诉讼之后，不能就契约中记载的相关事实提出否定性意见，也不能对相关事实加以争执。”之后，承租人修缮房屋时向出租人提起诉讼，主张出租人交付的房屋存在使用上的瑕疵。经审查，此瑕疵存在部位在房屋租赁合同中被确定为完好状态，因此承租人的主张无法得到支持。[1] (3)载明双方当事人所要确认的事实或者证据。对事实或证据的描述应当准确完整，避免产生歧义。对于证据的名称和内容也应当进行准确描述。

（五）自认契约的变更、撤销

自认契约因是双方表意行为，不存在撤回的问题，但应当允许变更、撤

---

〔1〕 参见姜世明：《新民事证据法论》，厦门大学出版社2017年版，第85页。

销。对自认契约撤销条件的设计应当参照普通民事合同撤销及自认撤回的条件。根据我国《合同法》第54条的规定,普通民事合同的变更、撤销条件可以归纳为两大类:一类是显失公平;另一类是意思表示不真实。其中,意思表示不真实又具体可以分为:(1)因存在重大误解而作出不真实的意思表示。(2)因一方的欺诈、胁迫或者乘人之危而导致另外一方当事人意思表示不真实。根据《证据规定》第8条、第74条之规定,诉讼中的自认在三种情况下可以撤回:一是对方当事人同意;二是作出自认时存在重大误解或者受到欺诈、胁迫;三是有充分的证据可以推翻自认的事实。通过比较可以看出,普通民事合同的撤销侧重于合同是否公平及当事人的表意行为是否真实,而自认撤回则侧重于事实是否客观。自认契约可变更、可撤销的条件应当比普通民事合同的撤销及自认的撤回更为严格。对当事人而言,证据收集也具有一定的时效性,在普通民事案件中,这一点更为显著。在诉讼外,当事人订立自认契约后,基于对契约确认事实的信赖,往往会放弃或怠于收集相关证据,一旦自认契约被变更或撤销,举证责任方必然要重新承担举证责任,而此时当事人可能已经丧失了搜集证据的最佳机会,导致其难以对待证事实加以证明。对法院而言,诉讼环节因当事人自认契约的存在而免除了对事实进行调查的环节继续向前推进,在自认契约被变更或撤销的情况下,相关事实又要重新进行调查,增大了事实查明的难度,也会增加诉讼成本和负担。

在两种情况下可以变更、撤销自认契约:(1)基于当事人意思表示的一致变更、撤销自认契约。依据契约自愿性原则,如同当事人享有协商一致订立自认契约的权利一样,当事人协商一致变更、撤销自认契约不存在理论上的障碍,法院不应加以干涉。(2)提供证据证明作出自认契约时受到了欺诈、胁迫或者存在重大误解。自认契约所涉及的事实应当是当事人自主意思表示的表达,如果当事人存在认识或者表达上的错误,此种自认契约应当可以变更、撤销。参考合同法的有关规定,此种错误表示的产生可能基于的事由主要包括:一是重大误解。当事人基于重大误解而造成对事实认识的错误,此种基础上订立的自认契约应当可以就内容予以变更或者撤销。二是受到欺诈、胁迫。在此种情况下,当事人对事实的认识无误,但意思表达的过程被他人控制,故而作出了与主观意思表示不相符的客观表达,也应当给予当事人进行变更、撤销等救济的机会。如果对契约的变更、撤销,当事人要附加其他条件,应当由当事人协商确定。

而对于当事人"有充分证据可以推翻自认契约的事实"的情况下,则不应当允许变更、撤销自认契约。就公平角度而言,因自认契约的订立,相对方当事人很可能会因为事实已经被固定而怠于进行围绕相关事实所需的证据搜集工作,导致其取证、举证机会的丧失。在一些案件中,这种取证机会是不具备可重复性和逆转性的,相关证据存在灭失的可能。在这种情况下,即使一方当事人提出了足以推翻自认契约载明事实的证据,另外一方当事人也丧失了对相关事实成立进行证明的机会。如果允许当事人以此为理由变更、撤销自认契约,则与诚实信用原则相悖,也会支持了当事人具有不正当目的的诉讼策略。就效率角度而言,当事人都是纠纷事件的亲历者,如果一方当事人提出了推翻自认契约证据,那么在不存在欺诈、胁迫或重大误解的情况下,此方当事人为何还要订立自认契约?在自认契约订立的过程中是否存在缔约过失?当事人的此种变更、撤销行为会降低诉讼效率、增加不必要的诉讼成本,不应当得到支持。

四、自认契约为证据契约的一种

正如本章开篇所述,理论界对自认及自认契约两个概念的理解较为混乱,也不乏将自认归为证据契约的观点。早年的论述中多在涉及证据契约的类型时提及自认。近年来,随着证据契约研究的深入,逐渐有了将自认作为证据契约种类之一的详细探讨,如宋志军在其专著《刑事证据契约论》中,用一章的篇幅讨论了证据契约的重要种类之一——证明对象契约,并将自认作为证明对象契约的典型代表进行分析。但遗憾的是,此章内容虽然冠以“证据契约”的题目,通篇却是对自认制度本身论述,并未解释为何将自认作为证据契约的一种,也未解释自认与自认契约的区别。事实上,无论是刑事领域还是民事领域,自认与自认契约并不等同,证据契约的类型应当包括自认契约,而非自认。

（一）自认与自认契约的联系与区别

自认与自认契约都存在对特定对象不加争执的特征,而且均可以产生免除当事人举证责任的后果,因此都属于证据法则的重要组成部分。自认和自认契约存在密切的联系,自认只存在于诉讼之中,如果当事人在诉讼外对某一事实达成一致意见,想要达到对事实加以固定的效果,只能通过订立自认契约来实现。自认契约是当事人通过行使处分权,对自认制度不足之处进行的必要补充,应当说自认契约是建立在自认制度存在的基础之上,是对自认功能的进一步完善。但也应当注意到,自认与自认契约是两种截然不同的证据制度,两者主要存在以下区别:

第一,制度基础不同。自认的制度基础在于当事人主义诉讼模式中的辩论主义原则,按照辩论原则的要求,裁判者对事实的认定要以当事人的事实主张为基础。当事人所主张事实的范围决定了法院作出裁判所需要认定事实的范围。一方当事人提出某一项事实主张,另一方当事人对此予以认可,法院自然要受到双方当事人均认可的事实的约束。而自认契约的理论基础不仅在于辩论主义,还更侧重于当事人拥有对自身权利的自由处分权。正是因为处分权的存在,当事人才能赋予诉讼外自认与诉讼中自认相同的法律效力。对于与证据相关的自认契约而言,当事人作为民事诉讼的主体,在诉讼之前也可以自由处分自身的证明利益。

第二,行为的性质不同。自认是事实行为、单方行为,而自认契约是法律行为、双方行为。自认是当事人单方作出的认可,属于单方事实行为。在自认中,双方当事人并不存在意思交流,只是对某项事实达成了共识。提出事实的一方当事人并非以订立契约为目的而提出事实,而进行认可的意思表示的当事人也非为了订立契约而作出认可。自认契约是双方当事人达成的,不仅包括双方当事人对事实或证据的共识,而且在达成之时就存在订立契约的一致意思表示,因此属于法律行为。

第三,存在的时间和形式不同。自认不仅有诉讼外的自认,更多的是以诉讼中自认的形式存在。而自认契约存在场合为诉讼之外,包括诉讼前及诉讼中本诉之外的场合。诉讼中因有自认制度的存在,无须订立自认契约。诉讼中的自认作出的方式有明示和默示两种,当事人可以明确表示自认,在经法院充分询问,对相关事实不置可否时,可以认定为默示的自认。而自认契约因是诉讼前达成,又属于涉及证据的法律行为,应当符合证据契约的一般性要求,只能以明示的方式作出。

第四,认可的对象不同。自认的对象为事实,对证据的承认不属于自认的范围。而自认契约的对象不仅包括事实,还包括证据。因自认契约是要解决当事人在诉讼外所作出的承认,而此类承认既包括对事实的承认,还包括对证据的承认,此两种承认均可以由当事人通过契约的方式自由处分,故自认契约的对象不仅包括事实问题,还包括证据相关问题。

(二)自认及当事人对证据的承认均非证据契约

订立证据契约的目的是双方当事人为处理证据相关事项或处分证明利益。民事证据契约的内容一般要包括一定的需要履行的行为,并包括因一方未履行约定的行为而承担不利的后果。结合证据契约的特征来看,无论是诉讼中的自认还是诉讼外的自认以及当事人在诉讼中及诉讼外对证据的认可,均非证据契约,具体理由如下:

首先,从作出自认的主体和形式来看,并不符合证据契约对订约主体的要求。自认不符合诉讼行为的特征,自认的作出并不需要有行为能力,其对缔约主体能力的要求应当与证人的行为能力要求相同,即只要能够正确理解和表达,便可作出自认。对于无行为能力人或限制行为能力人而言,只要作出自认的事实与其年龄、智力状况或精神状况相适应便具有法律效力。而证据契约要求作出的主体具备民事行为能力。自认的形式包括明示和默示两种，而证据契约要求必须以书面形式存在。

其次，从性质上看，自认属于事实行为，不以意思表示一致为要件，[1]这与证据契约要求缔约主体达成意思表示一致的原则相悖。自认是单方当事人作出的意思表示，而非双方当事人达成的关于事实不再争执的合意。在作出自认的过程中，确实包含双方当事人看法一致的情况，但这里的一致只是对事实认定的统一，一方当事人对事实作出陈述，其作出陈述时并非以达成契约为目的，而另外一方当事人也只是单方认可此种陈述。自认并非当事人协商一致要作出某项行为，而是对所涉事实的认定产生了一致的意见，其一致仅是对事实认识的一致，并无达成契约之目的。自认虽然可以产生免除举证责任的法律效果，但当事人作出自认的目的并非在于免除对方当事人的举证责任，而只是出于对案件事实的认可。可以说，免除对方当事人的举证责任是自认的附属产品。

最后，从法律后果来看，将自认归为一种证据契约缺乏法律意义。诉讼中自认的法律后果已经由法律明确规定，无须再由当事人加以约定。免除对方当事人的举证责任只是因法律对自认效果的规定，而非由当事人直接约定免除举证义务方的举证责任。违反自认并不需要违约救济。当事人在对事实作出自认后又作出了不认可自认内容的意思表示，不会被法院采纳。这就是自认法律效果的法定性。或者说即使有当事人作出了与自认相反的意思表示，因这种行为不会造成法律上的后果，因此也不可能对对方当事人造成损害，不需要救济。从这一角度来看，将自认归为证据契约也缺乏必要的意义和价值。诉讼外的自认是一种证据，而不是证据契约。当事人在作出诉讼外自认行为时，并非以处分证明利益为目的，不属于证

---

〔1〕 参见陈界融：《论自认的效力》，载《政治与法律》2003 年第 4 期。

据契约。

同样,上述三点理由也是当事人在诉讼中对证据的承认不构成证据契约的理由。法律已经明确规定了诉讼中当事人对证据的承认的法律后果,没有必要再由当事人通过证据契约对相关问题作出约定。

(三)自认契约属于证据契约的一种

如上文所述,自认契约与自认是两项完全不同的证据制度。虽然自认及诉讼中对证据的认可不属于证据契约的类型,但自认契约却是证据契约必不可少的内容。从上述对自认契约的分析及对自认契约与自认的区别分析可以看出,自认契约符合证据契约的基本特征和基本要求。

首先,从订立契约的主体和形式来看,自认契约要求订约主体具备完全的民事行为能力,无民事行为能力人和限制民事行为能力人无权订立自认契约,这一要求符合证据契约的主体性特征。自认契约是当事人意思表示一致的体现,要求缔约人有一定的缔约能力,能够认识到其缔约行为所要带来的法律后果。从形式上看,自认契约只能以书面形式存在,不允许以默示的方式存在,这也符合证据契约对形式的基本要求。其次,从行为性质来看,自认契约作为双方当事人达成的合意,是双方当事人意思表示的一致,属于典型的契约法律行为。这是自认契约与自认的主要区别,也是将自认契约确定为证据契约的种类,而将自认排除在证据契约范围之外最为核心的原因。再次,从契约的内容来看,自认契约的内容为证据相关事项,属于证据契约的范畴。自认契约的内容为双方当事人对事实问题或证据问题达成的合意。其中,对证据问题的合意毫无疑问属于证据事项领域,对事实问题的合意可以免除当事人的举证责任,也属于证据事项。最后,从法律效果看,自认契约可以达到免除一方当事人举证责任或证据真实性证明责任的效果,也与其他程序性或实体性诉讼契约存在本质的区别,应当归属于证据契约。

五、本章小结

自认契约与自认是两种截然不同的证据制度。自认是事实行为,自认契约是法律行为,两者存在本质的差异。自认契约属于民事证据契约的具体类型,而自认则不属于证据契约。自认契约是具备民事行为能力的当事人在诉讼外订立的,其对象既包括对实体法事实的合意,也包括对证据事实的合意。当事人通过订立自认契约使诉讼外的自认和对证据的承认具备同诉讼中自认及对证据承认类似的效力。

第八章

举证时限契约

根据我国《民事诉讼法》及相关司法解释的规定，举证时限的确定方式分为法院指定和当事人约定两种情形。其中当事人约定举证时限，属于举证时限契约的范畴，只是尚未形成规范的契约模式。[1]早在2002年《证据规定》中就存在当事人协商确定举证时限的相关规定，2015年《民事诉讼法解释》对其进行了重申。但十几年来，通过此种方式确定举证时限的实践运行效果并不理想。限制举证时限契约适用的障碍在何处？实践中是否需要该制度发挥作用？哪些类型的案件应当优先适用举证时限契约？该制度是否存在尚待完善之处？本章拟从司法实践出发，以保障当事人程序权利为导向，为上述问题寻找答案。

〔1〕 举证时限契约属于证据契约的一种，是当事人之间订立的关于举证时限长短、证据交换时间、逾期举证法律后果等举证时限相关问题的程序性契约。

一、举证时限契约缺乏现实运行空间

(一)“一边倒”的举证时限确定方式

为全面了解举证时限确定方式的实践运行情况,笔者通过分析生效裁判文书、调研案件卷宗、向法官发放调查问卷、访谈四种方式进行考察。考察后发现,因现行判决书中对与证据相关的程序问题并无强制性的表述要求,文书中对举证时限确定的描述较少,从判决书中无法全面掌握此问题的运行情况。面向法官职业群体进行的问卷调查及访谈、查阅案件卷宗是探讨实践中举证时限确定方式较为准确、可行的途径。笔者对2016年1月1日至12月31日参与审理的165件案件的卷宗(包括一审卷宗和二审卷宗)[1]中有关举证时限契约记载的相关情况进行了分析。在这165件案件中,仅有3件案件在一审程序中,4件案件在二审程序中,存在当事人协商确定举证时限的情况;但也均是因法官指定的举证时限不合理,当事人通过协商一致的形式进行变更,未发现一件当事人在案件审理之初协商确定举证时限的案件。

为了考察更广泛案件的情况和法官职业群体对此问题的做法,笔者于2017年2月10日至5月10日面向某市所属16个基层法院、3个中级法院及1个高级法院中共计150名员额内法官(其中包括126名在职法官和24名离职法官)发放了调查问卷。[2]收回有效问卷123份,笔者对123份问卷的数据进行统计后,形成了下面的分析图(见图8-1至图8-14):

---

[1] 笔者审理的为二审案件,案件上诉后,一审案卷会全部移送二审法院,因此,调研的案卷包括一审卷宗和二审卷宗,合计卷宗330份。

[2] 笔者在向这150名员额法官发放问卷的同时,还与其中的118名法官通过面对面、电话、微信的方式进行了访谈。

对实践中举证时限确定方式的调查：

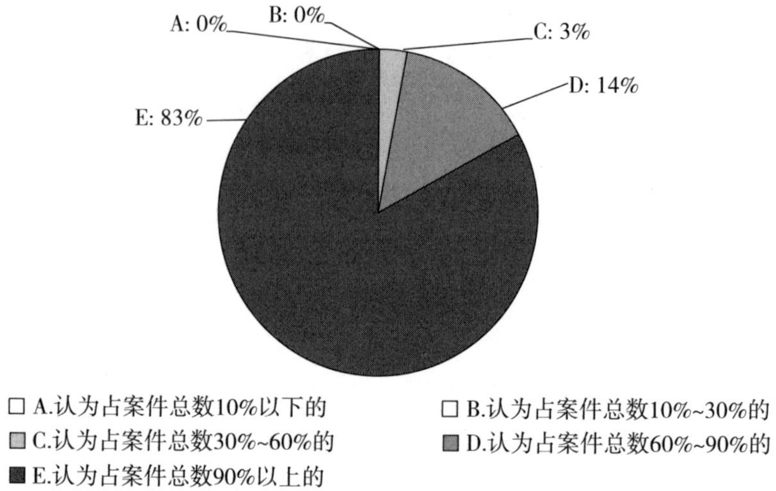

图8－1　在你审理的一审案件中，由法院指定举证时限所占比例

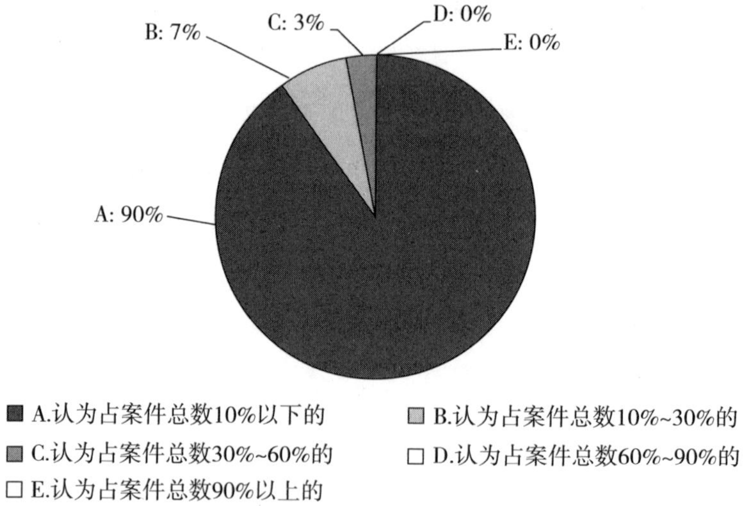

图8－2　在你审理的一审案件中，由当事人协商确定举证时限所占比例

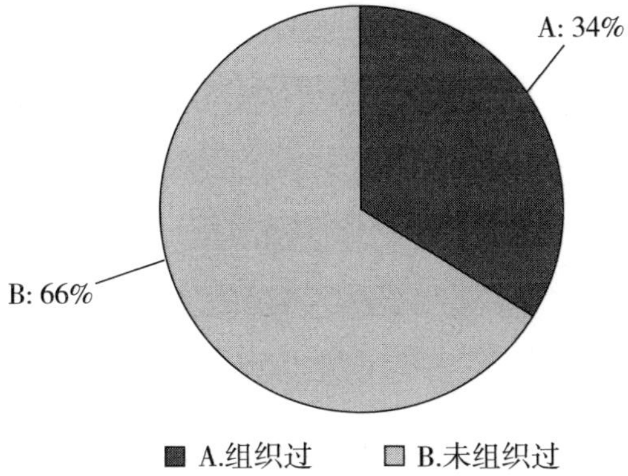

图8-3　是否主动组织过当事人协商确定举证时限

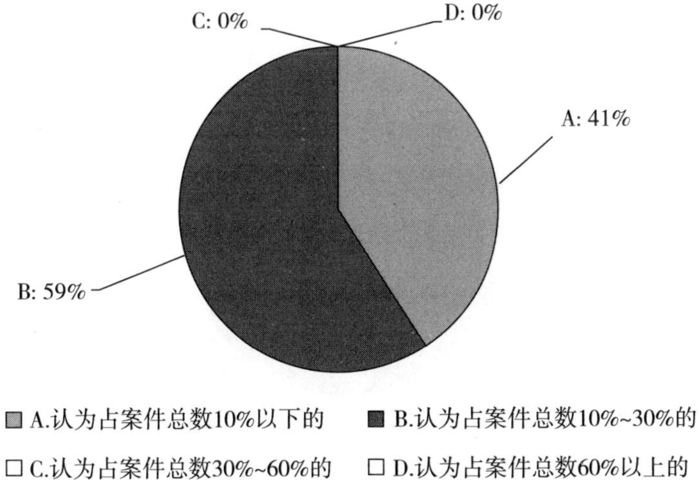

图8-4　主动组织过当事人协商确定举证时限的案件占审理案件的比例

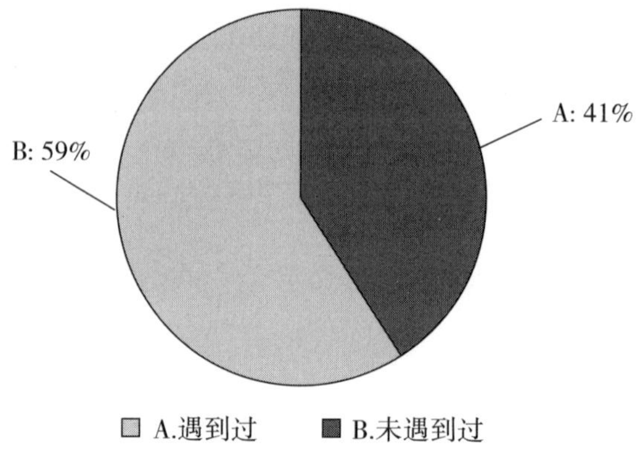

图8-5 是否遇到过当事人主动要求协商确定举证时限的情况

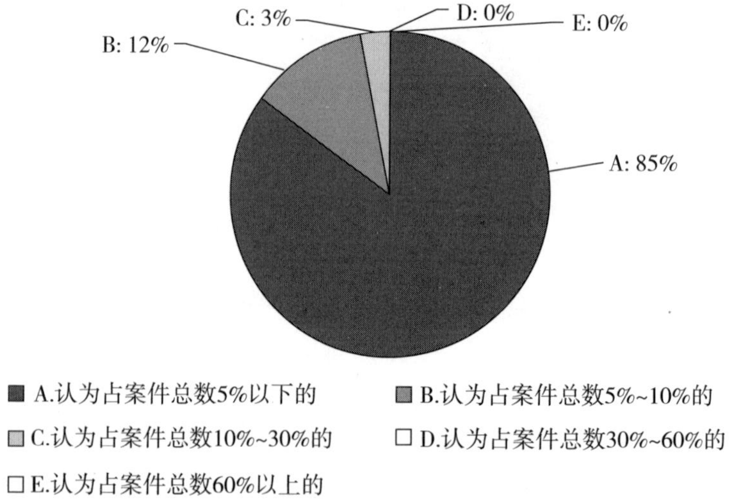

图8-6 当事人主动要求协商确定举证时限的案件占案件总数的比例

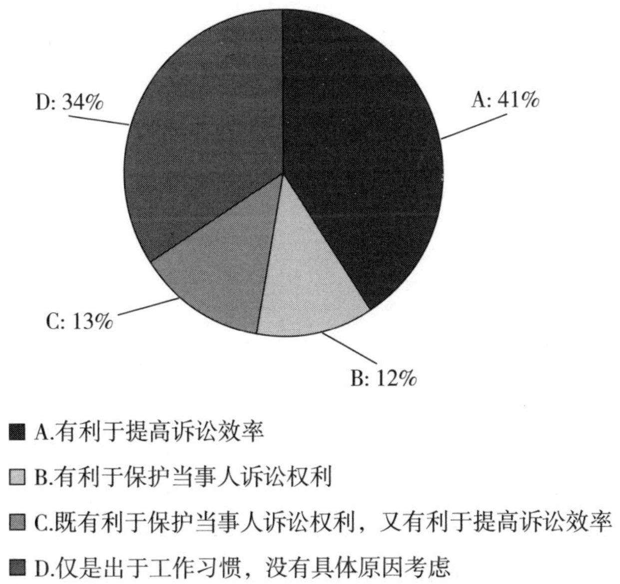

图 8－7　选择由法院指定举证时限是出于何种考虑

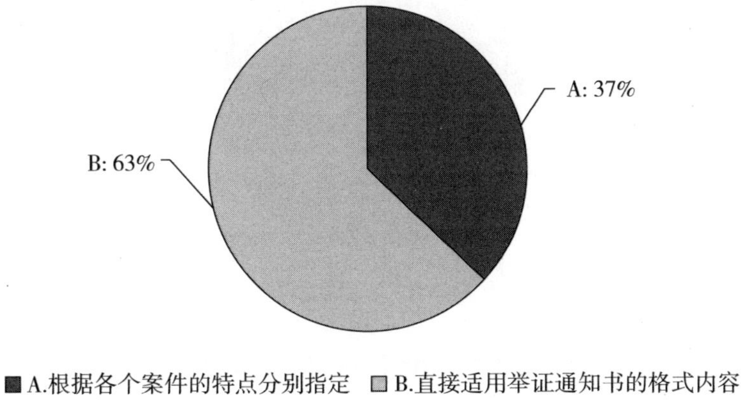

图 8－8　由法院指定举证时限，是否根据个案分别指定

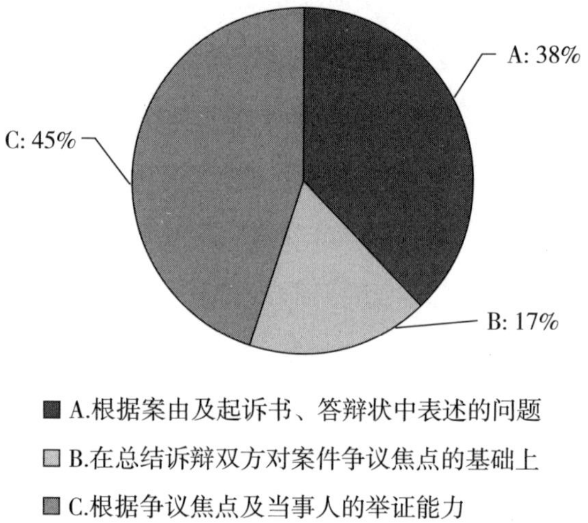

图 8-9 法院根据个案指定举证时限,时间段确定的依据

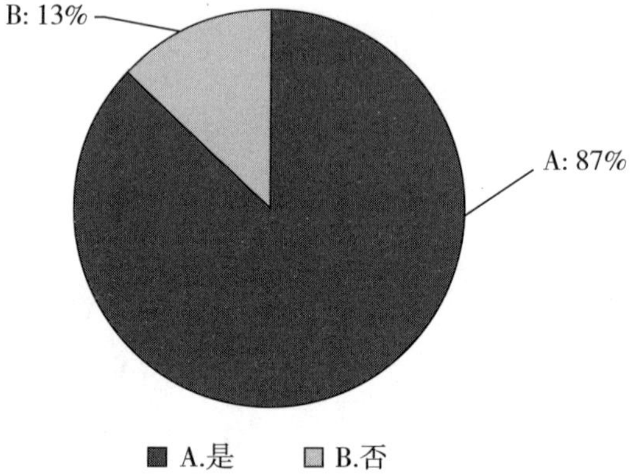

图 8-10 确定举证时限是否在举证通知书中一并表述

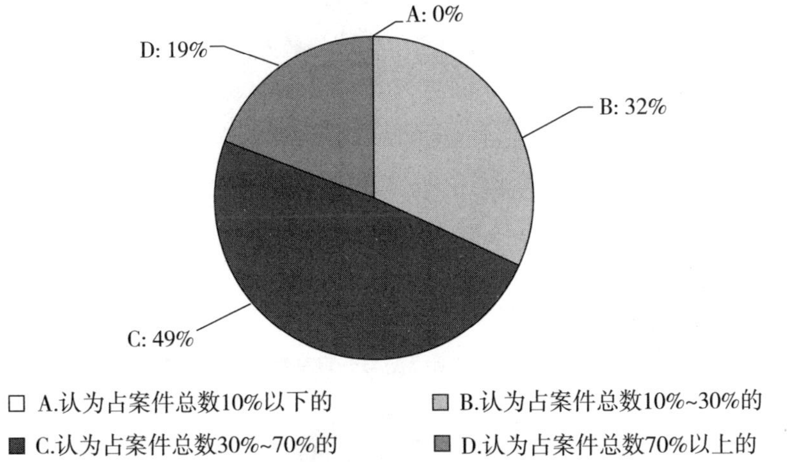

图8－11　在法院指定举证时限的案件中，当事人申请延长举证时限的案件所占比例

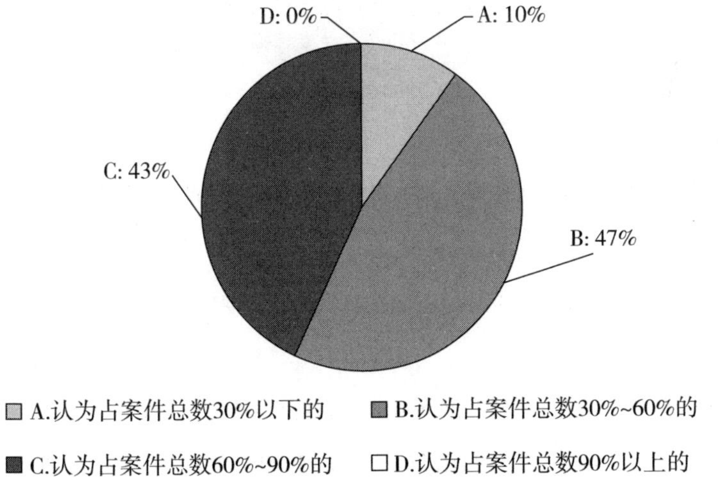

图8－12　二审中，当事人提交新证据的案件比例

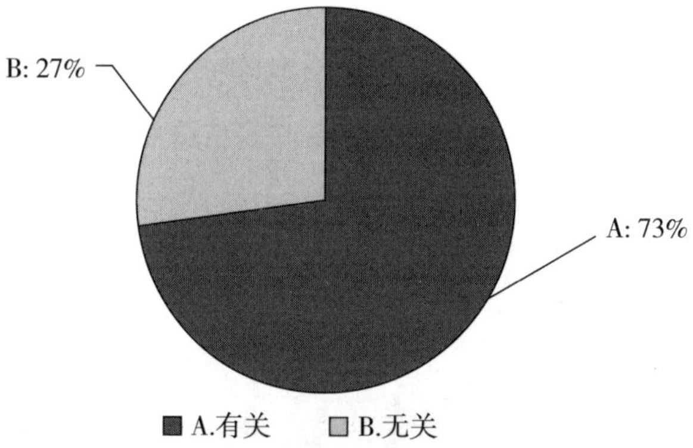

图 8－13　你认为当事人在二审提交新证据与一审举证时限确定方式存在缺陷是否有关

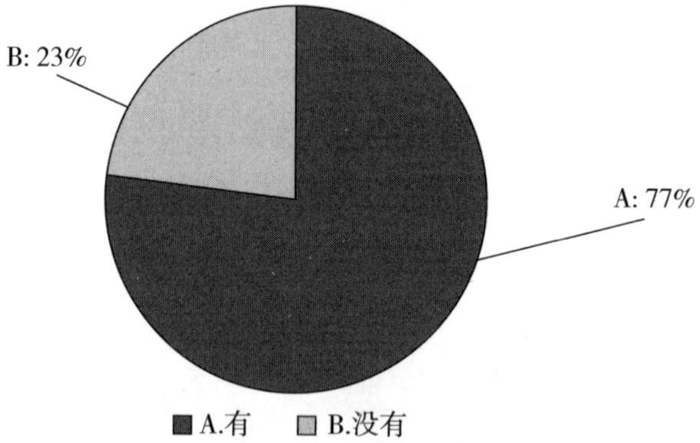

图 8－14　由当事人在举证时限契约中商定证据失权是否具有可行性

1. 对举证时限确定方式的考察

通过对调查结果的分析可知，实践中举证时限的确定方式呈现出以下特点：

(1)法院指定举证时限占绝对优势，举证时限契约适用受限。

统计数据显示，有 83% 的法官认为超过 90% 的一审案件是通过法院指定的方式确定的举证时限(见图 8－1)。有 90% 的法官认为在其审理的案件中由当事人协商确定举证时限的案件占案件总数的 10% 以下(见图 8－2)。更有法官在访谈时称其担任助理审判员 8 年以来，只有一个案件是通过当事人主动协商的方式确定的举证时限。调查结果印证了一些学者的观点，在民事诉讼的绝大多数案件中，举证期限是由受诉法院依职权予以确定的。当事人协商确定举证时限在实践中几乎没有存在的空间。[1]

(2)当事人缺乏自主性,法院也未积极引导。

被调查法官中,有 42 名法官曾经主动组织过当事人协商确定举证时限,占总人数的 34%(见图 8-3)。但遗憾的是,这其中的 39 名法官认为,主动组织当事人协商确定举证时限的案件占其审理案件的 10% 以下(见图 8-4)。在遇到过当事人主动要求协商确定举证时限的 51 名法官中,85% 的法官认为当事人主动协商确定举证时限的案件仅占案件总数的 5% 以下(见图 8-6)。调查结果反映出法官对组织当事人协商确定举证时限缺乏热情,绝大多数当事人也没有自主确定举证时限的意识。

(3)法官指定举证时限的方式较为随意,存在不规范之处。

法官指定举证时限存在种种不规范、不完善之处,作为固有的工作模式,其转变并非一朝一夕可以实现:一是有的法官指定举证时限的方式较为僵化。几乎所有的案件均是使用统一印制的举证通知书(详见附录),举证时限就是通知书中印刷的固定时间。[2]二是法官据以确定举证时限的因素并不全面。虽然在调查中有 37% 的法官表示自己是根据个案指定举证时限(见图 8-7、图 8-8),但在这 45 名法官中,也有 18 名法官仅是根据案由及起诉书、答辩状中描述的问题确定争议焦点后指定举证时限,并没有结合当事人的证据掌握情况及举证能力。三是随意改变举证时限,无限期地延展举证时限。有的法官因其指定的举证时限欠缺科学性,也有的法官是出于查明案件事实的需要,无条件地延长举证时限。[3]

---

[1] 参见赵钢、华桦:《民事诉讼中当事人商定举证期限与法院指定举证期限之应然关系》,载《法学论坛》2004 年第 6 期;罗飞云:《冲突与消解:举证时限制度的反思》,载《山东社会科学》2006 年第 5 期。

[2] 根据调查结果,有 63% 的法官并未结合个案情况对举证时限作出指定,而是直接适用了举证通知书的格式内容。此种做法很难满足个案的特点及不同当事人的实际需求。

[3] 例如,在访谈中,有的民事法官提到为了保证案件的实体公正,只要自己的判决没有进入送达程序,当事人随时提出证据,会再次对案件开庭审理。

(4)举证通知书内容并不完善,载体作用未充分发挥。

对确定举证时限的描述多存在于举证通知书中。法院未组织证据交换,在举证通知书中直接指定举证时限占到了87%(见图8-10)。对于当事人享有的协商确定举证时限的权利,则在举证通知书中鲜有描述。笔者调取了15份某直辖市不同法院民事审判庭使用的举证通知书,在举证通知书的格式中均直接印制了"法院指定举证时限为15日",缺乏关于当事人协商确定举证时限的描述。如果法官直接将此类格式化的举证通知书发送给当事人,那么当事人则难以得知其具有协商确定举证时限的权利。

2. 限制举证时限契约适用带来的问题

当前司法实践中,这种过度地通过法官指定来确定举证时限的方式往往欠妥当,存在以下问题:

(1)易造成申请延长举证时限现象频发。

通过调查结果可知,有49%的法官认为在法院指定举证时限的案件中,当事人申请延长举证时限的案件占全部案件的30%~70%(见图8-11)。举证时限延长本身就是时间的延长,当事人提出申请、法官予以批准的过程也会耗费一定时间,降低了诉讼效率。当事人申请延长举证时限,一种原因是由于法院对当事人的取证能力把握不准,有时也并非针对个案争议焦点指定举证时限,导致指定的举证时限不准确;还有一种原因是法院指定的举证时限缺乏权威性。"法院直面的当下中国,是一个急剧转型又尚未树立起司法权威的超大型社会。"[1]在司法权威及其缺失的情况下,如同民事诉讼中的其他诉讼指挥行为一样,法院指定的举证时限也缺乏权威性,当事人在举证时限届满后,因无视司法权威,申请延长举证时限具有任意性,造成诉讼拖延。

(2)易导致二审"新证据"现象频发。

90%的法官认为二审中当事人提交新证据的案件占到案件总数的60%

〔1〕 陈杭平:《"粗疏送达":透视中国民事司法缺陷的一个样本》,载《法制与社会发展》2016年第6期。

左右(见图8－12),有73%的法官认为当事人在二审提交新证据与一审举证时限的确定方式不当存在关联性(见图8－13)。为考察二审程序中当事人提交新证据与一审举证时限的关系,笔者选取了2016年办理的165件二审案件进行调研,其中有108件当事人在二审期间提交了新证据。在对当事人提交新证据的理由进行询问后,有47件案件的当事人表示由于一审法官指定的举证时限不合理,无法及时收集这些新证据。有39件案件的当事人表示是经过一审庭审后根据争议焦点才知道自己应当提供的证据,故只能在二审时提交。

(3)易导致双方当事人的举证时间存在差异。

根据《证据规定》第33条的规定,法院应当在送达案件受理通知书及应诉通知书的同时,向当事人送达举证通知书,并在举证通知书中载明法院指定的举证时限。[1]案件受理通知书应当是在案件立案时向当事人发送的,而应诉通知书是和起诉状副本一起向被告送达的。按照这一规定,审判实践中,由法院指定举证期限会面临如下尴尬问题:一是在不能顺利联系到被告的情况下,案件受理通知书与应诉通知书就无法同时向当事人送达,法院向原告、被告指定的举证时限的起算点就会产生不一致的情况,在指定的举证时限相同的情况下,举证时限截止的时间也不相同。一方举证时限尚未届满,但另一方的举证时限已经届满,在并未进行开庭或证据交换的情况下,举证时限届满的一方仍然可以继续搜集证据。二是即使能够顺利联系到被告,案件受理通知书和应诉通知书的送达也会因原告、被告住址及接受送达情况的不一而产生送达时间的差异。[2]三是此种法院指定举证时限的方式,决定了法官几乎不可能结合案件争议焦点指定举证时限。根据《民事

---

〔1〕 虽然《民事诉讼法》中并未明确要求人民法院在送达受理通知书和应诉通知书的同时送达举证通知书,而是要求根据当事人的主张及案件的审理情况确定当事人应当提供证据的期间。但实践中,法官多是依照《证据规定》第33条的规定径行指定的举证时限。

〔2〕 在邮寄送达的情况下,原告与被告住址的不同加之投递人员的责任心及工作效率等原因,送达时间差异更为明显。

诉讼法》第125条的规定,法院应当在立案后5日内向被告送达起诉状副本,被告应当在收到之日起15日内提交答辩状。法官送达应诉通知书时,被告尚未提交答辩状,双方的争议焦点尚不明确。

(4)易构成对当事人程序自主权的损害。

根据我国现行相关法律的规定,当事人具有选择协商确定举证时限的权利。法院在未告知当事人享有此项权利的情况下,直接指定举证时限,是对当事人举证时限确定方式选择权的剥夺。当事人作为取证和举证活动的主体,其对己方要搜集证据的种类、内容及自身的取证能力有着最为准确可靠的把握,应当享有决定举证时限长短的权利,对于逾期提供的证据也应当有权决定是否产生失权的效果(见图8-14)。过度地由法院指定举证时限不利于当事人行使正当的程序权利。例如,在卢某与某物业公司物业服务合同纠纷中,[1]根据《民事诉讼法解释》,在二审期间法院指定举证时限不得少于10日。但双方当事人均认为不需要那么长的时间,这时就应当尊重当事人的选择,由当事人协商确定举证时限,如果仍然适用由法院指定的方式确定举证时限,则会侵害当事人的程序自主权。

3. 小结:举证时限契约适用范围应予扩展

基于上述对司法实践中举证时限确定方式现状及限制举证时限契约适用带来的种种问题的分析,有必要重新审视法院指定举证时限与当事人通过举证时限契约确定举证时限的关系。既然现行法律规定当事人具有协商确定举证时限的权利,那么在司法实践中,应当适当扩大举证时限契约的适用范围。法官应当结合具体案件情况,在个案中充分保障当事人对程序问题的处分权和对证据事项的决定权,由当事人自行选择是否订立举证时限契约,并自行约定超出举证时限提交证据的法律后果。

---

〔1〕 参见北京市第一中级人民法院(2017)京01民终562号民事判决书。

(二)举证时限契约缺乏运行空间的原因分析

制约举证时限契约发挥作用的深层次原因在于由“职权主义”向“当事人主义”的诉讼模式转换还在进行之中,这种不完善的转换导致立法上虽然有“当事人主义”的影子,但仍处于萌芽状态;也导致实践中法官漠视当事人的诉讼程序主体地位,对能够依职权决定的事项,不会主动保障当事人的决定权。

1. 法律规定挤压了举证时限契约的运行空间

立法上对举证时限契约未予以重视。2002 年《证据规定》实施之前,我国并无举证时限制度,采取的是证据随时提出主义。《证据规定》实施之后,虽然存在举证时限制度,但并未受到重视。从法条规定相关内容的顺序可以看出,由法院指定举证时限排在当事人通过协商的方法确定举证时限之前。对于法院指定举证时限,用的是“应当”一词,而对于当事人通过协商的方式确定举证时限,用的是“可以”一词。虽然该条文没有明确规定法院指定举证时限优先于当事人协商确定举证时限,但从对法条的理解可以看出,该司法解释对于举证时限的确定方法倾向于由法院指定举证期限,以致有法官认为举证时限的确定方式仅限于由法院指定。[1]

新《民事诉讼法》施行后,在第 65 条以基本法的方式确定了举证时限制度的地位,可谓立法的一大进步;但基本法中仅规定了由法院指定举证时限,对当事人协商确定举证时限的方式未进行规定。之后,《民事诉讼法解释》第 99 条弥补了《民事诉讼法》的这一不足,[2]规定了当事人协商确定举

---

〔1〕“所谓举证时限,是指负有举证责任的当事人,应当在法律规定或者法院指定的期限内提供证据,逾期提供证据,将承担由此产生的不利后果。”参见宋春雨:《新〈民事诉讼法〉中有关证据制度理解和适用的几个问题》,载《法律适用》2013 年第 10 期。

〔2〕《民事诉讼法解释》第 99 条规定:“人民法院应当在审理前的准备阶段确定当事人的举证期限。举证期限可以由当事人协商,并经人民法院准许。人民法院确定举证期限,第一审普通程序案件不得少于十五日,当事人提供新的证据的第二审案件不得少于十日。举证期限届满后,当事人对已经提供的证据,申请提供反驳证据或者对证据来源、形式等方面的瑕疵进行补正的,人民法院可以酌情再次确定举证期限,该期限不受前款规定的限制。”

证时限的内容，属于对《证据规定》第 33 条的传承。但遗憾的是，仍然规定在法院指定举证时限之后，在用词上，对于法院确定举证时限，仍然用的是"应当"，而对当事人协商确定举证时限，依然用的是"可以"。而且，虽然《证据规定》及《民事诉讼法解释》对法院指定举证期限进行了程序性设计，但并未明确民事举证时限契约的操作程序和具体内容，也未明确其与法院指定举证时限的适用顺序，导致举证时限契约无法发挥其应有的作用。

2. 容纳举证时限契约适用的司法环境存在缺陷

从当事人角度来看，我国现阶段律师代理案件的比例较低，当事人诉讼能力普遍较差，缺乏必要的法律意识和法律常识，对己方为证明自己主张所应提供的证据无法准确把握，缺乏确定举证时限的可行性基础。加之长时间受"超职权主义诉讼模式"诉讼理念影响，当事人缺乏程序主体意识，诉讼中的事项尤其是程序性事项，习惯性地听从法院的安排和指挥。而法院送达的举证通知书往往是直接印制了举证时限的内容，一般并不包含告知当事人可以协商确定举证时限的相关内容，易使当事人产生举证时限只能由法院确定的误解。同时，由于当事人的诉讼地位存在对抗性，当事人通过协商的方式确定举证时限存在一定的难度。尤其是在法院已经在举证通知书中确定了举证时限的情况下，使协商确定举证时限难上加难。

从法官的角度来看，对举证时限契约的订立进行释明，会增加法官"额外"的工作量。法官首先要告知当事人享有此种权利，在双方当事人都选择通过契约的方式确定举证时限后，还需通知双方当事人到法院订立契约或将已经订立的契约送达法院，增加了法官的负担。举证时限与法官的审理期限相关，举证时限需要计入审限，法官的审限和当事人的举证期限形成了此消彼长的矛盾关系。组织当事人订立举证时限契约必定要消耗一定的审限。而法官通过依职权指定举证时限的方式可以更便利地压缩当事人的举证时限，为自身争取更多的审理期限。

3. 保障举证时限契约运行的相关制度存在缺失

首先,答辩失权制度缺失。我国《民事诉讼法解释》第 232 条规定,原告可以在法庭辩论终结前增加诉讼请求,被告可以提出反诉。当事人提出新的请求,必然涉及新的证据及新的举证时限,在这种情况下,举证时限契约的作用就形同虚设。从诉讼理论上讲,固定争点是固定证据的前提。[1] 固定了证据,当事人才能推算自己举证所需要的时间。保证争点固定的答辩失权制度的缺失导致举证时限契约制度无法充分适用。

其次,庭前准备程序不完善。法官组织证据交换和总结争议焦点是庭前准备工作的重要组成部分。[2]现阶段的司法实践中,多数案件并无庭前证据交换阶段,法官也不会在庭前总结争议焦点。[3]双方当事人在庭审前并无见面的机会,在缺乏沟通和交流的情况下,当事人对案件相关信息的掌握较为匮乏,不仅对案件争议的焦点无法准确把握,也无从知晓对方可能提出证据的种类及内容,无法判断己方需要提出何种证据作为防御手段,直接导致对搜索相关证据的时间无法判断,更无订立举证时限契约的机会和可能。

最后,法官释明制度不到位。法官在举证时限契约订立的过程中,应当充分发挥释明作用。法官应当告知当事人享有通过举证时限契约的方式确定举证时限的权利,在双方当事人都选择通过契约的方式确定举证时限后,法官还应当告知当事人订立举证时限契约的内容和相应的法律后果,必要时还需通知双方当事人到法院订立契约并进行相应的指导。遗憾的是,我国立法在与举证时限契约相关领域并无法官进行释明的具体规定。

---

〔1〕 参见罗飞云:《冲突与消解:举证时限制度的反思》,载《山东社会科学》2006 年第 5 期。

〔2〕 参见晏景:《我国民事庭前准备程序之完善——从法国的相应制度谈起》,载《法学》2007 年第 11 期。

〔3〕 参见袁新利、谭振荣:《应然与实然:我国民事诉讼证据交换制度之实证性分析》,载贺荣主编:《全国法院第 25 届学术讨论会获奖论文集:公司法与行政法实施问题研究》(上册),人民法院出版社 2013 年版,第 482 页。

二、举证时限契约的价值分析

订立举证时限契约是当事人作为程序主体应有的权利，是当事人行使处分权的表现，加强举证时限契约的应用符合“诉讼模式转换论”的要求，而且作为我国《民事诉讼法》明确规定的举证时限确定方式，其制度存在的正当性自不待言。但在实践中，举证时限契约的应用并不广泛，该制度是不是一项具有正当性但却缺乏实践价值的制度？本部分以实践中具有普遍性的案例为例，结合举证时限契约的基本法理，对举证时限契约的价值进行介绍。

（一）通过案例演示举证时限契约的实践价值

1. 基本案情

2012 年 12 月，张某与高某在东三旗村共同承建了赵某的一处民宅。12 月 10 日完工后赵某将工程款 400, 000 元给付了高某。经核算，张某应得收入 241, 340 元，但之后高某以种种理由未给付张某应得的工程款，张某于 2014 年 12 月将高某诉至法院，要求高某给付工程款 241, 340 元。

（1）模式一：由法院指定举证时限

法院收到张某的起诉状后，向张某和高某送达了举证通知书，并在举证通知书中载明了法院指定 30 日的举证时限及逾期举证的后果等内容。30 日后，经高某申请，法院延长举证期限 10 日。举证期限届满后，法院开庭审理。张某向法庭提交了工程合伙协议、工程结算单。高某提出抗辩认为，自己所欠款项已经还清，自己以现金方式给付张某 241, 340 元，张某给其出具了收据，但收据找不到了。法院判令高某给付张某工程款 241, 340 元。

高某不服一审判决，提出上诉。二审中，高某提交收据一张，内容为“收到高某交来 241, 340 元，张某”。张某认为此份收据应当一审提交，且对收据签名的真实性不认可。张某申请对签名的真实性进行鉴定，此份收据涉及案件基本事实的查明，二审期间进行了鉴定。经鉴定，收据签名并非张某所书，故驳回高某的上诉。

(2)模式二:由当事人协商确定举证时限

法院收到张某的起诉状后,征询双方当事人是否有协商确定举证时限的意愿。张某、高某到法院后,签订了举证时限契约。因时间久远,双方当事人之间业务往来较多,经双方协商将举证时限确定为40日,并约定了逾期举证的证据一概产生失权的效果。一审中,张某提交的证据为欠条一张,高某还是以款项还清但以收据丢失为由进行抗辩,一审高某败诉。高某上诉后,二审中,高某提出收据一张,二审法院可以依据举证时限契约中的证据失权条款判高某败诉,而不需要再由张某提出质证意见并进行鉴定。

2.举证时限契约的实践价值分析

通过上述两种模式的比较可知,举证时限契约的实践价值主要体现在:(1)保障了当事人对举证时限的决定权。模式一中,法官在举证通知书中指定了举证时限,未征询当事人对举证时限确定方式的意见,剥夺了当事人的决定权。而在模式二中,当事人通过订立举证时限契约的方式决定举证时限及证据失权,行使了自己对程序性事项的决定和处分权。当事人在举证时限确定过程中充分行使了决定权后,应当按照自己决定的时间尽快搜集证据,以证据无法在短时间内找到为由拖延诉讼,缺乏正当性理由。(2)减少了当事人申请延长举证时限的概率。因本案案情较为复杂,模式一中法官指定的举证时限并不准确,高某申请延长举证时限一次,此申请要送达法院,还要经过法院审批,造成了不必要的诉讼拖延。模式二中,协商确定举证时限减少了申请延长举证时限的概率。(3)保障了守约方的程序利益。模式一中,二审期间,高某又因新《民事诉讼法》关于证据失权的规定,而获得了提交收据及申请鉴定的机会,虽然可以通过对高某的虚假举证行为进行罚款或拘留,但因诉讼拖延造成张某的损失及法院组织举证、质证、鉴定造成的司法资源的浪费并不能通过对高某的处罚而得到弥补。而在模式二中,对高某在超出举证时限提交的证据,径行认定为失权,充分保障了张某的权利。

（二）举证时限契约程序价值的法理分析

举证时限作为与证据收集紧密相关的制度，在当事人主义证据提出模式的指引下，当事人对举证时限应当有绝对的决定权。不同当事人的举证能力存在差异，即使是同样的案由，法官依照以往的经验对举证时限也无法作出准确的把握，如何保障在有限的时间内收集到证明己方观点的证据，对这一问题，最有发言权的还是当事人。[1]在重大、疑难、复杂案件中，举证时限契约的程序价值表现得更为明显。

1. 有利于程序公正的实现

时限的设立会给当事人的取证行为造成一定的妨碍，影响客观真实的发现。与举证时限形影相随的证据失权，亦是基于程序公正的考量而对实体正义的牺牲。绝对的证据失权会导致脱离客观真实的判决增加，激化当事人之间的矛盾，影响法院的司法权威。“因为证据失权只是促进诉讼的手段，发现案件实质真实才是诉讼的终极目的之一，手段应服务、服从于目的。”[2]为保障实体公正的实现，随着《民事诉讼法》的修改，证据失权制度呈现由绝对化失权向附条件不予失权转变，该法第65条对绝对的证据失权进行了修正，根据情节不同，为超过举证时限提供的证据设计了训诫、罚款直至失权三种不同的后果。应当正视的是，《民事诉讼法》的规定并不能保证双方当事人利益的平衡，对不在合理时间内提出证据的当事人给予了过多的机会。例如，如果逾期举证一方说明的理由成立，不会产生任何不利后果，但却给相对方当事人造成了诉讼拖延、浪费了司法资源，不利于程序公正的实现。而且除了证据失权外，训诫及罚款都无法达到给予对方当事人合理补偿的目的。在保证实体公正的同时，对程序性公正的牺牲过大，对遵守举证时限一方当事人的利益也是一种损害。通过在举证时限契约中由当

---

〔1〕 Burkhard Bastuck, Burkard Gopfert, *Admission and Presentation of Evidence in Germany*, 16 Loy. L. A. Int'l & Comp. L. J., 609, 610(1994).

〔2〕 朱福勇：《民事诉讼证据失权在法律适用中的困惑及改造》，载《法学杂志》2007年第6期。

事人自行约定证据失权条款及在不失权的情况下对守约方的补偿条款则可以化解实体公正和程序公正的矛盾。如果当事人明确约定逾期举证只能产生失权这一种法律后果,那么逾期举证一方也有理由质疑司法的公正和权威。如果当事人约定逾期举证的证据可以在一定条件下被采纳,那么,遵守举证时限的一方也会因行使了处分权而接受这一结果。

2. 举证时限契约有利于保障程序安定

“举证时限制度体现了程序安定的要求。如果任由当事人利用证据突然袭击、拖延诉讼,势必使民事诉讼程序处于无法预测的不安定状态,诉讼秩序无从维护,当事人的正当利益无法保护,法院的审理无法正常进行。”[1]保障程序安定是举证时限制度的最重要功能,而由当事人通过协商的方式确定举证时限比法院指定举证时限更加有利于程序的安定。首先,可以减少当事人申请法院延长举证时限的概率。当事人对自身取证能力有更为充分的了解,由其自由协商确定举证时限可以减少因法院指定举证时限时间过短而一次或多次申请延长举证时限的情况发生。其次,当事人通过协商的方式确定举证时限,充分行使了自己的诉讼权利之后,更利于当事人对逾期举证后果的接受,减少程序不稳定因素的存在。由法院指定举证时限,也意味着法院承担了一定的风险,一旦在法院指定的举证时限内(也包括时限延长的情况),当事人无法完成证据的收集工作,即使法院在对当事人进行罚款、训诫的前提下对逾期提出的证据予以采信,仍有较大比例的当事人会对此产生不满,认为自己未完成举证,主要是由于法院指定的举证时限不合理,并以此作为申诉或上访的一个理由。举证时限契约是当事人行使程序决定权的重要方式。由当事人自行决定举证时间长短及逾期举证是否失权等事项,一旦发生因逾期举证而被训诫、罚款或承担证据失权的法律后果,当事人也更容易接受,减少对法院工作的质疑和申诉的概率,保障程序的安定。

---

〔1〕 宋春雨:《新〈民事诉讼法〉中有关证据制度理解和适用的几个问题》,载《法律适用》2013 年第 10 期。

3. 有利于诉讼效率的提高

设置举证时限的目的是实现程序的稳定、促进诉讼效率的提高，而举证时限契约更有利于举证时限制度效率目的的实现。法官对当事人的诉讼能力和取证能力往往没有充分的了解，无法准确判断取证所需要的时间，特别是在一些重大、疑难、复杂案件中，法官准确指定举证时限存在客观障碍和缺陷，易造成诉讼拖延。当事人对自身取证能力有更为充分的了解，由其自由协商确定举证时限可以减少因法院指定举证时限时间不准确而申请延长举证时限的情况发生，可以促进诉讼效率的提高。当事人通过协商的方式确定的时间段和证据失权条款能够增强当事人的紧迫感，更好地督促当事人尽快取证，节省时间成本，提高诉讼效率。如果当事人协商一致同意将超出举证时限提供的证据直接认定为失权，免去了法院针对此项证据组织当事人举证、质证的程序，保障了程序公正，节约了司法资源。在新《民事诉讼法》出台后，二审中当事人提交的"新证据"如果关系到案件基本事实的认定，法院只能让该证据进入质证、认证的程序，甚至启动鉴定程序，必然造成诉讼程序的拖延。在有的案件中，即使按照新《民事诉讼法》的要求对当事人提出的二审"新证据"附加训诫或者罚款等有条件的采纳，但仍有当事人宁愿承担训诫或罚款的不利后果，也要将证据拖延到二审提出，以利用诉讼中的技巧达到个人利益最大化。通过当事人协商确定举证时限可以使当事人认识到，己方在举证时限确定过程中充分行使了决定权，应当按照自己决定的时间尽快搜集证据。在当事人行使决定权确定举证时限后，对超出举证时限提供的证据直接认定为失权，也可以避免不必要的诉讼拖延。

4. 有利于弥合法院指定举证时限的缺陷

案件立案后，法院仅依据原告的起诉状便指定举证期限，具有局限性。在这一阶段中，法院无从知晓当事人对证据的掌握情况，由法院确定举证时限的做法易造成当事人申请延长举证时限或在开庭审理后需要再次指定举证时限。如果因指定的举证时限时间长度不合理，导致当事人无法有效收集案件的关键证据，即使通过申请延长了举证时限，当事人申请和法院审批的过程也给当事人和法院造成不必要的时间和资源浪费。而且被告尚未答辩，法院对案件信息的掌握仅限于原告的起诉状，并不能整理出案件的争议焦点。若被告对某些事实予以认可，便可以免除原告的举证责任，而若被告提出有力的反驳事实，则可能要加重原告的举证责任。在焦点尚不明确的情况下，贸然指定举证期限必然不尽合理。举证时限制度设置的目的是庭前固定证据和争议焦点，实现程序的稳定并提高诉讼效率，由法院指定举证时限的做法与举证时限制度的设置目的背道而驰。而由当事人自行协商确定举证时限，可以克服法官指定举证时限带来的上述不足。而且证据失权的效果也是当事人在协议中事先认可并具有心理预期的，法官不必再因证据失权问题进行决策。举证时限契约还可以缓解因证据失权给法官裁判带来的压力。〔1〕

三、我国举证时限契约制度的完善

研究举证时限契约制度的最终目的还要落脚于指导实践，具体的程序设计必须是符合实践需要，并且能够具备可行性和操作性。对举证时限契约的适用范围应当辩证分析，在完善相应制度保障的基础上，对契约的具体内容作出合理设计。

（一）举证时限契约的适用范围

1. 确定适用范围的原则

《证据规定》及《民事诉讼法解释》并未明确当事人合意确定举证时限和法院确定举证时限的先后关系，根据相关规定甚至易使人产生法院指定举证时限优先于当事人协商确定举证时限的误解，导致法院往往忽视当事人具有通过协商的方式确定举证时限的权利，必须从思想上走出这一认识误

---

〔1〕 参见李浩：《举证时限制度的困境与出路——追问证据失权的正义性》，载《中国法学》2005 年第 3 期。

区,契约的适用范围应予扩展。鉴于举证时限契约具有上文分析的诸多优点,有学者提出:“我国应在民事诉讼立法中明确规定一审中当事人商定举证期限的优先地位,同时以法院指定举证期限为补充。”[1]但应当看到,举证时限契约也并非确定举证时限的完美制度,相较于法院直接指定举证时限,举证时限契约适用过程中,法官需要召集当事人会面、征询意见并进行指导,增加了法官的工作负担。在我国现阶段民事案件“案多人少”的审判实践中,一味适用举证时限契约制度作为确定举证时限的方法不利于审判任务的完成。而且在小额诉讼及适用简易程序等一些权利义务较为明确、当事人争议不大的案件中,法官依职权确定的举证时限也不乏准确性。举证时限契约并非在所有案件中绝对适用,对该制度的适用范围应当辩证设计。

2. 具体的适用类型设计

(1)举证时限契约的优先适用

在一审普通程序的案件中应当确定举证时限契约的优先地位,贯彻举证时限契约优先适用原则。当事人有权优先选择通过订立举证时限契约的方式确定举证时限,当事人未达成举证时限契约时,由法院指定举证时限。此类案件中,法官应当通过举证通知书尽到必要的提示、说明义务,明确告知当事人对举证时限契约适用的程序选择权,具体表述如下:“(1)当事人有权优先适用举证时限契约自行确定举证时限。(2)如自行协商,应当在收到举证通知书后7日内将结果告知法院。(3)如需法院组织和指导,应在收到举证通知书后3日内提出申请。(4)如需法官指定举证时限,应在收到举证通知书后3日内告知法院。”当事人诉讼能力存在差别,在其根据自身法律知识无法确定举证时限的情况下,可以请求由法院径行指定举证时限。在当事人不愿或无法通过协商确定举证时限的情况下,明确表示放弃订立举

---

〔1〕 罗飞云:《冲突与消解:举证时限制度的反思》,载《山东社会科学》2006年第5期。

证时限契约的权利后,则由法院通过指定的方式确定举证时限。

(2)举证时限契约的辅助适用

在简易程序、小额诉讼案件及二审案件中,以法官指定举证时限为主,以举证时限契约为辅。在上述类型的案件中,应当采用法院指定举证时限与当事人协商确定举证时限并行的方式。在举证通知书中,直接写明法院指定的举证时限,并在显著位置告知当事人享有通过订立举证时限契约确定举证时限的权利。同时应当告知当事人:"(1)如已经自行协商举证时限,应当在收到举证通知书后3日内将结果告知法院。(2)尚未达成举证时限契约的,如需法院组织和指导,应在收到举证通知书后3日内提出申请。(3)当事人在收到举证通知书3日后未与法院联系,则自动适用法院指定的举证时限。"

(3)举证时限契约的选择适用

当事人主动要求协商确定举证时限的案件,应当适用举证时限契约。具体包括两种情况:一是当事人自始要求通过举证时限契约确定举证时限。实践中,不乏诉讼能力较强的当事人,在其主动要求适用举证时限契约时,法院应积极保障当事人的此项权利。二是当事人要求通过契约变更法院已经指定的举证时限。例如,在王某与聂某、程某机动车交通事故责任纠纷的二审审理中,[1]法院指定的举证时限为10日。3日后,各方当事人达成一致意见,认为再需3日便可完成举证,并将结果通知法院。该案中,各方当事人经过协商将举证时限变更为6日。[2]

(二)契约有效运行的相关制度保障

举证时限作为民事诉讼程序中的重要一环,与其他程序问题存在不可分割的联系,举证时限契约在实践中的适用离不开相关配套制度的保障。

---

〔1〕 详见北京市第一中级人民法院(2017)京01民终5495号案件。

〔2〕 在2016年笔者审理的案件中,类似案件还有(2016)京01民终579号、(2016)京01民终2832号、(2016)京01民终3277号、(2016)京01民终6316号民事案件。

1. 完善答辩失权制度

因根据我国现行法律规定，原告可以在法庭辩论终结前增加诉讼请求，被告可以提出反诉。“从诉讼理论上讲，固定证据与固定争点是分不开的，只有争点固定了，当事人的举证范围才能确定，固定争点是固定证据的前提。”[1]当事人只有在争点明确的情况下才能知道自己需要提供何种证据，继而才能确定自己举证所需要的时间。因此，由当事人协商确定举证时限的一个重要前提是争点固定，而保证争点固定的制度便是答辩失权。原告作为提起诉讼的一方，虽然对其主张的事实已经掌握了一定的证据，但在不知道被告抗辩理由或是在开庭后被告又提出新的抗辩理由的情况下，无法就反驳对方的抗辩提出证据。被告虽然获取了原告的起诉状，可以据此准备一些证据，但毕竟是进入诉讼后才开始准备，从时间上看，其充分程度远不如原告，且如果在诉讼中原告又提出新的诉讼请求，被告往往陷入被动。当事人在不了解争议焦点的情况下，对自认的事实进行举证，造成资源的浪费，而面对新的主张或抗辩，又未搜集相应的证据。因此，必须建立答辩失权的制度，在答辩期间届满后，固定案件的争议焦点，不再允许被告提出新的抗辩或提出反诉，也不允许原告提出新的诉讼请求，为举证时限的确定做好基础性准备。

2. 完善庭前准备程序

“在我国，民事庭前准备程序是指法院受理案件之后，进入开庭审理之前所进行的全部诉讼活动和诉讼行为，包括基础性庭前准备工作（由送达、告知和核对工作组成）、证据交换工作以及法官在庭审前有必要进行的案头准备工作三部分。”[2]首先，庭前准备程序为举证时限契约的订立提供了时间可能。缺乏庭前准备程序的案件，原告、被告双方当事人可能都没有见面

---

〔1〕 罗飞云：《冲突与消解：举证时限制度的反思》，载《山东社会科学》2006 年第 5 期。

〔2〕 晏景：《我国民事庭前准备程序之完善——从法国的相应制度谈起》，载《法学》2007 年第 11 期。

的机会,更谈不上存在订立举证时限契约的可能。其次,争议焦点是在庭前准备程序中确定的。在原告提起诉讼之后,法院应当首先确定答辩时间,答辩期经过之后,组织双方当事人会面,确定争议焦点,围绕争议焦点,由双方当事人自行确定所要收集的证据,并协商确定举证时限。最后,通过庭前准备程序中的证据交换,当事人对对方提供的证据和自己缺少的证据有了明确的认识,才能确定自己继续搜集证据所需要的时间。"对于那些未实行证据交换的案件而言,举证时限的存在是有可能妨碍当事人充分举证的。"〔1〕因此,证据交换是举证时限契约订立的必要条件。

3. 加强法院对举证时限契约的释明和审查

我国律师代理制度不健全,律师代理案件的比例不高,当事人一般为普通民众,欠缺专业的法律知识,在部分经济欠发达地区,有些当事人的文化程度不高,又迫于经济压力,无力聘请律师,搜集证据的能力极为低下。在诉讼过程中,当事人之间的诉讼能力往往存在差异,不乏当事人利用诉讼技巧,使对方当事人陷入被动。双方当事人之间因为诉讼地位的差异而产生天然的不可调和的矛盾,是举证时限契约制度顺利运行的一大障碍。消除这一障碍的最佳方法是法官居中进行调和和引导。法官在举证时限契约订立的过程中的释明和辅助作用应当包括如下几个方面:首先,应当在举证通知书中阐明当事人具有通过协商确定举证时限的权利,并告知逾期举证可能产生的法律后果。其次,及时征询双方当事人的意见,是否以自行协商的方式确定举证时限,或者选择由法院指定举证时限。最后,如果当事人要求协商确定举证时限,应在答辩期届满后及时组织,固定争议焦点,要求双方当事人出示已经掌握的证据材料,结合案件具体情况,指导当事人确定合理的举证时限。诉讼中,当事人不可避免地存在利己心态,在当事人协商过程中,不可避免会有双方当事人的利益冲突之处,法官应当从有利于案件事实

〔1〕 李浩:《举证时限制度的困境与出路——追问证据失权的正义性》,载《中国法学》2005 年第 3 期。

查明的角度,对当事人进行积极的引导,确定合理的举证时限。

法官不仅要做好释明和指导工作,而且应当对举证时限契约的内容进行审查。根据《民事诉讼法解释》第99条的规定,双方当事人协商确定的举证时限需要经过人民法院的准许。从该规定可以看出,法律赋予了法院对举证期限进行审查的权利。这是举证时限契约与其他种类的证据契约的不同之处,其他种类证据契约的订立并不要求通过法院的审查,法院仅是在契约订立之后、由当事人主张适用之时对契约效力进行审查判断。[1]但举证时限契约不仅与双方当事人的证据搜集和提供时间相关,而且直接影响法院的审理期限及诉讼效率。举证时限契约是与时间相关的契约,时间的流逝是不可逆转的,法院只有在契约订立之时进行审查才能发现不符合法律规定或有故意拖延诉讼嫌疑的时间段约定,及时宣告该契约无效并由法院指定相应的举证时限。

(三)举证时限契约内容的优化和完善

司法实践中,举证时限契约的适用不仅存在比例过低的问题,而且未形成统一的契约模式。举证时限契约的内容存在缺陷,对时间长短的约定不合理及缺少相关法律后果是较为常见的问题。举证时限契约的内容优化应当从与审级程序相配套的具体时间设计、例外情况等几个方面考虑,并且应当包含证据失权及赔偿条款等相关内容。

1. 订立举证时限契约的时间点

案件立案之后,被告答辩之前,法官对于案件内容的把握仅限于原告诉状内容,案件焦点问题在之后可能会因原告补充起诉理由或者被告进行答辩发生变化,在焦点尚未初步固定的情况下,由法官指定举证时限往往难以满足当事人的正当需求。应当在被告提交答辩状之后,由法官组织双方当事人进行初步证据交换后加以确定。首先,在答辩期内,只要被告提交了答

---

〔1〕 这种审查与法院要对普通民事合同的效力进行审查的道理相同。

辩状,法官便可以根据答辩状确定案件争议的焦点,对被告自认的事实直接加以确认,从而对双方可能需要提供的证据及搜集证据的时间有一个大概的判断。根据《民事诉讼法》的规定,被告的答辩期有15日,在被告作出答辩的同时,一般也会伴随着证据的收集工作。原告作为提起诉讼的一方,在此时应当也搜集到了一定的证据。此时法院组织双方当事人会面,要求当事人进行初步的证据交换,同时由当事人结合争议焦点确定举证时限,法官也可以结合争议焦点及当事人已经掌握的证据对当事人协商的举证时限是否合理加以判断。

2. 举证时限时间段的确定

当事人协商确定举证时限的长短应当受到一定的约束和规制。现行立法从限制公权力的角度,对法官指定举证时限的最短日期进行了限定。〔1〕与之不同的是,诉讼过程是双方当事人博弈和竞技的舞台,对证据搜集较为充分的一方往往希望缩短举证时限以便达到影响对方取证的目的,而证据搜集较为欠缺的一方往往会希望有较为充裕的时间进行取证。为了保障诉讼效率,且要为法官预留充分的审理时间,应当对举证时限契约约定的最长时间加以限定。结合审判实践经验,笔者认为一审案件不得超过40日,二审案件不应超过20日。而对于最短时间,基于私权利的处分自由原则,只要双方当事人协商一致便可,不宜由法律加以限定。在举证时限届满后,是否可以延长、延长的时间及理由应当由双方当事人经过协商自由确定。

3. 作为例外情况的时限延长

期限的延长应当是由双方当事人协商,而非由法院决定。现行法律及

---

〔1〕 现行法律及司法解释中关于举证时限时间段确定的法条主要有:《证据规定》第33条第3款规定了法院指定的举证时限不得少于30日,《最高人民法院关于适用〈关于民事诉讼证据的若干规定〉中有关举证时限规定的通知》中第1条规定在当事人协商一致的情况下,法院指定举证时限可以少于30日,并在该通知第2条规定了适用简易程序的案件法院指定举证时限可以少于30日,《民事诉讼法解释》第99条第2款规定法院指定举证时限一审程序案件不得少于15日,二审程序案件不得少于10日。这些司法解释均从限制公权力的角度,对举证时限的最短日期进行了限定,但未限定最长时间。

司法解释对于举证期限的延长方式主要是在举证期限届满后，当事人认为需要延长的，向法院提出申请，法院审查后认为理由成立的，适当延长举证时限。[1]但对于何种理由属于正当理由，法律并未明确规定，法院具有较大的自由裁量权。举证时限的延长关系到当事人是否有充足的时间查找并获取证明案件事实的证据。是否允许延长由法院决定具有不确定性，法院的决定结果极易造成当事人对司法公正的质疑。既然举证时限是由双方当事人协商确定的，那么在举证时限届满后，是否可以延长、延长的时间及理由应当由双方当事人经过协商确定。当然，法院指定举证时限或协商确定举证时限届满之前均已确信完成证据搜集工作，不需要后续举证时限，也可以通过契约的方式对指定举证时限加以变更。

4. 由当事人自行商定证据失权条款

"无论如何定义举证时限，举证时限制度都必然包含举证时限和逾期举证的后果这两个方面的内容。"[2]因此，逾期举证的后果是举证时限契约必不可少的组成部分，证据失权制度是为保障举证时限得以遵守而设定的。在现行法律规定之外，当事人也应当有权对逾期举证的法律后果通过约定的方式加以处分。当事人可以自行约定逾期提交的证据是否失权或者附条件失权。将超过举证时限的证据宣告失权，如果该证据是直接关系到案件主要事实查明的，有损实体公正；但对逾期证据加以采信则会对程序公正造成损害，使举证时限制度的程序性功能被架空。由当事人通过协商的方式确定逾期提供的证据是否失权可以解决实体公正和程序公正的矛盾。一旦当事人约定了逾期提交的证据不失权或者附条件失权，法院采信该证据时

---

〔1〕《证据规定》第36条规定："当事人在举证期限内提交证据材料确有困难的，应当在举证期限内向人民法院申请延期举证，经人民法院准许，可以适当延长举证期限。当事人在延长的举证期限内提交证据材料仍有困难的，可以再次提出延期申请，是否准许由人民法院决定。"相关法条还有《民事诉讼法解释》第100条。

〔2〕沈德咏主编：《最高人民法院民事诉讼法司法解释理解与适用》，人民法院出版社2015年版，第335页。

还应当按照法律规定给予逾期举证方公法上的惩罚。

5. 守约方的救济条款

当事人约定逾期提交的证据绝对失权,则该类证据丧失证据能力,这是对守约方的最佳补偿。但如果当事人约定的是逾期提交的证据不失权或附条件失权,当事人也可以对给予守约方当事人补偿的方式、数额作出约定,类似于普通民事合同中的违约金条款。虽然现行立法已经规定了守约方的赔偿请求条款,但对损失情况还应当提供证据加以证明,不利于守约方当事人利益的保护。[1]由当事人在举证时限契约中直接约定赔偿条款,免除了守约方因对方逾期举证所增加的住宿、交通、误工等费用的举证责任,有利于守约方权利的保障。

6. 应当包含证据交换时间

证据交换日期的确定应当是举证时限契约的必要组成部分。关于证据交换时间,《证据规定》第 38 条第 1 款规定了确定证据交换时间的方式包括当事人协商一致和由法院指定两种。同时在第 2 款规定了证据交换和举证时限的关系,法院组织证据交换的时间即举证时限届满的时间。根据此条规定,人民法院组织证据交换,举证时限自动届满,但对于法院组织证据交换的公权力行为为何可以无故缩短当事人的举证时限,并未作出解释。笔者认为,证据交换时间的选择应当尊重当事人的意愿,由双方当事人自行决定。在举证时限与证据交换日之间的关系上,也应当尊重当事人的意见,如当事人可以约定举证时限届满之日进行证据交换,也可以约定在举证时限内的某日进行证据交换,举证时限自动中断。如果当事人在证据交换过程中发现还有其他需要收集的证据,举证时限继续计算。

---

〔1〕《民事诉讼法解释》第 102 条第 3 款规定:“当事人一方要求另一方赔偿因逾期提供证据致使其增加的交通、住宿、就餐、误工、证人出庭作证等必要费用的,人民法院可予支持。”实践中,当事人要求逾期举证方赔偿增加的交通、住宿、误工等各项费用,需要提交证据加以证明。

7. 二审程序及再审程序中举证时限契约的特别规定

二审举证时限是针对二审“新证据”而设置的程序性规定。《证据规定》对二审“新证据”的提出时间作出了规定，将最迟的举证时间限定在“二审开庭审理时”，准确的理解应当是二审法庭辩论终结前，属于法定的举证时限。在不开庭的情况下，则是由法院指定举证时限，现行立法未对当事人协商确定二审举证时限作出规定。《民事诉讼法解释》出台后，其第 99 条第 2 款规定了“当事人提供新的证据的第二审案件不得少于十日”，应当理解为一方当事人提出新证据的情况下，由法院指定不少于 10 日的举证时限，给予了相对方当事人进行取证、举证，以保证攻击、防御的机会均等。此条文第 1 款规定了当事人可以协商确定举证时限，相较于《证据规定》是一大进步，但对于二审举证时限的具体操作流程并未明确规定。

实践中，在二审开庭或者谈话过程中，[1]当事人提出其要提交“新证据”，法官会给相对方当事人指定 10 日的举证时限，同时处于询问程序中的案件需要组织开庭审理，正在开庭的案件需要再次开庭。举证时限是为了提高诉讼效率，防止证据突袭及程序拖延而设立的制度，二审对于“新证据”举证时限的处理与举证时限制度设置的初衷相悖。合理的程序设计应当是，法官在二审案件立案后，征询双方当事人是否有“新的证据”，如果当事人没有新的证据，则不需要确定举证时限。如果有新证据，应当组织当事人进行证据交换，同时由当事人订立举证时限契约对举证时限进行确定。举证时限届满后，由法院组织询问或开庭程序对案件进行审理。

作为审级外的程序，再审程序具有与一审、二审程序不同的独有特质。“立法者在设计再审程序时，既要考虑维护生效裁判既判力的要求，又要考虑纠正确有错误的裁判的要求，要在这两种互相冲突的张力中寻求平

---

〔1〕 司法实践中，开庭审理的案件，当事人多在庭审过程中提出新证据，不开庭审理的案件，当事人多在二审询问程序中提出新证据。

衡。"[1]对于再审举证时限的确定，应按照《民事诉讼法》的规定，根据发生法律效力的文书审级的不同分别按照一审或者二审程序进行审理。因此，再审案件中也可以订立举证时限契约，具体程序性要求同本书对一审及二审举证时限契约的分析。

四、本章小结

由当事人协商确定举证时限虽然是我国法律明确规定的内容，但司法实践中，由于法律规定的可操作性不强及法院操作程序的不完善，使举证时限契约存在被实践架空的风险。结合实际案例分析可知，举证时限契约不仅有利于保障程序安定、提高诉讼效率，而且可以弥补证据失权制度设计的不足、弥合法院指定举证时限的缺陷。举证时限契约的有效运行也需要完善的配套制度加以保障，如建立答辩失权制度、完善庭前准备程序以及加强法院对举证时限契约的释明等。就举证时限契约制度本身的完善而言，要结合不同案件繁简程度具体适用。以明确规定一审程序、二审程序和再审程序之中举证时限契约的具体时限范围为根本，将时限延长的情况作为例外，对契约内容作出规范。此外，由当事人自行商定证据失权条款及证据交换的时间确定也应当包含在举证时限契约之中。

---

〔1〕 李浩：《再审的补充性原则与民事再审事由》，载《法学家》2007年第6期。

第九章

证据能力契约

对于因欠缺有效要件而证据能力存在瑕疵的证据，当事人通过达成合意的形式赋予其证据能力，这种证据契约即是证据能力契约。如果说我国学者对证据契约的研究尚处于起步阶段，那么对于证据能力契约的研究则更是踪影难寻。[1]在本书的开题报告会上，曾经有教授提问："证据能力是由法律明确规定的，即证据能力属法定而非意定，怎么能够通过契约对其内容进行约束？而且是否有进行约定的必要性？如果当事人的约定与现行立法相违背，应当是无效的。"从问题的内容可以看出，提问者对于证据能力契约持否定态度，认为证据能力属于法定范畴，不能以契约形式加以约束。对于此种观点，笔者存在疑问，是否与证据能力相关的各个要件均不可以契约方式自由约定？在法定的范畴内是否存在证据能力契约的生存空间？这些困惑激发了笔者进一步深入研究的兴趣。

---

[1] 综观以往关于证据契约的分类中，均没有证据能力契约的相关描述。例如，我国台湾地区学者姜世明认为，证据契约的类型包含自认契约、证据方法契约、推定契约、举证责任契约和仲裁鉴定契约五种。参见姜世明：《新民事证据法论》，厦门大学出版社 2017 年版，第 87 页。汤维建教授在《论民事证据契约》一文中以不同的角度对证据契约的种类进行分析，分别分析了法定的和任意的证据契约，积极的和消极的证据契约，明示的和默示的证据契约。这些分类项下也无证据能力契约的描述。参见汤维建：《论民事证据契约》，载《政法论坛》2006 年第 4 期。

一、证据能力契约的适用领域

证据能力是否可以由契约加以约束是由证据能力本身的特点决定的，因此，相关分析必须从证据能力本体入手。通过对证据能力内容和要件特点的分析，可以更加清楚地认识证据能力所涉及的内容哪些由法律加以规定，哪些由法官通过自由裁量予以认定，是否存在由当事人约定的空间。

（一）证据能力的概念和要件

通说认为，证据能力是大陆法系国家的概念，指的是证据可以在法庭审理中出示并成为认定案件事实依据的资格。[1]根据这一概念，首先，证据材料只有具备证据能力才能在法庭调查中得以出示。其次，这些证据材料经过法庭调查这一合法程序成为法官通过自由心证认定事实的基础性材料。而在英美法系国家，并不使用证据能力这一概念，与之相对应的是证据的可采性。证据的可采性在英美法系中居于核心地位。[2]证据的可采性，是指证据材料符合法律规定，从而具备进入法庭审理程序，成为法庭调查对象的资格。证据的可采性与普通法系普遍施行的陪审制密切相关。陪审员由缺乏法律专业知识的普通民众组成，为了避免陪审团受到不良证据材料的误导，立法上设置了证据规则，将不符合条件的证据进行筛除，这些规则以证据的可采性为核心。关于证据能力与证据可采性的关系，按照我国台湾地区学者李学灯的观点，证据能力与证据的可采性具有同义性。笔者在本书中不再详细区分证据能力与证据的可采性，而统一采用大陆法系的证据能力这一称谓进行描述。

大陆法系国家证据能力规则从限制法官自由行使裁量权入手，主要分为三个方面：一是从诉讼程序方面对证据能力的规制，主要包括非法证据排除规则、辩论原则、举证时限制度和直接审理原则。二是从证据形式方面对

[1] 参见孙远：《刑事证据能力导论》，人民法院出版社2007年版，第13页。

[2] 参见王福华：《民事诉讼基本结构》，中国检察出版社2002年版，第121页。

证据能力的限制,主要体现为书证优先原则。三是依据社会公共政策对证据能力的限制,集中体现为证人的免证特权。在英美法系国家,证据可采性相关规则主要有以下三类:一是以关联性为核心的可采性规则。二是为保证证据之可靠性而设置的可采性例外情况,具体包括传闻证据排除规则、最佳证据规则、意见证据规则。三是基于公共政策而排除的规则,主要包括非法证据排除规则和保密特权原则。〔1〕

从内容上看,英美法系国家关于证据能力规则的设定是以陪审制为制度背景的,且关于证据能力的规则数量繁杂,逻辑联系并不紧密,专业性较强,与我国的诉讼制度体系及国情不相适应,我国应当借鉴大陆法系关于证据能力的制度模式,将证据之证据能力内容设定为证据能力的实质要件、程序要件和形式要件三个方面。〔2〕民事证据能力的实质性要件主要是关联性要件及政策性要件。关联性要件,是指证据与待证事实之间应存在关联。政策性要件主要是基于公共政策由立法对证据能力作出的明确规定。证据能力的程序性要件主要是指证据提出的主体、提出的时间、取得证据的方式等法律规定的程序性内容,与之相关的制度包括证据搜集的主体性要求、直接言词原则、举证时限制度和非法证据排除规则。形式性要件主要是指证据需要符合法定的形式。

(二)证据能力契约的适用范围

在厘清了证据能力的概念及对证据能力的要件进行了明确界定后,下面将结合这些要件的具体特点对证据能力是否可以通过契约加以约束进行具体分析。

---

〔1〕参见纪格非:《证据能力论——以民事诉讼为视角的研究》,中国人民公安大学出版社 2005 年版,第 45 页。

〔2〕参见纪格非:《证据能力论——以民事诉讼为视角的研究》,中国人民公安大学出版社 2005 年版,第 203 ~ 204 页。

1. 证据能力的实质性要件:排斥证据契约的适用

如上文所述,证据能力的实质性要件包括证据能力的关联性要件及证据能力的政策性要件两种。此两种实质性要件虽具有不同的特点,但当事人都不得通过契约加以改变。

(1)以证据能力的关联性要件为中心的分析

“证据的关联性,按照英美法系国家的理解,是指证据在或多或少的程度上能够证明或反证明当事人所争执的事实的倾向或可能。”[1]关联性,是指证据材料与待证事实之间存在一定的联系。这种联系因具体案件中待证事项的不同,而有所区别。我国台湾地区学者陈朴生教授在对证据关联性的研究中作出了突出的贡献,他将证据的关联性分为证据能力的关联性和证明力的关联性。[2]证据能力的关联性为形式上的关联,并不要求实质上的关联,属于较低层次的关联。证据材料与待证事实只要存在可能性的联系,此份证据便可以进入法庭调查程序,也即具有了进入法庭调查的“通行证”。而证明力的关联性为实质上的关联性,属于较高层次的关联。因为此种关联,该份证据对待证事实的认定可以起到决定性的作用。证明力的关联性决定着证据的证明价值。这一区分理清了关联性的逻辑层次,便于司法实践中法官对于关联性的判断适用。

证据的关联性问题应是一个事实问题,而非法律问题。在具体案件中,主要是由法官依据经验法则、逻辑规则等加以判断。但为了提高诉讼效率并防止法官的恣意,在充分保障法官自由裁量权的前提下,法律有必要从最低层次上对证据能力的关联性加以规定,如《美国联邦证据规则》中从品格证据的排除规则及特定行为证据关联性的排除规则两个方面对证据能力的关联性加以约束。可以说,对证据关联性的判断分为两个方面,在最低层次上,由法律作出排除性规范,在此之外的区域,则属于法官自由裁量的范畴。

---

〔1〕 沈达明编著:《英美证据法》,中信出版社1996年版,第129页。
〔2〕 参见陈朴生:《刑事证据法》,台北三民书局1985年版,第275页。

当事人如果就证据能力的关联性问题订立契约,则势必违反法律规定或者侵犯法官的自由裁量权。因此,在证据能力的关联性领域,应当排除证据能力契约的适用。

(2)以证据能力的政策性要件为中心的分析

证据能力的政策性要件主要是基于社会政策的考虑而使某些证据不具备证据能力。尊重人的情感属性,维系人与人之间的正常情感关系是保证社会健康发展的必要条件,而这一考量也通过立法体现在证据法的规范中。综观大陆法系及英美法系的现有规范,这方面的政策主要指证人的拒证特权原则。拒证特权在英美法系国家称为保密特权。拒证特权的基本含义是,具有证据资格的人基于特定的身份关系享有就其知悉的案件事实拒绝作证或免除其作证义务的权利。例如,《法国民事诉讼法》第 205 条规定,在任何情况下,夫妻一方为支持自己的理论请求或者分居请求均不得听取直系血亲的证言。第 206 条规定,一方当事人的直系血亲或者姻亲或者其他配偶,即使已经离婚,有拒绝到庭作证的权利。从证据提供者的角度来看,这是一项法定的权利,正是因为法律的如此规定,使本来有作证义务的个人免除了其作证的义务。从此类证据本身来看,即使证据已经形成,但由于政策强制性规定,与规定相悖的证据并不具备证据能力。由此可见,政策性规定也属于法律的强制性规定,在此领域,应当排除证据能力契约的适用。

2. 证据能力的程序性要件:存在订立证据契约的空间

证据能力的程序性要件包括证据搜集的主体性要件、与直接言词原则、举证时限制度和非法证据排除规则相关的要件。除非法证据之证据能力缺陷外,当事人对其他三种证据能力之程序性要件瑕疵可以通过订立契约进行补正,具体分析如下:

(1)证据契约可以弥补取证主体不适格之缺陷。

在当代,虽然英美法系国家与大陆法系国家存在法治传统、社会文化等方面的不同,但均认同证据应当由当事人自行采集和提出。当事人可以自主决定所提出证据的类型、数量、方法及证据提出过程中的程序性事项,有权对自身的证明利益自由作出处分。对自身无法调取的证据,当事人亦可以决定是否申请法院调取。当事人在诉讼中是否提出要求法院调取某一证据正是当事人行使处分权的具体表现,法院无权干涉。取证主体不适格,主要是指法官越权调取本应由当事人调取的证据,因主体瑕疵导致此类证据的证据能力存在缺陷,此种缺陷对证据之证据能力其他要素尤其是关联性要素及证明力并不会造成任何影响,通过当事人达成契约的方式加以弥补并不存在理论上的障碍。

由当事人通过契约的方式赋予此类证据以证据能力符合司法实践的需求。我国长期以来的超职权主义诉讼模式的影响,法官在很长的历史时期内都承担着搜集证据的重任。随着诉讼模式的改革,法官依职权调取证据虽然受到了很大的限制,但基于我国当事人诉讼能力较低、律师代理制度并不完善的具体国情,法官依职权调取证据仍然大量存在,而且在民事案件中"真伪不明",法官无法拒绝裁判的状态下,基于实体正义的考量,法官往往会主动调取证据。笔者曾做过一项面向100位法官的问卷调查,78.3%的受访法官认为法官越权取得的证据与待证事实存在关联性,有助于查明案件事实,从保障实体公正的角度,采纳此类证据。如果将此类证据排除,案件事实的认定可能会发生根本性改变。在实体正义触手可及的情况下,一概将法官越权取得的证据加以排除的做法在目前我国的司法环境和司法文明程度下,很难为社会公众所认同和接收。由当事人通过契约的方式解决此类主体性缺陷不失为一种选择。

(2)违反直接言词原则证据的证据能力瑕疵可以通过契约补正。

直接言词原则是大陆法系国家民事诉讼的一个基本原则,其主要有三个方面的含义:一是法官、当事人或者其他诉讼参与人必须直接到庭参加庭审。二是案件的审理法官必须亲自参与庭审全部过程。三是由参与庭审的法官依据庭审中的证据来作出事实认定。在英美法系国家,与直接言词原则相对应的是传闻证据规则,根据该规则,用来证明陈述内容为真实的庭外陈述都应当予以排除。传闻证据规则也存在例外情况,如《美国联邦证据规则》中的第 803 ~804 条对传闻证据规则作出了两大类例外规定。直接言词原则在我国体现为《民事诉讼法》第 73 条的规定。根据此条规定,证人出庭作证是原则性内容。在例外情形下,如健康原因、交通不便、自然灾害等证人出庭确有困难的,经人民法院许可,可以通过书面形式、视听资料等方式作证。《证据规定》第 56 条又对通过五种情形《民事诉讼法》第 70 条规定的"证人确有困难不能出庭"作出了解释。[1]

证人以出庭的形式作证,便于当事人对证人进行询问,这是当事人的一种权利,既然是权利,当事人可以自由选择放弃。比如,证人具有较高的威望,双方当事人对此证人又均比较了解,通过协商的方式认可其不出庭作证的证人证言未尝不可。我国已有了直接言词原则相关契约的雏形,如《民事诉讼法解释》第 117 条规定:"当事人申请证人出庭作证的,应当在举证期限届满前提出。符合本解释第九十六条第一款规定情形的,人民法院可以依职权通知证人出庭作证。未经人民法院通知,证人不得出庭作证,但双方当事人同意并经人民法院准许的除外。"证人出庭应当由法院通知,只有双方当事人协商同意并经法院允许,没有通知的证人才能出庭作证,这是当事人对证人出庭问题的处分。当事人既然可以协商未经通知的当事人出庭,也就可以通过协商一致的方式认可证人不出庭,以书面证言、远程视频或语音通话等方式代替当庭作证。

(3)证据契约可以弥补证据之举证时限缺陷。

在实行证据适时提出制度的国家,当事人提出证据的时间直接影响证

---

〔1〕《证据规定》第 56 条规定:"《民事诉讼法》第七十条规定的'证人确有困难不能出庭',是指有下列情形:(一)年迈体弱或者行动不便无法出庭的;(二)特殊岗位确实无法离开的;(三)路途特别遥远,交通不便难以出庭的;(四)因自然灾害等不可抗力的原因无法出庭的;(五)其他无法出庭的特殊情况。前款情形,经人民法院许可,证人可以提交书面证言或者视听资料或者通过双向视听传输技术手段作证。"

据的证据能力。设立与举证时限相关的制度，可以避免当事人利用诉讼技巧进行证据突袭，为双方当事人的平等对抗创造最基本的条件，有利于程序安定性的保障，还可以促进当事人积极取证，提高诉讼效率。在英美法系国家，对于超出举证时限提出的证据规定了较为严格的失权制度，这种处理方式的背后是英美法系国家健全的证据收集保障体系、强制律师代理制度及审前证据交换程序等一系列制度保障。在我国举证相关程序并不完善的情况下，对于举证时限的规定不宜过苛。对超出举证时限的证据之证据能力属于法律明确规定的范畴，但这种规定并非强制性规范，当事人作为证据提出的主体，对于超出举证时限而提供的证据之证据能力有自由认定的权利，相关内容在我国现行法律中已得到确认。例如，我国《证据规定》第 34 条第 2 款规定："对于当事人逾期提交的证据材料，人民法院审理时不组织质证。但对方当事人同意质证的除外。"《民事诉讼法解释》第 101 条第 2 款规定："当事人因客观原因逾期提供证据，或者对方当事人对逾期提供证据未提出异议的，视为未逾期。"因此，对证据提出时间导致的证据能力瑕疵可以通过证据契约进行补正。

(4)非法取得证据之证据能力不可通过契约补正。

关于证据的合法性的内涵，理论界存在争议。但多数学者认为，证据的合法性，是指证据的提出主体、证据的表现形式及证据的收集程序合法。〔1〕与此相违背的就是非法证据，这属于比较广义的定义。而我国《民事诉讼法解释》第 106 条规定："对以严重侵害他人合法权益、违反法律禁止性规定或者严重违背公序良俗的方法形成或者获取的证据，不得作为认定案件事实的根据。"据此，非法证据仅指获取证据手段存在违法，具体包括以下三种情况：一是严重侵害他人合法权益获得的证据；二是采用违反法律禁止性规定的方法获得的证据；三是严重违背公序良俗的方法形成或获取的证据。上

〔1〕 参见何家弘主编：《新编证据法学》，法律出版社 2000 年版，第 109 页。

文中对于取证主体及证据形式存在瑕疵之证据能力与证据契约的关系已经作出分析，故本书对非法证据的定义采纳我国法律关于证据合法性的狭义解释，仅指取证过程的违法。对于侵害他人合法权益获得的证据，如果侵害的是相对方当事人的合法权益，则相对方当事人有权对此类证据是否丧失证据能力作出决断，通过契约的形式对此类证据之证据能力进行追认。如果侵害的是第三人的合法权益，则不允许当事人对证据能力作出处分。对于取证过程中采用“法律禁止性方法”及“严重违背公序良俗的方法形成或者获取的证据”不仅会侵犯相对方当事人的合法权益，也会对国家利益、公共利益及社会管理秩序造成不良影响，不应当允许当事人通过契约对此类证据之证据能力加以确认。

3. 证据能力的形式要件：可以通过证据能力契约进行瑕疵补正

证据能力的形式性要件，主要是指证据只有符合了合法形式才具备证据能力。任何一个证据材料都是由内容和形式两部分组成，内容是证据可以反映出的案件事实，形式是证据的外在表现载体。两个方面相辅相成，是证据材料密不可分的两个部分。证据形式是由法律作出明确规定的，如我国《民事诉讼法》第 63 条规定，证据形式包括当事人的陈述、书证、物证、视听资料、电子数据、证人证言、鉴定意见和勘验笔录八种。证据必须符合该条文中规定的八种证据形式才具备证据能力。但该规定并非强制性规定，存在由当事人通过契约对形式进行约定的空间。

在审判实践中，法定证据形式之外的证据已经大量存在，如法官庭外调查所形成材料包括调查笔录、勘验笔录、询问笔录、工作记录等被作为证据广泛使用，实践中的操作一般是法官带领书记员到相关部门进行咨询，制作上述笔录并组织双方当事人质证后作为认定事实的依据。只有勘验笔录属于法定证据种类，询问笔录可以勉强归为证人证言，而调查笔录、工作记录等不属于法定证据形式。这些笔录类证据材料因不符合形式性要件而存在证据能力缺陷，由当事人通过契约的方式对证据能力进行认可和补强，是弥补此种缺陷的良策。例如，在张某诉北京某超市有限公司产品责任纠纷一案中，[1]张某主张其购买的两种产品配料表食品添加剂标注的“复合保水剂”不是国家标准中的通用名称，违反了《食品安全法》的规定。为查明“复合保水剂”的规范名称，法官前往质量技术监督局对涉及的专业问题进行咨询，咨询过程中制作了咨询笔录，这里的咨询笔录并非法定证据形式，法官可以组织当事人达成证据能力契约，对此种形式予以认可。随着社会生活和科学技术的发展，证据的载体种类必然越来越丰富，关于证据形式的证据能力契约具备广阔的适用空间。

通过上文对证据能力要件的分析可知，证据能力关联性的判断涉及事实问题，由法官依靠经验法则、逻辑规则自由裁量完成，不能由当事人通过契约方式决断。证据能力的政策性要件由法律直接规定，也无法达成证据契约。而在证据能力程序性要件中的主体性要件、与直接言词原则及举证时限相关的要件，因只涉及双方当事人之间的程序利益，可以由双方当事人通过契约的形式加以改变。而非法取得证据之证据能力，虽然也是存在程序性要件的瑕疵，但仅对侵犯相对方当事人合法权益的证据之证据能力可以补正。如果存在侵犯案外当事人的合法权益，并会对国家利益、公共利益及社会管理秩序造成不良影响的风险，则不允许当事人订立契约对证据能力的瑕疵加以弥补。证据能力的形式性要件仅与证据的载体相关，故亦存在证据契约适用的空间。

（三）证据能力契约与相关证据契约的关系

从上文的分析可知，证据能力契约因具体内容与作用的不同，又可以分为与主体不适格相关的证据能力契约、与直接言词原则相关的证据能力契约、与举证时限相关的证据能力契约、与证据形式相关的证据能力契约及与非法证据有关的证据能力契约五种具体类型。从名称可以看出，与举证时

---

〔1〕 参见北京市石景山区人民法院(2015)石民初字第5779号民事判决书。

限相关的证据能力契约和举证时限契约存在一定联系，与直接言词原则相关的证据能力契约、与证据形式相关的证据能力契约则和证据方法契约存在一定的联系。下面就这几种契约的联系和区别分别加以分析：

1. 举证时限契约和与举证时限相关的证据能力契约。

举证时限契约是当事人自由协商确定举证时限、证据失权及证据交换时间等事项的契约。而与举证时限相关的证据能力契约则是对当事人超出举证时限所提证据之证据能力进行弥补的契约。两种契约最主要的区别在于举证时限契约着眼于事前规范，而与举证时限相关的证据能力契约则是事后弥补，重在发挥瑕疵补正的作用。举证时限契约的内容包含证据失权、证据交换时间等内容，而与举证时限相关的证据能力契约则不包含这些内容。

2. 与直接言词原则相关的证据能力契约、与证据形式相关的证据能力契约和证据方法契约。

证据方法契约，是指当事人协商确定限制某些证据方法在法庭调查阶段提出或以替代性方式改变既有证据方法的契约。而对违反言词原则的证据之证据能力进行补正，可以通过当事人直接追认的方式作出，证据载体出现了变化，也涉及证据方法的变更。与证据形式相关的证据能力契约也和证据方法的变更存在无法割裂的联系。这几种契约其实是从不同角度对同一事物的剖析，证据方法契约是从载体内容的角度对契约进行的概括。而与直接言词原则相关的证据能力契约、与证据形式相关的证据能力契约则是从契约的订立可以弥补证据能力缺陷的法律效果方面进行的定义。

二、我国引入证据能力契约的必要性

一概否定存在程序性瑕疵及形式瑕疵的证据之证据能力，必然会对案件的实体正义造成根本性的影响，允许通过订立证据契约对此类证据的证据能力进行补正符合我国司法实践的现实需要。

(一)司法实践中大量证据存在程序或形式瑕疵

实践中,大量证据存在程序或形式瑕疵。以取证主体瑕疵为例,根据我国《民事诉讼法》第64条的规定,法官调查取证仅有两种情况:一是当事人或者其诉讼委托代理人对因客观原因无法收集的证据,申请法院调查取证。二是法院认为查明案件事实确有需要,依职权收集证据。对于何为"客观原因"及何为"需要",相关司法解释又分别作了限缩性规定。[1]但在司法实践中,法官调取当事人应当自行调取的证据的现象大量存在。笔者于2016年6月23日在某直辖市法院系统裁判文书网以"越权取证"为关键词,以"民事"为案件类型,"基层人民法院"为案件查询范围,"2015年"为时间范围,查询到涉及法官调查取证的案件167件。通过分析发现,法官越权取证主要表现为三种形式:一是属于当事人申请法院调取证据的范围,缺乏当事人申请的情况下,法院径行调取证据。此类案件有34件,占案件总数的20.4%。二是法院越权调取属于当事人应当自行收集的证据。此类案件有55件,占案件总数的33%。三是法院进行庭外咨询所形成的证据。此类案件有10

---

〔1〕 相关法条:在2015年2月4日之前,《证据规定》第15条、第17条对此问题进行了解释。《证据规定》第15条规定:"《民事诉讼法》第六十四条规定的'人民法院认为审理案件需要的证据',是指以下情形:(一)涉及可能有损国家利益、社会公共利益或者他人合法权益的事实;(二)涉及依职权追加当事人、中止诉讼、终结诉讼、回避等与实体争议无关的程序事项。"第17条规定:"符合下列条件之一的,当事人及其诉讼代理人可以申请人民法院调查收集证据:(一)申请调查收集的证据属于国家有关部门保存并须人民法院依职权调取的档案材料;(二)涉及国家秘密、商业秘密、个人隐私的材料;(三)当事人及其诉讼代理人确因客观原因不能自行收集的其他材料。"2015年2月4日《民事诉讼法解释》实施后,相关规定为该解释的第94条、第96条。《民事诉讼法解释》第94条规定:"民事诉讼法第六十四条第二款规定的当事人及其诉讼代理人因客观原因不能自行收集的证据包括:(一)证据由国家有关部门保存,当事人及其诉讼代理人无权查阅调取的;(二)涉及国家秘密、商业秘密或者个人隐私的;(三)当事人及其诉讼代理人因客观原因不能自行收集的其他证据。当事人及其诉讼代理人因客观原因不能自行收集的证据,可以在举证期限届满前书面申请人民法院调查收集。"第96条规定:"民事诉讼法第六十四条第二款规定的人民法院认为审理案件需要的证据包括:(一)涉及可能损害国家利益、社会公共利益的;(二)涉及身份关系的;(三)涉及民事诉讼法第五十五条规定诉讼的;(四)当事人有恶意串通损害他人合法权益可能的;(五)涉及依职权追加当事人、中止诉讼、终结诉讼、回避等程序性事项的。除前款规定外,人民法院调查收集证据,应当依照当事人的申请进行。"

件,占案件总数的6%。由数据可知,调研的样本中59%的案件存在法官越权取证的问题。例如,在李某诉某科技公司要求发放退养费一案中,[1]李某领取退养费的前提是在退养期间未在其他企业从事有收入的工作,为了查明李某是否符合退养费发放条件,法院自行调取了李某的工资申报材料。事实上,此类工资申报材料应当由当事人提交,取证主体的不适格导致该证据之证据能力存在瑕疵。含有其他种类程序瑕疵或形式瑕疵的证据也在审判实践中大量存在。

(二)与我国现阶段证据收集模式相契合

从取证主体来看,我国律师代理案件的比例不高,当事人一般不具备专业的法律知识。在部分经济欠发达地区,有些当事人文化程度低下,欠缺搜集证据的意识和能力,对调查取证的程序也缺乏必要的了解,取证程序往往存在瑕疵,超过举证时限范围或者形式不符合法律规定的证据比比皆是,更有当事人通过录音、录像等形式取证,存在损害对方当事人合法权益的风险。从调查取证的社会环境来看,持有证据的主体对于配合个人调查取证缺乏认同感,当事人取证面临各种困难。基于我国的法治传统,曾经受到超职权主义诉讼模式的影响,法官曾承担着收集证据的任务。近年来,我国《民事诉讼法》及相关司法解释的修改加快了民事诉讼模式的转变进程,在证据收集领域也不断显现出"当事人主义"的色彩,但模式及理念的转变非一朝一夕可完成,当事人对法院调查取证的依赖及法官自身调查取证的主动性观念短时间内不会改变。这些取证过程中的问题及漏洞需要通过证据能力契约来弥补。

(三)可以弥补我国现行法律规定的不足

还是以取证主体的规定为例。《民事诉讼法》第64条规定法官调查取

[1] 北京市海淀区人民法院(2015)海民初字第15472号民事判决书。

证仅存在于两种情况。[1]自2002年《证据规定》出台后，[2]在第17条将何为“因客观原因无法自行收集的证据”，限定于国家有关部门保存，涉及国家秘密、商业秘密、个人隐私等情形，虽然第3款兜底条款为“当事人及其诉讼代理人确因客观原因不能自行收集的其他材料”，但结合第1款和第2款，对第3款的解释也不宜过于宽泛。第15条将“审理案件需要的证据”限定为涉及国家利益、社会公用利益、他人合法权益及依职权追加当事人等程序性事项。2015年2月4日《民事诉讼法解释》实施后，在第94条、第96条对该问题作出了解释，虽然“审理案件需要的证据”增加了涉及身份关系、公益诉讼和恶意诉讼有关证据，但法院调查取证的范围依然受到极大的局限。正如有学者所言，“对于有关争议事实的职权调查证据的范围则与前述大陆法系国家和我国台湾地区的职权调查证据的范围有着不小的距离”。[3]在法律未作出修改的情况下，通过证据能力契约的方式对取证主体加以扩充不失为良策。

（四）有利于案件事实的发现及诉讼效率的提高

程序正义固然是民事诉讼的基本价值，但实体公正更是民事诉讼所要达到的终极目标。“即使是在强调当事人主义的英美法系国家，发现真实仍是民事诉讼的基本目的。”[4]证据制度作为民事诉讼的重要组成部分，虽然存在程序公正、实体公正等各种不同的价值追求，但最重要的还是在于客观

[1] 1991年颁布的《民事诉讼法》第64条规定的法院调查取证的范围与现行《民事诉讼法》内容相同，2007年《民事诉讼法》修订时，对此条亦未作修改。

[2] 在2002年《证据规定》实施之前，1992年《最高人民法院关于适用〈中华人民共和国民事诉讼法〉若干问题的意见》中对法官调查取证的范围规定较为宽泛，第73条规定了人民法院调查收集的证据包括：(1)当事人及其诉讼代理人因客观原因不能自行收集的；(2)人民法院认为需要鉴定、勘验的；(3)当事人提供的证据互相有矛盾、无法认定的；(4)人民法院认为应当由自己收集的其他证据。但2002年《证据规定》出台后，第82条规定，最高人民法院之前司法解释与该规定不一致，以该规定为准。因此，从2002年开始，根据《证据规定》的要求，法官调查取证的范围被大幅度限缩。

[3] 熊跃敏：《法官职权调查证据的比较研究》，载《比较法研究》2006年第6期。

[4] 邱联恭：《程序选择权论》，台北三民书局2001年版，第268页。

真实的发现。法院认定的事实如果不符合“truth”(真实),必然引起不满,影响案件审理的社会效果,对于以程序理念批评实体正义产生的弊端应当保持清醒的认识。[1]证据能力存在的某些程序性瑕疵,如法官在调查取证过程中存在超越法院规定职权的现象,但其所调取的证据往往直接关系到案件主要事实的查明,如果一概否定,则不利于客观真实的发现。例如,在刘某与李某合同纠纷一案中,[2]李某主张其给付过刘某6万元购房款,法院遂根据此申请调取了李某的银行流水,此份证据直接关系到购房款是否给付这一基本事实的认定,应当允许当事人通过契约的形式对证据能力进行补正。

当事人搜集证据需要消耗一定的时间、人力、物力,对于已经搜集到的证据,代表着一定资源的支出,如果不加区分,一概否定其证据能力,必然会导致不必要的浪费。对于调查取证过程中存在的证据能力瑕疵,由当事人通过达成契约的方式加以处理,也有利于诉讼效率的提高。例如,将法官越权取得的证据加以排除,当事人为了证明待证事实,需要重新收集相关证据,降低了诉讼效率,而证据能力契约的适用可以弥补这一缺陷。在我国案多人少的具体国情下,司法资源作为一种社会公共资源,具有稀缺性的特点,诉讼效率的提高,同时意味着司法资源的节约。

三、证据能力契约具体制度设计

为考察证据能力契约的实践应用情况,笔者以法官越权调取证据之证据能力契约为例进行了调研。笔者于2016年6月23日在某直辖市法院系统裁判文书网以“越权取证”为关键词,以“民事”为案件类型,以“中级人民法院”为案件查询范围,查询到涉及当事人以一审法官越权取证为由上诉民事案件70件,未发现二审因法官越权取证的证据能力问题而将一审案件改判或者发回重审的案例,即二审对一审法官越权取得证据之证据能力持肯

---

〔1〕 参见肖建华主编:《民事证据法理念与实践》,法律出版社2005年版,第4页。

〔2〕 参见北京市门头沟区人民法院(2009)门民初字第1710号民事判决书。

5. 证据方法契约、举证责任契约、自认契约、举证时限契约、证据能力契约是民事证据契约的具体类型。部分类型在我国立法中进行了规定，部分类型虽无立法规定，但在实践中已经大量应用，实践中的相关案例十分丰富。(1)证据方法契约，是指当事人协商确定限制某些证据方法在法庭调查阶段提出或以替代性方式改变既有证据方法的契约。此类契约在实践中应用十分广泛，包括证人出庭契约、书证及物证提供方式契约、鉴定人选任契约、鉴定契约、专家辅助人咨询契约、测谎契约六种形式。(2)举证责任分配契约是当事人就举证责任分配问题达成的证据契约。该类契约是当事人行使处分权的正当形式，并未违背自由心证原则，可以解决举证责任分配法规存在的漏洞，弥补规范说及法官自由裁量分配举证责任的不足。诉中举证责任分配契约、否定性举证责任分配契约是值得关注的新型举证责任分配契约。(3)自认契约与自认是两种截然不同的证据制度。自认契约是证据契约的具体类型，而自认并不属于证据契约。自认契约是具备民事行为能力的当事人在诉讼外订立的，其对象既包括对事实的合意，也包括对证据的合意。(4)由当事人协商确定举证时限虽然是我国法律明确规定的内容，但司法实践中，其运行情况并不理想。必须由法律明确规定举证时限契约的优先地位。由当事人自行商定证据失权条款及证据交换的时间确定也应当包含在举证时限契约之中。(5)对证据能力存在的缺陷，不应漠视对待，当事人具有通过订立证据契约积极进行补正的权利。虽然在证据能力的关联性要件、政策性要件等实质性要件的领域排斥证据契约的适用，但程序上的瑕疵及形式性要件的瑕疵，证据契约不失为瑕疵补正的最佳手段。

“证据契约不仅在我国民事诉讼领域是一个新课题，即使在大陆法系国家和我国台湾地区，也研究不多。”[1]我国具有建立民事证据契约的制度和实践基础。应当正确认识的是，我国尚未建立起体系完整的民事证据契约

〔1〕 汤维建:《论民事证据契约》,载《政法论坛》2006年第4期。

定态度,但在文书上体现出的处理方式有失妥当。除了有58件案件的文书中法院的态度是不予回应或笼统回应,8件案件从实体角度对证据能力进行认可外,有4个案件从正当程序角度寻找理由予以回应,认为当事人未提出异议视为对越权取得证据之证据能力的认可。这种认可是以默示形式出现,虽然不符合形式要件,但也可以看作证据能力契约的雏形,只是订立契约的具体程序设计尚待规范。

对超出举证时限提供的证据之证据能力契约及侵犯当事人合法权益相关的证据能力契约,只需双方当事人约定认可所涉证据之证据能力即可。对于违反直接言词原则及证据形式存在瑕疵的证据,因其与证据方法契约存在极大的相似性,只是订立时间是在证据瑕疵存在之后,只需比照证据方法契约订立即可。因此,本部分重点讨论法官越权调取证据之证据能力契约的制度设计。对此类证据能力瑕疵进行补正,首先要对该证据之证据能力的实质性要件进行判断。在确认该证据具备关联性之后,才有确定是否需要订立证据契约对证据能力瑕疵进行补正的必要。

(一)判断证据是否具备实质性要件

民事证据能力的实质性要件,主要是指证据与待证事实之间的关联性。在大陆法系及英美法系各国中,证据的关联性均是判断证据是否具备证据能力最为核心的要件。《美国联邦证据规则》第401条曾将证据的关联性表述为:“证据具有某种倾向,使决定某项在诉讼中待确定的争议事实的存在比没有该项证据时更有可能或者更无可能。”[1]如果证据与待证事实具有形式上的关联,即具有证据能力。如果直接可以证明此事实存在或者不存在,则是存在实质上的关联。证据与待证事实是否存在关联性,主要依靠法官通过经验法则进行判断。对于取证主体存在瑕疵的证据而言,法官越权收集证据一般存在于根据双方当事人提供的证据对案件事实无法认定的情

---

〔1〕 徐昕:《英国民事诉讼与民事司法改革》,中国政法大学出版社2002年版,第243页。

况下。从思维逻辑上看,此时法官首先对待取证据的关联性要件进行了判断,认为此证据与案件事实存在实质关联,为保证案件事实的查清,作出了于法无据的取证行为。此时收集的证据与待证事实一般不仅存在形式上的关联,还存在实质上的关联。

(二)判断瑕疵是否属于可通过契约补正的范围

如上文所述,法官越权取证主要有三种表现形式,当事人有权申请,但未提出申请,而法院擅自调取的证据,从本质上看,属于当事人在无法自行收集时,可以申请法院调取证据的范畴。是否提出申请,应当由当事人自行决定。此类证据之证据能力存在瑕疵的原因主要是违背了现代法治国家证据提出的基本要求。因为法院的调查取证行为违背了当事人的处分原则,故对此类证据之证据能力的补正,应当由具有申请权的当事人通过事后追认的方式进行,无须双方当事人订立契约。当事人通过明确的意思表示,对此种越权取得证据之证据能力予以确认,在民事诉讼尊重当事人处分权的原则指引下,无疑是解决问题的最优选择。

法院调取属于当事人应当自行调取的证据,则需要由当事人达成证据契约的方式来弥补其瑕疵。法院调取属于当事人应当自行调取的证据,不仅侵害了当事人的处分权,而且影响了法官的中立地位,对相对方当事人的诉讼权益也是一种侵害。法院作为居中裁判一方,在一方当事人未经申请的情况下,擅自调取的证据必然是对申请方有利的证据,既然对申请方有利,在一定程度上就会损害另外一方当事人的利益,最低程度上也是使另外一方当事人的利益并无增加。从程序公正角度来看,仅依一方当事人事后追认,对另外一方当事人有失公允,其证据能力主体性适格要件的缺陷并非单方当事人追认足以弥补。此种情况下,唯有证据能力契约可以弥补该类证据之证据能力瑕疵。

在笔者进行问卷调查过程中,有法官存在这样的疑问:“法院作为居中裁判一方,擅自调取的证据必然是对负有举证义务一方当事人有利的证据,既然对此方有利，在一定程度上就会损害另外一方当事人的利益，另外一方当事人怎么会做出同意的意思表示？”诚然，法官擅自调取一方当事人应当自行调取的证据，对举证责任方有利，但实践中也不乏另一方当事人出于对对方当事人调取证据行为的疑虑而同意法院调取的情况。例如，在曹某诉黄某合同纠纷中，曹某主张涉案合同为受胁迫所签订，黄某认为合同为曹某自愿签署，不存在胁迫。该合同在北京市朝阳区某大厦签订，签订合同处有监控摄像头，调取该监控录像并提供给法庭，应由该案件原告曹某来完成，该证据不属于当事人可以申请法院调取证据的范围。但在该案件中，法院主动调取了该监控录像，被告黄某认为，由原告曹某调取监控录像，存在修改剪辑的可能，而法院调取录像具有客观性，其认可法院调取录像的行为，曹某亦认可法院调取的证据。[1]

法官越权取证的存在方式还包括法官针对案件中存在的问题，特别是部分专业性问题存在疑问进行的咨询。2012 年《民事诉讼法》修改后，增加了当事人可以申请有专门知识的人出庭的规定，但如果在未经鉴定的案件中，或者存在鉴定程序的案件中，当事人不提出通知专门知识的人出庭的情况下，法院获取专业知识问题的技术支持并无法律规定。例如，在某保险公司与徐某、陈某等道路交通事故损害赔偿责任纠纷中，[2]对于徐某左上肢肌力是否为二级、肌力测定时是否需要进行肌电图分析及对整个案件伤残等级认定产生何种影响等专业问题，法官并不具备相应的专业知识，此时就需要由当事人通过证据契约的方式赋予法官进行咨询的权利。

（三）订立证据能力契约的具体程序

从契约达成的主体来看，应当是案件的双方当事人，单方当事人的追认并不构成证据能力契约。从达成的时间来看，虽然证据能力契约的重要功能是瑕疵补正，但对于法官越权取得证据之证据能力契约而言，最优时间点

〔1〕 参见北京市海淀区人民法院(2014)海民初字第 12303 号民事判决书。

〔2〕 参见北京市昌平区人民法院(2016)京 0114 民初 3488 号民事判决书。

应该在法官调查取证前，以便减少法官已经调取了证据，而当事人不同意达成契约的风险。如果在证据已经调取后，双方当事人无异议的情况下，也可以通过达成契约的形式赋予该证据以证据能力，但最晚不能迟于对证据进行质证之前。从契约内容来看，应当对调取证据的名称、地点、时间、方式等具体内容指向明确。形式上应为书面形式，也可以由双方当事人发表意见，直接记入庭审笔录。诉讼结果上，如果双方当事人都同意赋予该证据以证据能力，那么该证据就拥有了进入庭审的资格，法官对该份证据进行出示，由双方当事人发表质证意见。如果一方或双方当事人不同意达成契约，则亦应将其意见在庭审笔录中记明，同时法官应当向其释明，举证责任承担方当事人仍然可以自己调取该证据，并指定举证期限。

四、本章小结

证据能力关系到证据是否具备进入法庭调查的资格。在证据进入法庭调查前，法官必须对证据能力加以判断。对证据能力存在的缺陷，不应漠视对待，当事人具有通过订立证据契约积极进行补正的权利。虽然在证据能力的关联性要件、政策性要件等实质性要件的领域排斥证据契约的适用。但对于取证主体不适格、违反直接言词原则、超出举证时限等程序上的瑕疵及对于证据能力形式性要件的瑕疵，证据契约不失为瑕疵补正的最佳手段。司法实践中因我国现阶段当事人诉讼能力较弱，证据能力存在程序或形式瑕疵的证据广泛存在。同时，我国现行法律对证据能力瑕疵补正规定匮乏，证据能力契约具备广阔的适用空间。希望可以通过本书的研究引起立法、司法及理论界对此问题的关注和重视。

结　论

随着市场经济的发展，私法中的契约精神不断向民事诉讼领域延伸。作为民事诉讼契约的重要种类之一，民事证据契约逐渐得到关注。民事证据契约是契约精神在证据制度中的完美体现。本书通过对民事证据契约的基础理论研究、实证分析研究，并在参考和借鉴国外对民事证据契约的制度设计的基础上，得出如下结论：

1. 民事证据契约，是指当事人在民事诉讼前或诉讼中就证据或证明事项达成的旨在影响证明利益的合意。通过对证据契约之具体样态类型的考察及特征、性质的辨析，可以发现：民事证据契约的订立主体限于双方当事人。订立契约的时间既可以在纠纷发生前、诉讼前，也可以在诉讼过程中。证据契约的内容是对证据事项及证明利益的处分，处分的具体事项包括证据方法、诉讼外的自认和对证据的认可、举证时限、举证责任、证据能力五个方面。从性质上看，证据契约是典型的诉讼行为。证据契约可以为法官评价事实提供帮助，也会对法官自由心证形成约束。

2. 证据契约的订立和适用契合了民事诉讼法、证据法及合同法的基本理论。民事证据契约是当事人主义诉讼模式发展和改革应有的题中之意,体现了当事人平等原则及处分原则、辩论原则等民事诉讼基本原则的具体要求。自由心证制度为民事证据契约的订立和适用提供了空间。民事证据契约作为无名合同的一种,遵循了合同有效性和契约相对性的基本原则。从功能和价值上看,民事证据契约不仅有利于实现诉讼公正与诉讼效率,而且赋予了当事人就公平和效率的选择权。同时,该制度有利于弥补法律漏洞,提高裁判的可接受度,利于纠纷的一次性解决。在案外人权利保护及纠纷的预防等方面,民事证据契约也发挥着不可替代的重要作用。

3. 诉讼权利和审判权相互制衡、相伴相生的关系在证据契约中得到了集中突出的显现,民事证据契约的运行既要受到审判权的制约,又需要审判权的积极保障。民事证据契约的订立也存在一定的限度,要受到审判权的约束和干预。民事证据契约的内容不得侵犯法官心证的专属领域,故当事人不得在证明力、证明标准领域订立证据契约,并且不得订立证据的关联性契约,影响法官对证据关联性的自由裁量。与普通民事合同相类似,证据契约在诉讼中适用的前提,是必须经过法院对其实质性内容和程序性内容的审查,由法院对契约效力作出先决性判断。当事人的积极参与和法官的有力组织应当形成一种有效的动态平衡,证据契约的正当运行也离不开审判权的保障。法官应当结合双方当事人的具体诉讼能力情况对民事证据契约制度的概况和价值进行介绍,对适用程序进行引导,进行必要的风险提示及法律后果的说明。

4. 当事人之间达成订立证据契约的意思表示一致,民事证据契约便可成立。但契约的生效却需要满足五大要件:订约主体具备民事诉讼行为能力并且是适格当事人,意思表示真实,不得违反法律规定及损害国家、社会或第三人利益,书面形式,不得附条件及附期限。民事证据契约如果存在主体不适格和意识表示不真实的瑕疵,可以进行补正,相关补正主要采取追认的方式。违反民事证据契约,必须承担一定的法律责任。

制度。已有的立法规范虽然涵盖证据契约的精神内核,但存在契约生效、补正及法律后果要件的缺失,只是民事证据契约的雏形。实践中存在的法无明文规定的证据契约更是存在适用上的混乱。民事证据契约制度的完善并非一蹴而就,要不断培育我国民事证据契约生存环境,还需要做以下几个方面的努力:首先,要通过立法完善和丰富民事证据契约的种类,并增加可操作性规范,设计与契约内容相对应的违约责任条款,构建系统缜密的民事证据契约法律构架。其次,加强普法教育,提高社会公民的法律素养,增强当事人的程序主体意识。最后,加速法律职业群体尤其是法官的角色定位的转变。法官对案件事实的裁量要严格限定于当事人提供的证据基础之上,当事人作为程序主体对证据事项的处分,法官应当在适度的范围内进行引导。

参考文献

一、中文著作

1. 专著类

[1]毕玉谦:《民事证据原理与实务研究》,人民法院出版社2003年版。

[2]毕玉谦:《民事证明责任研究》,法律出版社2007年版。

[3]常怡主编:《民事诉讼法》,中国政法大学出版社2002年版。

[4]常怡主编:《外国民事诉讼法新发展》,中国政法大学出版社2009年版。

[5]常怡主编:《比较民事诉讼法》,中国政法大学出版社2002年版。

[6]崔建远主编:《合同法》,法律出版社2010年版。

[7]陈界融:《民事证据法:法典化研究》,中国人民大学出版社2003年版。

[8]陈荣宗、林庆苗:《民事诉讼法》,台北三民书局1996年版。

[9]陈计男:《民事诉讼法论》(上),台北三民书局1999年版。

[10]陈朴生:《刑事诉讼法实务》,台湾海天印刷有限公司1992年版。

[11]陈朴生:《刑事证据法》,台北三民书局1979年版。

[12]陈刚:《证明责任法研究》,中国人民大学出版社2000年版。

[13]陈桂明:《程序理念与程序规则》,中国法制出版社1999年版。

[14]陈学权:《科技证据论——以刑事诉讼为视角》,中国政法大学出版社2007年版。

[15]何怀宏:《契约伦理与社会正义——罗尔斯正义论中的历史与理性》,中国人民大学出版社 1993 年版。
[16]何家弘主编:《新编证据法学》,法律出版社 2000 年版。
[17]何家弘、刘品新:《证据法学》,法律出版社 2013 年版。
[18]韩象乾主编:《民事证据理论新探》,中国人民公安大学出版社 2006 年版。
[19]姜世明:《民事诉讼法基础论》,台北元照出版有限公司 2014 年版。
[20]姜世明:《民事诉讼法》(上册),台北新学林出版股份有限公司 2014 年版。
[21]姜世明:《新民事证据法论》,台北新学林出版股份有限公司 2009 年版。
[22]姜世明:《民事诉讼法》(下册),台北新学林出版股份有限公司 2014 年版。
[23]江伟主编:《中国证据法草案(建议稿)及立法理由书》,中国人民大学出版社 2004 年版。
[24]江伟主编:《民事诉讼法学原理》,中国人民大学出版社 1999 年版。
[25]江伟主编:《民事诉讼法专论》,中国人民大学出版社 2005 年版。
[26]纪格非:《证据能力论——以民事诉讼为视角的研究》,中国人民公安大学出版社 2005 年版。
[27]刘荣军:《程序保障的理论视角》,法律出版社 1999 年版。
[28]刘家兴主编:《民事诉讼法学教程》,北京大学出版社 1994 年版。
[29]冷罗生:《日本现代审判制度》,中国政法大学出版社 2003 年版。
[30]林钰雄:《刑事诉讼法》(上),台北元照出版有限公司 2013 年版。
[31]李永军:《合同法》,法律出版社 2004 年版。
[32]李学灯:《证据法比较研究》(上),台北五南图书出版公司 1992 年版。
[33]梁慧星主编:《民商法论丛》(第 9 卷),法律出版社 1998 年版。
[34]秦宗文:《自由心证研究——以刑事诉讼为中心》,法律出版社 2007 年版。
[35]邱联恭:《程序选择权论》,台北三民书局 2001 年版。
[36]沈达明编著:《比较民事诉讼法初论》,中国法制出版社 2002 年版。
[37]沈达明编著:《英美证据法》,中信出版社 1996 年版。
[38]沈达明、冀宗儒编著:《1999 年英国〈民事诉讼规则〉诠释》,中国法制出版社 2005 年版。

[39]沈德咏主编:《最高人民法院民事诉讼法司法解释理解与适用》,人民法院出版社2015年版。
[40]宋朝武主编:《民事诉讼法学》,中国政法大学出版社2012年版。
[41]宋志军:《刑事证据契约论》,法律出版社2010年版。
[42]宋冰编:《读本:美国与德国的司法制度与司法程序》,中国政法大学出版社1998年版。
[43]孙远:《刑事证据能力导论》,人民法院出版社2007年版。
[44]汤维建:《民事证据立法的理论立场》,北京大学出版社2008年版。
[45]唐贤兴:《产权、国家与民主》,复旦大学出版社2002年版。
[46]王家福主编:《民法债权》,法律出版社1991年版。
[47]王甲乙、杨建华、郑建才:《民事诉讼法新论》,台北三民书局1983年版。
[48]王泽鉴:《民法总论》,台北三民书局2000年版。
[49]王福华:《民事诉讼基本结构》,中国检察出版社2002年版。
[50]王利明:《合同法新问题研究》,中国社会科学出版社2003年版。
[51]王利明、崔建远:《合同法新论·总则》,中国政法大学出版社2000年版。
[52]王利明:《违约责任论》,中国政法大学出版社1996年版。
[53]吴杰:《民事诉讼证明标准理论研究》,法律出版社2007年版。
[54]肖建华主编:《民事证据法理念与实践》,法律出版社2005年版。
[55]徐昕:《英国民事诉讼与民事司法改革》,中国政法大学出版社2002年版。
[56]尹田编著:《法国现代合同法》,法律出版社1995年版。
[57]杨立新:《侵权法论》,人民法院出版社2005年版。
[58]杨立新等:《合同法总则》,法律出版社1999年版。
[59]叶自强:《举证责任及其分配标准》,法律出版社2005年版。
[60]张卫平主编:《民事诉讼法教程》,法律出版社1998年版。
[61]张卫平主编:《外国民事证据制度研究》,清华大学出版社2003年版。
[62]张卫平:《转换的逻辑——民事诉讼体制转型分析》,法律出版社2004年版。
[63]张广兴、韩世远:《合同法总则》(下),法律出版社1999年版。
[64]张建伟:《证据法要义》,北京大学出版社2014年版。

[65]最高人民法院民事诉讼法调研小组编:《民事诉讼程序改革报告》,法律出版社 2003 年版。

2. 译著类

[66]《美国联邦刑事诉讼规则和证据规则》,卞建林译,中国政法大学出版社 1996 年版。

[67]《美国联邦诉讼规则、证据规则》,白绿铉、卞建林译,中国法制出版社 2000 年版。

[68]白绿铉编译:《日本新民事诉讼法》,中国法制出版社 2000 年版。

[69][日]谷口安平:《程序的正义与诉讼》,王亚新、刘荣军译,中国政法大学出版社 1996 年版。

[70][日]高桥宏志:《重点讲义民事诉讼法》,张卫平、许可译,法律出版社 2007 年版。

[71][德]汉斯·普维庭:《现代证明责任问题》,吴越译,法律出版社 2006 年版。

[72][日]兼子一、竹下守夫:《民事诉讼法》,白绿铉译,法律出版社 1995 年版。

[73][美]乔恩·R. 华尔兹:《刑事证据大全》,何家弘等译,中国人民公安大学出版社 1993 年版。

[74][美]科宾:《科宾论合同》(一卷册·上册),王卫国等译,中国大百科全书出版社 1999 年版。

[75][奥]凯尔森:《法与国家的一般理论》,沈宗灵译,中国大百科全书出版社 1996 年版。

[76][法]卢梭:《社会契约论》,何兆武译,商务印书馆 2003 年版。

[77][德]罗森贝克、施瓦布、戈特瓦尔德:《德国民事诉讼法》(上),李大雪译,中国法制出版社 2007 年版。

[78][德]罗森贝克、施瓦布、戈特瓦尔德:《德国民事诉讼法》(下),李大雪译,中国法制出版社 2007 年版。

[79]《法国新民事诉讼法典》,罗洁珍译,中国法制出版社 1999 年版。

[80][美]米尔建·达马斯卡:《漂移的证据法》,李学军等译,中国政法大学出版社 2003 年版。

[81][美]迈克尔·D. 贝勒斯:《法律的原则——一个规范的分析》,张文显等译,中国大百科全书出版社 1996 年版。

[82][日]三ケ月章:《日本民事诉讼法》,汪一凡译,台北五南图书出版公司 1997 年版。

[83]《德意志联邦共和国民事诉讼法》,谢怀栻译,中国法制出版社 2001 年版。

[84][日]新堂幸司:《新民事诉讼法》,林剑锋译,法律出版社 2008 年版。

[85][日]中村英郎:《新民事诉讼法讲义》,陈刚等译,常怡审校,法律出版社 2001 年版。

二、中文论文

1. 期刊类

[1]陈桂明、李仕春:《诉讼契约论》,载《清华法律评论》1999 年第 1 期。

[2]陈桂明、李仕春:《论程序形成权——以民事诉讼权利的类型化为基点》,载《法律科学》2006 年第 6 期。

[3]陈娴灵:《我国民事诉讼中的撤诉契约研究》,载《法商研究》2008 年第 5 期。

[4]陈浩:《再论民事诉讼证明责任的转移》,载《政法论丛》2011 年第 4 期。

[5]陈刚:《证明责任法与实定法秩序的维护——合同法上证明责任问题研究》,载《现代法学》2001 年第 4 期。

[6]陈界融:《证据法应当关注的几个理论问题》,载《证据科学》2009 年第 2 期。

[7]陈永忠:《对我国诉讼契约制度的几点理解与思考》,载《宁夏社会科学》2006 年第 6 期。

[8]陈磊:《民事证据契约制度类型化构建》,载《内蒙古社会科学(汉文版)》2015 年第 6 期。

[9]陈学权:《论刑事诉讼中实体公正与程序公正的并重》,载《法学评论》2013 年第 4 期。

[10]陈学权:《论自由心证的客观化——以刑事诉讼为视角》,载《学术论坛》2007 年第 4 期。

[11]成凯、屈新:《论鉴定人的法律地位及其责任机制》,载《政法论坛》2003 年第 6 期。

[12]蔡文霞:《论虚假保外就医鉴定中的鉴定人法律责任——以"林崇中、刘益民违法保外就医案"为视角》,载《中国司法鉴定》2012 年第 5 期。

[13]段文波:《协动主义下的审理契约论》,载《宁夏社会科学》2010 年第 4 期。

[14]段文波:《民事证据限制契约论》,载《新疆大学学报》(哲学、人文社会科学版)2010 年第 3 期。

[15]霍海红:《民事诉讼契约的意义追问》,载《华东政法学院学报》2007 年第 1 期。

[16]贺卫方:《“契约”与“合同”的辨析》,载《比较法研究》1992 年第 2 期。

[17]胡忠惠:《证明责任分配契约探讨》,载《法学论坛》2008 年第 1 期。

[18]黄维智:《“合意”在刑事诉讼中的应用及其限制》,载《四川大学学报》(哲学社会科学版)2007 年第 1 期。

[19]黄维智:《测谎鉴定问题——从高检的批复谈起》,载《中国刑事法杂志》2004 年第 2 期。

[20]韩艳:《我国民事证明责任分配规则之正本清源——以“规范说”为理论基础》,载《政治与法律》2014 年第 1 期。

[21]姜世明:《证据契约之研究》,载《军法专刊》2001 年第 8 期。

[22]廖永安、崔峰:《当事人诉讼行为与民事法律行为关系考》,载《法律科学》2004 年第 1 期。

[23]李力:《测谎结论的误差来源及对其应用策略》,载《中国人民公安大学学报》(自然科学版)2003 年第 4 期。

[24]李瑞钦:《价值定位与路径选择:我国举证时限制度适用再反思——兼析新〈民事诉讼法〉第 65 条》,载《法律适用》2013 年第 9 期。

[25]李浩:《民事举证责任分配的法哲学思考》,载《政法论坛》1996 年第 1 期。

[26]李浩:《再审的补充性原则与民事再审事由》,载《法学家》2007 年第 6 期。

[27]李浩:《举证时限制度的困境与出路——追问证据失权的正义性》,载《中国法学》2005 年第 3 期。

[28]李卫国:《民事诉讼契约探析》,载《贵州社会科学》2008 年第 11 期。

[29]李祖军:《自由心证与法官依法独立判断》,载《现代法学》2004 年第 5 期。

[30]罗飞云:《冲突与消解:举证时限制度的反思》,载《山东社会科学》2006 年第 5 期。

[31]刘根菊、李静:《我国构建刑事诉讼合意制度之探讨》,载《法治论丛》2005 年第 6 期。

[32]刘荣军:《民事诉讼行为瑕疵及其处理》,载《中国法学》1999 年第 3 期。

[33]刘晓英:《论民事上诉审程序中诉讼契约体系的构建》,载《湘潭大学学报》(哲学社会科学版)2010 年第 2 期。

[34]孟涛:《民事诉讼契约化基本问题研究》,载《兰州学刊》2005 年第 3 期。

[35]牛金臣、曹志海:《民事诉讼契约化视角下的证据契约》,载《山东审判》2008 年第

2 期。

[36]潘志玉:《论测谎证据在民事诉讼中的可采性》,载《政法论丛》2012 年第 6 期。

[37]舒瑶芝:《民事证据契约效力探析》,载《政法论坛》2010 年第 6 期。

[38]宋朝武:《论民事诉讼中的自认》,载《中国法学》2003 年第 2 期。

[39]宋志军:《刑事合意证明模式研究》,载《中国社会科学院研究生院学报》2012 年第 2 期。

[40]宋春雨:《新〈民事诉讼法〉中有关证据制度理解和适用的几个问题》,载《法律适用》2013 年第 10 期。

[41]宋显忠、肖凯提·阿布力米提:《法律事实的实证探究》,载《法学论坛》2008 年第 2 期。

[42]邵明:《民事诉讼行为要论》,载《中国人民大学学报》2002 年第 2 期。

[43]汤维建:《论民事证据契约》,载《政法论坛》2006 年第 4 期。

[44]田平安、刘春梅:《试论协同型民事诉讼模式的建立》,载《现代法学》2003 年第 1 期。

[45]唐力:《当事人程序主体性原则——兼论"以当事人为本"之诉讼构造法理》,载《现代法学》2003 年第 5 期。

[46]王新清、李蓉:《论刑事诉讼中的合意问题——以公诉案件为视野的分析》,载《法学家》2003 年第 3 期。

[47]王利明:《法律行为制度的若干问题探讨》,载《中国法学》2003 年第 5 期。

[48]王利明:《关于我国民法典体系构建的几个问题》,载《法学》2003 年第 1 期。

[49]王明锁:《民事法律行为类型化的创新与完善》,载《北方法学》2016 年第 4 期。

[50]王亚新:《刑事诉讼中发现真实与抑制主观随意性的问题》,载《比较法研究》1993 年第 2 期。

[51]汪海燕、胡常龙:《自由心证新理念探析——走出对自由心证传统认识的误区》,载《法学研究》2001 年第 5 期。

[52]吴丹红:《民事诉讼中的测谎——基于证据法角度的分析》,载《中外法学》2008 年第 6 期。

[53]熊跃敏:《法官职权调查证据的比较研究》,载《比较法研究》2006 年第 6 期。

[54]许建添:《证据契约初探》,载《证据学论坛》2007 年第 1 期。

[55]许旭涛:《诉讼契约的性质及司法处理》,载《人民司法》2010 年第 18 期。

[56]夏霆:《诉讼契约的法理学思考》,载《南京工业大学学报》(社会科学版)2002 年第 4 期。

[57]易旻、鲁琴:《鉴定人的责任负担》,载《中国司法鉴定》2007 年第 2 期。

[58]俞江:《“契约”与“合同”之辨——以清代契约文书为出发点》,载《中国社会科学》2003 年第 6 期。

[59]晏景:《我国民事庭前准备程序之完善——从法国的相应制度谈起》,载《法学》2007 年第 11 期。

[60]杨翔:《我国法官自由裁量权:存在、运行及规制》,载《湘潭大学学报》(哲学社会科学版)2016 年第 1 期。

[61]朱庆育:《法律行为概念疏证》,载《中外法学》2008 年第 3 期。

[62]张芸:《论不起诉合意》,载《甘肃政法学院学报》2004 年第 6 期。

[63]张能宝:《惩罚性违约金适用问题研究》,载《人民司法(应用)》2016 年第 13 期。

[64]张卫平:《〈民事诉讼法〉的修改与程序正义的提升》(下),载《中国司法》2006 年第 2 期。

[65]张卫平:《管辖权异议:回归原点与制度修正》,载《法学研究》2006 年第 4 期。

[66]张卫平:《论民事诉讼的契约化——完善我国民事诉讼法的基本作业》,载《中国法学》2004 年第 3 期。

[67]张嘉军:《诉讼契约概念考析》,载《河南社会科学》2009 年第 4 期。

[68]张嘉军:《论诉讼契约的效力》,载《法学家》2010 年第 2 期。

[69]张嘉军:《诉讼契约的正当性之维》,载《郑州大学学报》(哲学社会科学版)2009 年第 4 期。

[70]张嘉军:《诉讼契约的生效与救济》,载《河北法学》2010 年第 21 期。

[71]张嘉军:《我国民事诉讼契约制度体系的实证分析》,载《法律适用》2011 年第 8 期。

[72]赵钢、华桦:《民事诉讼中当事人商定举证期限与法院指定举证期限之应然关系》,载《法学论坛》2004 年第 6 期。

[73]朱福勇:《民事诉讼证据失权在法律适用中的困惑及改造》,载《法学杂志》2007 年第 6 期。

[74]占善刚:《论民事诉讼中自由心证主义的例外——兼对现行民诉法第71条之检讨》,载《法学评论》2010年第3期。

[75]曾友祥:《中国刑事和解价值之辩》,载《政法论坛》2011年第6期。

[76]纵博:《我国刑事证据能力之理论归纳及思考》,载《法学家》2015年第3期。

2. 文集类

[77]宋英辉、许身健:《刑事诉讼中法官评判证据的自由裁量及其制约》,载何家弘主编:《证据学论坛》,中国检察出版社2000年版。

[78]高点法学编辑委员会:《证据契约(以鉴定契约为出发点)——"最高法院"1998年度"台上字第1131号判决"判解集》,高点文化事业有限公司2010年第4期。

[79]袁新利、谭振荣:《应然与实然:我国民事诉讼证据交换制度之实证性分析》,载贺荣主编:《全国法院第25届学术讨论会获奖论文集:公正司法与行政法实施问题研究》(上册),人民法院出版社2013年版。

3. 报纸类

[80]汤维建:《这样取得的证据是否在非法证据排除之列》,载《人民法院报》2004年2月22日,第5版。

[81]何家弘:《测谎结论可在民诉中作证据》,载《人民法院报》2007年5月17日,第5版。

[82]熊跃敏:《传承与超越:举证时限制度的新发展》,载《检察日报》2012年10月15日,第3版。

[83]张卫平:《将测谎意见作证据应谨慎》,载《人民法院报》2007年5月17日,第5版。

三、外文资料

[1] Burkhard Bastuck and Burkard Gopfert, *Admission and Presentation of Evidence in Germany*, 16 Loy. L. A. Int'l & Comp. L. J., 1994.

[2] Steven. F., Bergman. P., *Evidence law and Practice* (second edition), Mathew Bender Company, inc, 2004.

[3] Muller, K. P., *Evidence* (second edition), As Pen Law and Business. 1999.

[4] Jone. H. W., *Evidence in Trial at Common Law*, Tillers Rev. Boston, 1983.

[5]Riehard. M. , *Criminal Evidence*, London Sweet and Maxwell, 1986.

[6]Peter. M. , *A Practical to Evidence* (seventh edition), Blackstone Press Limited, 2000.

[7]Peter. M. , *Evidence & Advocacy*, Blackstone Press Limited, 1990.

[8]John Sepinka, Sidney N. Lederman and Alan W. Bryant, *The Law of Evidence in Canada*, Totonto: Butterworths, 1992.

[9]Mike Redmayne, *Standards of Proof in Civil Litigation*, The Modern L. Rev. , Vol. 62, No,2,1999.

[10]Tephen Holmes, *The Anatomy of Antiliberalism*, Harvard University Press, 1993.

[11] David et al. , *Civil Procedure by Contract: A Convoluted Confluence of Private Contract and Public Procedure in Need of Congressional Control*, 35 U. Rich. L. Rev. 2001.

[12] David Marcus, *From "Cases" to "Litigation" to "Contract": A Comment on Stability in Civil Procedure*, 56 St. Louis U. L. J. , 2011.

[13] Lee H. Rosenthal, *One Judge's Perspective on Procedure as Contract*, 80 Notre Dame L. Rev. 2004.

[14] Matthew LB. Lawrence, *Articles Procedure Triangle*, 84 Fordham L. Rev. 2015.

[15] William V. Dorsaneo IIIet al. , *The Flawed Nexus Between Contract Law and the Rules of Procedure: Why Rules* 8 *and* 9 *Must Be Changed*, 31 Rev. Litig. 2012.

[16] Eric Michael Liddick, *Give Me Freedom of Contract or Give Me Death: The Obscurity of Article* 44(*A*) *of the Louisiana Code of Civil Procedure*, 54 Loy. L. Rev. 2008.

[17] Maya Steinitz et al. , *A Model Litigation Finance Contract*, 99 Iowa L. Rev. 2013 – 2014.

[18] Robert Prentice, *Contract – Based Defences in Securities Fraud Litigation: A Behavioral Analysis*, 2003 U. Ⅲ. L. Rev. 2003.

附录　举证通知书样本

北京市××区基层人民法院

举证通知书

根据《中华人民共和国民事诉讼法》和最高人民法院《关于民事诉讼证据的若干规定》、最高人民法院《关于适用〈中华人民共和国民事诉讼法〉的解释》，现将有关举证事项通知如下：

一、举证责任的分配与要求

1. 当事人对自己提出的诉讼请求所依据的事实或者反驳对方诉讼请求所依据的事实，应当提供证据加以证明，但法律另有规定的除外。在作出判决前，当事人未能提供证据或者证据不足以证明其事实主张的，由负有举证证明责任的当事人承担不利的后果。

2. 证人应当出庭作证。申请证人出庭作证，应当在举证期限届满前 10 日内提出。

3. 申请鉴定，增加、变更诉讼请求或者提出反诉，应当在举证期限届满前提出。

4. 申请证据保全和调查取证，应当在举证期限届满的 7 日前提出。

二、可以向人民法院申请调查取证的情形

1. 证据由国家有关部门保存，当事人及其诉讼代理人无权查阅调取的；

2. 涉及国家秘密、商业秘密或者个人隐私的；

3. 当事人及其诉讼代理人因客观原因不能自行收集的其他证据。

当事人及其诉讼代理人因客观原因不能自行收集的证据，可以在举证期限届满前书面申请人民法院调查收集。

三、举证期限

本案举证期限为30日，自当事人收到本通知书的次日起计算。

当事人在举证期限内提交证据材料确有困难的，应当在举证期限内向人民法院申请延期举证。经人民法院准许，可以适当延长举证期限。当事人在延长的举证期限内提交证据材料仍有困难的，可以再次提出延期申请，是否准许由人民法院决定。

四、逾期举证的法律后果

1. 当事人应当在举证期限内提交证据。在举证期限内不提交的，视为放弃举证权利，但对方当事人同意质证的除外。

2. 当事人因故意或者重大过失逾期提供的证据，人民法院不予采纳。但该证据与案件基本事实有关的，人民法院应当采纳，并依照《民事诉讼法》第65条、第115条第1款的规定予以训诫、罚款。当事人非因故意或者重大过失逾期提供的证据，人民法院应当采纳，并对当事人予以训诫。

因逾期提供证据应当赔偿对方当事人增加的交通、住宿、就餐、误工、证人出庭作证等必要费用。

五、联系方式

我院的具体位置：×××××

本案承办人：×××

书记员：×××（010－×××××）

通信地址：××××××

邮政编码：××××××

致　谢

从2007年读研将民事诉讼法学选为自己的专业至今已有十余年,十余年之间,我对民事诉讼专业的热爱只增未减。在象牙塔中钻研学术是一种幸福,但时光短暂,研究生毕业后为工作压力以及家庭、生活的琐事所烦扰,对民事诉讼领域诸多问题并无机会深入研究。本书的写作过程更是一个将民事诉讼法、证据法基本理论知识重新梳理的过程。工作繁忙、女儿年幼,思辨的过程充满艰辛,但也有问题解决后的喜悦,并处处感受到老师、同事、亲友给予我的支持、帮助和温暖。

感谢导师陈学权教授未嫌我资质平庸,给了我进一步深造的机会,并在四年的学习中给予了我诸多指导和帮助。本书的写作更是处处凝结着老师的汗水。他从实践出发,提出将"民事证据契约研究"作为题目的建议,激发了我研究和写作的浓厚兴趣。本书写作过程中他不厌其烦地帮我反复修改,严谨敏捷的才思和精益求精的治学态度是我终生学习的榜样。老师给予的肯定和鼓励更是激励我学术研究继续前进的重要动力。

感谢冀宗儒教授、国家法官学院金俊银教授对我学习生活的关心及对本书提出的修改建议,感谢钮杨、唐倩、郭恒、张梦星等博士生同学及同门对我的支持和帮助。

感谢北京市知识产权法院审判监督庭庭长张晓霞法官,她向我传授的案例分析的研究方法,终身受用。感谢北京市第一中级人民法院民二庭的各位同事在工作中给我的支持和为我写作提供的便利,与他们就民事证据契约问题的探讨更是激发了我的创作灵感。

本书的写作牺牲了很多陪伴家人、照顾家人的时间。感谢父母、公婆和爱人无私的帮助,使我免去家庭琐事的后顾之忧;感谢我的女儿,是你的笑脸激励着妈妈一直前进。感谢同学好友的体谅包容,对我这几年来“与世隔绝”无条件地容忍和支持。

最后,感谢民事诉讼这一博大精深的法学领域给我带来的思考的愉悦,感谢诸多未曾谋面的法学前辈给我带来的学术启迪。即使与本书并非直接相关的文章,也可以教会我分析问题的进路、布局谋篇的策略、遣词用句的技巧,或者是更为宏观的研究治学的态度。感谢写作过程本身给我带来的快乐,生活因为忙碌而在我的脑海中踏下清晰的印迹,也教会了我更好地珍惜点滴时间、统筹规划。学术之路艰辛,我将乘风破浪继续前进。

后　记

从二零零七年读研时将民事诉讼法学选为自己的专业至今已有十二年。十二年,我对民事诉讼专业的热爱只增未减,这本书是对一个轮回的注脚。工作多年,始终相信在充满冲突和交锋、利益与琐碎的法律人的世界里,最能检验一个人理想成色的,不是喧哗逢迎抑或巧舌如簧,而是踏实钻研与不断求索。在象牙塔中钻研学术是一种幸福,但时光短暂,研究生毕业后被工作压力以及家庭、生活琐事所烦扰,对民事诉讼领域诸多问题尚未深入研究。本书的写作过程是一个将民事诉讼法、证据法理论知识重新梳理的过程。回首一路走来,有选题的迷茫,思辨的痛苦,论证的艰辛,但生活也因每天的文字积累而多了一束光。

写作的过程是苦的。一边是作为承办人每年要独立办理二百余件民事案件,一边是女儿年幼、父母体弱,家中一堆琐事,写作被夹在中间,实在无象牙塔中的从容之感。在集中写作本书的一年半中,我利用了工作日午休的一个多小时和晚上下班后的两到三小时,周末和节假日则是全部投入到研究之中。除了时间的紧张,还有思维转换的痛苦:因承办的案件主要是诸如相邻关系、交通事故、医疗损害等最贴近生活的普通民事案件,当事人的法律素养参差不齐，常常一个最为基础的法律问题都要反复解答、反复释明，田间地头勘察现场更是家常便饭，而论文写作则是高度专业、逻辑严谨的研究工作，每天的思维从“零零碎碎”到“阳春白雪”来回撕扯，其中的痛苦自不待言。记不清多少次在孩子睡着后打开灯一行行敲下自己的思路，多少次下班后在停了空调的办公室熬到中暑（夏天）、伤寒（冬天），多少次在紧张的庭审间歇、看现场的路上匆匆把些许灵感记录在案，也数不清多少次在国家图书馆摘抄、复印，多少次通过人工搜索的方式筛查几百个判决和卷宗。一年半，能清楚地记忆起每个季度、每个月甚至是每个周的工作、写作情况，生活因为忙碌而在我的脑海中踏下清晰的印迹。

苦中也有乐。因疑而问，因问而学，学而不得，则有研究。心情经常就像坐过山车，自认为灵感突发，其实观点早已为前人所提出。破解之法唯有仰望星空，穷尽学者已有观点，对自己的想法充分论证，之后也常会收获恍然大悟的欣喜。除此之外，研究的乐趣还在于将美文筛选出来反复欣赏。法学论文不仅有语言之美，观点之美，更可以欣赏到逻辑之美、体系之美。作者分析问题的方法、论证逻辑的思辨、遣词造句的技巧及各种观点的碰撞交锋都能带来阅读的快感，有时读到一篇好文章甚至会产生一种时间停滞的错觉，妙不可言。

本书的完成首先要归功于我的博士生导师陈学权教授。这些年里，听老师的课，与老师通过面谈、电话等各种形式讨论学术问题，使我受益良多、倍感温暖。本书的成稿处处凝结着老师的汗水。老师从实践出发，提出“民事证据契约研究”作为题目的建议，激发了我研究和写作的浓厚兴趣。写作过程中老师不厌其烦地帮我反复修改，严谨敏捷的才思和精益求精的治学态度是我终生学习的榜样。成稿之后，老师又时时帮我关注评奖及出版信息，第一时间提醒我参加评选。作为老师的第一个博士生，老师给予的信任和肯定是激励我每天坚持学术研究的最大动力。

感谢陈光中先生给予本书初稿的充分肯定，先生的鼓励给了我继续走下去的坚定信心。感谢石静霞教授、冀宗儒教授,中国政法大学宋朝武教授,卞建林教授,国家法官学院金俊银教授对我学习生活的关心及对本书提出的修改建议。感谢钮杨、唐倩、郭恒、张梦星、杨勇、陶朗逍等博士生同学及同门对我的支持和帮助。感谢北京市知识产权法院审判监督庭庭长张晓霞法官,是她让我在还是一名法院新人的时候就有机会担纲调研重任,她向我传授的案例分析的研究方法,终身受用。感谢北京市第一中级人民法院的同事在工作中给我的鞭策和支持,与他们就相关法律问题的探讨更是激发了我的创作灵感。

论文的写作牺牲了很多陪伴家人、照顾家人的时间。感谢父母、公婆和爱人无私的帮助,尽全力为我分担家庭重担,使我始终能够温暖而坚定地前行。感谢我的女儿,是你的笑脸激励着妈妈一直前进。感谢同学好友的体谅包容,对我这几年来的“与世隔绝”无条件地容忍和支持。

春播、夏忙、秋收、冬藏,学术研究需要的付出和汗水是少不了的,但收获的喜悦也是无可替代的。辛苦自知、幸福自知。

图书在版编目(CIP)数据

民事证据契约研究 / 赵小军著. -- 北京 : 法律出版社, 2019

ISBN 978 -7 -5197 -3830 -3

Ⅰ. ①民… Ⅱ. ①赵… Ⅲ. ①民事诉讼－证据－研究－中国 Ⅳ. ①D925.113.4

中国版本图书馆 CIP 数据核字(2019)第 208315 号

民事证据契约研究
MINSHI ZHENGJU QIYUE YANJIU

赵小军 著

责任编辑 彭 雨
装帧设计 李 瞻

出版 法律出版社
总发行 中国法律图书有限公司
经销 新华书店
印刷 天津嘉恒印务有限公司
责任校对 王晓萍
责任印制 张建伟

编辑统筹 法律出版社
开本 710 毫米×1000 毫米 1/16
印张 19
字数 239 千
版本 2020 年 4 月第 1 版
印次 2020 年 4 月第 1 次印刷

法律出版社/北京市丰台区莲花池西里 7 号(100073)
网址/www.lawpress.com.cn
投稿邮箱/info@lawpress.com.cn
举报维权邮箱/jbwq@lawpress.com.cn
销售热线/400 -660 -8393
咨询电话/010 -63939796

中国法律图书有限公司/北京市丰台区莲花池西里 7 号(100073)
全国各地中法图分、子公司销售电话:
统一销售客服/400 -660 -8393/6393
第一法律书店/010 -83938432/8433
西安分公司/029 -85330678
重庆分公司/023 -67453036
上海分公司/021 -62071639/1636
深圳分公司/0755 -83072995

书号:ISBN 978 -7 -5197 -3830 -3
定价:57.00 元